广西中医药大学高层次人才培育项目"中医药与哲学"创新团队资助项
广西中医药大学桂派杏林青年英才资助项目
广西中医药大学校级课题"当代中国网络意识形态安全治理研究"（2018BS002）最终成果

网络交往视域
大学生思想政治教育研究

▶▶▶ 黄静婧　著

广西科学技术出版社

·南宁·

图书在版编目（CIP）数据

网络交往视域大学生思想政治教育研究 / 黄静婧著.—南宁：广西科学技术出版社，2023.5
ISBN 978-7-5551-1944-9

Ⅰ.①网… Ⅱ.①黄… Ⅲ.①大学生—思想政治教育—研究—中国 Ⅳ.①G641

中国国家版本馆CIP数据核字（2023）第095362号

网络交往视域大学生思想政治教育研究

黄静婧　著

策　　划：何杏华		责任编辑：陈剑平　陈诗英	
助理编辑：秦慧聪		责任校对：冯　靖	
责任印制：韦文印		装帧设计：韦宇星	

出 版 人：卢培钊
出　　版：广西科学技术出版社
社　　址：广西南宁市东葛路 66 号　　　　　邮政编码：530023
网　　址：http://www.gxkjs.com

印　　刷：广西社会福利印刷厂

开　　本：787mm × 1092mm　　1/16
字　　数：238 千字　　　　　　　　　　　印　　张：13.75
版　　次：2023 年 5 月第 1 版
印　　次：2023 年 5 月第 1 次印刷
书　　号：ISBN 978-7-5551-1944-9
定　　价：88.00 元

前 言

习近平总书记指出："人在哪儿，宣传思想工作的重点就在哪儿，网络空间已经成为人们生产生活的新空间，那就也应该成为我们党凝聚共识的新空间。"

网络社会使人类进入了以网络人际互动为基础的社会交往新时代。网络交往已经成为大学生学习、工作和生活不可缺少的重要组成部分。网络交往给大学生思想政治教育带来了新的机遇和挑战，大学生在网络交往中的思想和行为也呈现出新特点和新变化，大学生思想政治教育者如何应对这些变化，即网络交往视域大学生思想政治教育研究由此成为一个崭新而重要的课题。这个课题既是适应网络社会现实发展的需要，也是高校加强和改进思想政治教育、促进网络时代大学生全面发展的需要。

网络交往视域大学生思想政治教育研究，不单单是理论研究，更需要在实践中探索。由于大学生在网络交往中的思想与行为有新的表现和特点，大学生思想政治教育的主客体、内容、方法、环境、过程、规律、效果评估、机制、原则等都有相应的新的变化，这些都需要研究者从理论上进行开拓创新。同时，网络交往视域大学生思想政治教育研究是一项实践性较强的研究工作，它需要研究者深入大学生的网络交往，在对大学生进行网络思想政治教育的实践中，研究大学生在网络交往中思想与行为的特点、思想政治品德形成过程及规律、网络思想政治教育过程的规律等，它还需要研究者对与大学生有较紧密联系的一线辅导员、班主任、思想政治理论课教师、高校思想政治教育网络交往平台的运营者等进行广泛调研，掌握这些高校主体运用网络交往平台对大学生进行思想政治教育的现状、优势、不足及对未来的发展展望。更重要的是，研究者还要对思想政治教育的对象——大学生进行调研，大学生的需求和反馈意见是网络思想政治教育改进的关键依据。由此，在实践中提炼理论，用理论指导实践，在实践中修正和更新理论，这样无限地反复循环，促进高校思想政治教育取得理论创新和实践创新。

本书以提高大学生思想政治教育的实效性为目的，坚持辩证唯物主义和历史唯物主义的立场与观点，以马克思主义交往理论、马克思主义人的本质理论、马克思主义人的全面发展理论、习近平总书记关于网络强国的重要思想等相关理论为指导，借鉴西方交往行为理论和网络传播学理论知识，自行设计问卷和访谈提纲，对全国十所高校的大学生进行分层调研和问卷调查，并对其中五所高校的大学生、辅导员、思想政治理论课教师、负责学校网络交往平台的相关老师进行随机的深度访谈。此外，还对获得"首届全国高校名站名栏"的部分优秀网站和微信号进行关注和了解，直接进入其中进行观察研究。通过调研，初步掌握了当代大学生在网络交往中的思想行为状况以及网络交往平台在高校思想政治教育中的运用状况，总结提炼了大学生在网络交往中的思想与行为的新变化和新特点，并从大学生自身、学校、家庭、社会等方面进行归因，最后结合成功的高校网络交往平台的建设经验，在大学生思想政治教育者、受教育者、内容、方法、环境等方面提出对策。

本书以加强和改进网络交往视域大学生思想政治教育为逻辑起点，以"提出问题—分析问题—解决问题"的逻辑推进为主线展开研究：第一章介绍网络交往视域大学生思想政治教育研究的背景和意义，介绍国内外研究状况并进行评述。第二章分析网络交往的含义、类型和特点，探索和借鉴网络交往视域大学生思想政治教育的相关理论和思想，并分析这些理论和思想对网络交往视域中的大学生思想政治教育的启示。同时，还运用马克思主义理论分析网络交往对人的发展的双面影响。第三章分析网络交往对大学生思想政治教育的主客体、内容、方法、环境带来的机遇和挑战。第四章通过实证调研、数据呈现，分析当代大学生在网络交往中的思想行为特点和网络交往平台在高校思想政治教育中的运用状况，找出存在问题，并分析原因。第五章从培养思想政治教育者和受教育者正确的网络交往意识、提升思想政治教育者和受教育者的网络交往能力、培养"红色网络意见领袖"、依托网络交往实现大学生思想政治教育的全员育人等方面探讨网络交往视域中的大学生思想政治教育的主体发展途径。第六章从拓展大学生思想政治教育的内容、运用网络思维变革大学生思想政治教育、善用网络资源和网络语言弘扬主旋律、借助大数据读懂大学生、优化大学生思想政治教育网络交往平台、实施立体化的大学生思想政治教育、善用智媒技术创新思想政治教育方法等方面探讨网络交往视域中的大学生思想政治教育内容和方法的发展创新。第七章从社会网络交往环境、高校网络交往环境、大学生网络交往群体环境三个层面探讨网络交往视域中的大学生思想政治教育的环境优化问题。

本书采用的研究方法有文献研究法、调查研究法、多学科综合研究法。一是文献研究法，通过对国内外相关文献进行查阅、梳理和归纳，充分学习和借鉴前人在网络、网络交往、思想政治教育交往、网络思想政治教育等方面的研究成果，提炼出新观点。通过系统收集资料，在占有大量素材的基础上，对这些素材进行分析提炼后，总结出具有普遍性和规律性的论断。二是调查研究法，通过实证调查和数据呈现，分析大学生在网络交往中的思想行为实际状况，了解高校思想政治教育网络交往平台的运用状况。三是多学科综合研究法，因本研究涉及马克思主义理论、思想政治教育学、社会学、传播学、信息技术学、心理学等多学科领域，故采用多种角度剖析，进行多学科综合论证。

本书有以下三个创新之处：一是研究视角创新，研究突出网络时代特色，紧密结合大学生思想政治教育理论和实践发展的需要，把大学生思想政治教育放在网络交往视域中进行观察分析，探讨大学生思想政治教育的主客体、内容、方法、环境的发展和优化的问题。二是理论创新，探讨马克思主义交往理论、马克思主义人的本质理论、马克思主义人的全面发展理论、习近平总书记关于网络强国的重要思想、西方交往行为理论等理论对网络交往视域中的大学生思想政治教育的启示意义；运用马克思主义基本理论分析网络交往对人的发展的双重影响，探讨网络交往对大学生思想政治教育的主客体、内容、方法、环境等基本要素的影响。三是实践创新，基于实证调研分析当代大学生在网络交往中的思想与行为特点，分析网络交往平台在高校思想政治教育中的运用状况，并针对存在问题剖析原因，进而分别从大学生思想政治教育的主客体、内容、方法、环境等方面探讨对策，以提高网络交往视域中的大学生思想政治教育的针对性和实效性。

网络时代的大学生思想政治教育需要全员育人、全程育人、全方位育人。从教育主体上来看，高校、家庭、社会都应该积极地关心和参与大学生思想政治教育，成为教育主体；从教育内容上来看，教育主体要善于把有益的网络资源和网络语言转化为教育资源，增加教育内容的生动性和吸引力，还要根据网络时代赋予的新课题及时拓展思想政治教育的内容；从教育方法和载体上来看，要特别重视开发和利用先进的网络交往技术，尤其是人工智能、云计算、大数据等技术，构建网上与网下相结合、实时教育与历时教育相结合、多维平台强力联通和深度互动的立体化教育阵地，形成教育合力；从教育环境上来看，各教育主体都有责任共同营造风清气朗的网络交往环境。可以说，网络交往视域大学生思想政治教育研究是一个庞大的系统工程，随着网络技术的日新月异和大学生思想品德状况的发展变化，这一系统工程将会不断有新项目和新成果出现。因此，本书对拓展和深化大学生网络思想政治教育的理论研究，丰富和发展传统的交往理论，增强大学生思想政治教育的针对性和实效性，促进网络时代大学生的全面发展具有较强的理论意义和实践意义。

由于知识结构、研究时间和精力有限，所做研究还不够全面和深刻，本书难免存在疏漏与不足，敬请各位读者与有识之士提出宝贵意见，本人一定会在今后的工作和学习中进行完善和改正。

黄静婧

2023 年 1 月

目　录

第一章

概述

一、背景和意义

网络社会使人类进入了以网络人际互动为基础的社会交往新时代。网络交往给大学生思想政治教育带来了新的机遇和挑战，大学生在网络交往中的思想和行为也呈现出新特点和新变化。大学生思想政治教育如何应对这些变化，有效地发挥效果，这是网络时代亟须研究和解决的课题。

（一）研究背景

1. 本研究切合当前网络社会现实发展的需要

网络交往的平等性、虚拟性、开放性、即时性等属性，为人类的交往实践提供了前所未有的良好平台。网络交往已经成为大学生学习、工作和生活不可缺少的重要组成部分。通过网络交往，大学生巩固和扩大了现实人际交往，获得了丰富的信息资源，满足了多种多样的精神需求。但网络交往中的不文明现象和不良信息也很容易影响正处在世界观、人生观和价值观形成中的大学生。大学生是祖国的未来和希望，大学生在网络交往中的思想政治素质不仅关系着大学生自身的成长成才，更关系着"两个一百年"奋斗目标和中华民族伟大复兴中国梦的实现。因此，做好大学生网络交往中的思想引领是高校思想政治教育的重要任务。如何把握大学生在网络交往中的思想、心理和行为活动，并在此基础上探究大学生思想政治教育的规律，运用网络交往平台来进一步加强和改进大学生思想政治教育，无疑是当前网络社会现实发展的迫切需要和重要课题。

2. 本研究是当前思想政治教育学术研究的前沿问题

大学生网络思想政治教育是当前思想政治教育学界研究的热点和难点，大学生网络思想政治教育研究在国家的积极推动和学者的努力探索下，逐步从经验形态向科学形态过渡，取得了一系列研究成果，初步建构了网络思想政治教育的理论框架。但就目前学界对大学生网络思想政治教育的研究现状而言，还需进一步强化理论的系统化、整体化和哲学化的构建，拓展研究的深度和广度，加强多维度跨学科研究，加大实证研究力度等。把大学生思想政治教育置于网络交往视域中进行全面分析和把握，探究网络交往视域中的大学生思想政治教育的特点和规律，这既是大学生网络思想政治教育研究的重要方向和角度，也是深化大学生思想政治教育理论研究和推动大学生思想政治教育实践工作开展的基础。然而，目前对网络交往视域中的大学生思想政治教育的研究还很薄弱，亟须学界进行深入探讨。

（二）研究意义

1. 理论意义

（1）拓展和深化大学生网络思想政治教育的理论研究。大学生网络思想政治教育的理论研究主要解决在网络环境下如何对大学生进行思想政治教育的问题。由于网络思想政治教育环境与传统思想政治教育环境有着很大的差异，网络交往的特点赋予了大学生超强的自主性，在海量的信息和多样化的交往关系中，大学生可以自主选择接受或抛弃信息，也可以自主决定建立或破裂某种交往关系，网络交往呈现出交往主体的不确定性、交往时间和场域边界的模糊性等特征。在网络环境中，大学生如果不能和教育者建立网络思想政治教育交往关系，网络思想政治教育就无从进行。可见，网络思想政治教育交往关系的建立和维系正是影响网络思想政治教育核心问题。从网络交往视域对大学生思想政治教育进行理论探究，既是建构大学生网络思想政治教育理论框架的核心内容和基础工作，也是打破当下大学生网络思想政治教育研究困境，取得理论和实践创新的研究基础。本研究探讨大学生思想政治教育主客体、内容、方法、环境在网络交往视域中的新变化、新特点、新规律，探讨如何建立和维系良好的网络思想政治教育交往关系等问题，必将对拓展和深化网络思想政治教育的理论研究发挥基础性作用。

（2）丰富和发展传统的交往理论。网络社会的交往形态与传统人际交往有着非常大的差异，网络交往主体的地位、角色以及交往内容、交往方式、交往载体、交往效果、交往目的等都与传统人际交往有天壤之别。研究网络情境中人际交往关系的形成、维系、发展的特征和规律，是交往理论适应网络社会发展的必然要求。然而，目前对网络人际交往的理论研究还比较薄弱，对网络思想政治教育交往关系更是缺少系统的理论研究。本研究试图以中西方的交往理论、马克思主义人学原理为指导，在其研究基础上结合网络交往的特征和大学生思想政治教育的规律，探讨在网络交往视域中如何建构和维系和谐的思想政治教育交往关系，研究成果将为网络社会的人际交往互动、网络思想政治教育的实践提供理论指导，并充实、丰富和创新交往理论。

2.实践意义

（1）提高大学生思想政治教育的针对性和实效性。大学生思想政治教育实践的开展离不开思想政治教育主体和客体之间交往关系的建构。网络交往视域大学生思想政治教育研究有利于认识和把握大学生在网络交往中的思想品德发展的特点和规律，明晰网络交往视域中的大学生思想政治教育的内容和载体，总结提炼网络交往视域中的大学生思想政治教育应遵循的规律和原则，探索促进网络交往视域中的大学生思想政治教育和谐交往关系建构的对策，以此来提高网络交往视域中的大学生思想政治教育的针对性和实效性。

（2）促进网络时代大学生的全面发展。人的本质在现实性上是一切社会关系的总和，人的全面发展体现为人的社会关系的丰富和扩大。网络时代给了大学生自主建构和发展与其他网民及网络群体的网络社会关系的良好平台。但是网民素质有优劣之分，网络群体的影响有积极和消极之别，如何创建和谐的思想政治教育交往关系，通过思想政治教育引导大学生正确取舍、利用和创建网络交往关系，促进自身的全面发展，这是网络时代大学生思想政治教育需要研究的重要实践课题。通过网络交往视域大学生思想政治教育研究，发展大学生的网络交往能力，培养大学生科学的网络交往价值取向，从而为网络时代人的网络关系的和谐发展提供服务。

二、国内外研究状况及评述

本研究的国内外研究状况从网络交往、网络思想政治教育、网络交往视域大学生思想政治教育三个方面展开。

（一）对网络交往的研究

1.国内研究状况

国内对网络交往的研究主要有以下三个方面：

（1）网络交往的结构与本质特征的研究。此类研究把网络交往置于宏观的视野中，运用哲学、社会学、传播学、文化学等学科知识，探讨网络交往与现实交往的异同、网络交往的结构、网络交往的本质特征、网络交往的动力、网络交往的形态等问题。

中山大学的常晋芳在《网络哲学引论》一书中，对网络交往方式的历史发展、结构与过程、本质特征、价值评价作了较详细的论述。他认为网络交往方式由网络交往主体、网络交往客体与交往中介组成。网络交往具有交往范围的全球性与超时空性，交往主体的多元化与交往自由度的增加，交往的信息中介性，交往手段的数字化，交往方式的交互性，交往形式的虚拟性与交往内容的实在性，交往后果的沉溺性，交往的速度更快、密度更频繁而持续度减少等八大特征。网络交往方式对人类存在方式影响有显著的二重性效应和价值。[1]

黄少华、翟本瑞在《网络社会学——学科定位与议题》一书中，对网络空间的人际交往作了详细的论述。他们认为，网络人际交往相对于传统人际交往的结构有了本质的转变，网络人际交往是重塑自我的游戏，是陌生人之间的互动游戏。[2]

南京信息工程大学的魏臻、韩沛伦认为，人类的交往需求、认同感的诱惑、网络交往平台的特殊性这三重动力构成了网络交往行为的动力机制。[3]

南京大学童星在《网络与社会交往》一书中提出了五个模型理论：网络交往主体的"经济人、情感人和政治人"综合模型，网络社会交往过程的"开放与吸引"模型，网络社会交往结构的"散点式互联"模型，网络社会交往规则的"自主参与和后把关人时代"模型，网络社会交往结果的"中断—延续—转化"模型。他从社会化与社会角色、群体与社会、信任与冲突、规范与控制四个角度讨论了网络时代的社会交往问题。

山东师范大学的张冠文在《人与互联网的同构——媒介环境学视阈下互联网交往形态的演化》一书中，从宏观的技术文化史的角度，对互联网交往形态演化的机制进行分析，阐释了人与互联网共生的"同构"关系，并对互联网交往中的失序及如何构建良好的互联网交往秩序作了具有启示意义的探索研究。

中国社会科学院研究生院的陈共德在其博士论文《互联网精神交往形态分析》（2002）中，分析了网络交往中的权力交换关系、网络交往媒介——语言、网络交往形态——网络色情现象、网络交往伦理、网络交往管理等内容。

中国社会科学院研究生院的孟威在其博士论文《网络互动——意义诠释与规则探讨》（2002）中，探讨和研究了网络互动的含义、特点、类型、过程、环境、个体用户与组织的使用与控制，以及如何取得良好互动效果的合理规则等内容。

① 常晋芳：《网络哲学引论》，广东人民出版社，2005，第188-210页。
② 黄少华、翟本瑞：《网络社会学——学科定位与议题》，中国社会科学出版社，2006，第261-276页。
③ 魏臻、韩沛伦：《网络交往的动力研究》，《福建论坛》（人文社会科学版）2013年第5期。

这对研究网络交往中如何理解大学生的需要和满足、如何对大学生进行引导和教育、如何与大学生建立良好的互动关系有重要启示。

南京大学的屈勇在其博士论文《去角色互动——赛博空间中陌生人互动的研究》（2011）中，分析了赛博空间中的人际互动尤其是陌生人之间的互动，由于具有匿名性、身体缺场和符号化等条件，因此是一种去角色互动。论文还分析了赛博空间中人际互动与现实人际互动的异同及其出现的原因，以及如何理解赛博空间中的人际互动现象的特殊性。

（2）网络交往对主体行为与发展的影响研究。此类研究大多以实证的方式研究网络交往主体的交往行为和交往方式，研究网络交往对交往主体思想品德、心理健康、个人发展、社会化等的影响。研究所选取的网络交往主体既包括个体，也包括群体。研究对象主要为大学生、中学生、小学生。

吉林大学的陈秋珠在其博士论文《赛博空间的人际交往——大学生网络交往与心理健康关系的研究》中，对网络交往基本理论进行探索，对网络交往的心理健康效应进行研究，并对大学生的网络交往与心理健康关系作了实证研究。这为研究网络交往视域中的大学生思想政治教育提供了心理学方面的参考资料。

武汉大学的朱珉旭在《网络交往环境下的个人态度与意见表达——沉默的螺旋理论之检视与修正》（2012）一文中，研究了在网络交往新环境中，经典的传播学理论"沉默的螺旋"有哪些缺陷和改变，并尝试修正该理论，建立新模型。该文章为研究网络交往中大学生的意见和表达的特点提供了传播学的理论支持和依据，有利于了解大学生在网络交往中的思想行为特点。

复旦大学的金萍华在其博士论文《网络交往中的身体嵌入》（2009）中，坚持生存论意义上实践的构成性主体观这一理论前提，认为网络交往中交往者的身体自始至终嵌入整个交往过程，所以交往者仍然保有属人的现实主体性。该论文对于研究网络交往中虚拟和现实的关系有参考价值。

华东师范大学的李宝敏、李佳在《儿童网络交往的类型特征与意义阐释》一文中，分析了儿童网络交往的类型、特征及意义，揭示网络交往对儿童成长的意义与价值，潜在危险及危机。[1]

（3）网络交往的社会影响及网络交往伦理研究。此类研究着重分析探索网

---

[1] 李宝敏、李佳：《儿童网络交往的类型特征与意义阐释》，《全球教育展望》2012年第1期。

络交往对当下中国的政治、经济、文化、社会的影响，研究者以强烈的现实责任感和人文关怀，深刻剖析网络交往给现实生活带来的异化危机，并提出应对措施。针对网络交往中人们道德观念淡薄、道德责任弱化、道德秩序混乱等网络交往伦理道德问题，研究者进行了网络交往伦理的研究，力图建立良好的网络交往秩序。

北京市社会科学院社会学所的上官子木在《网络交往与社会变迁》（2010）一书中，对网络交往进行了研究。该书运用社会学和心理学的原理，以网络调查第一手资料为基础，对网络交往进行四个层次研究：一是个人层次，研究网络交往中个人的行为表现和心理特征；二是互动关系层次，研究网络交往与现实社会交往的异同；三是社会结构层次，研究网络社会规则与现实社会规则的关联；四是文化层次，研究网络文化对个体社会化过程的影响。该书分析了当代中国人在网络交往中的行为特征、心理特点和基本模式，由此透视出当代中国人的情感需求、价值观念、行为模式和生活方式。

中共中央党校的卢斌在《哲学视域下的网络社会交往》（2011）一书中，对网络社会交往与传统社会交往进行了多角度的对比，探索了网络社会交往的深层文化特质，提炼出网络社会交往的规律。

武汉大学的曾玉梅在其博士论文《公民社会与网络社会两种理论路径下网络社会交往的结构分析》（2010）中，从公民社会和网络社会理论角度分析了个人层面和制度层面上的网络社会交往产生的等级化的结构。

中共中央党校的吴保来在其博士论文《基于互联网的社交网络研究——一种技术与社会互动的视角》（2013）中，对社交网络的形成、属性、社交网络对政治和经济的影响、社交网络与生活世界的关系以及中国的社交网络等内容进行了分析研究。

复旦大学的刘丹鹤在其论文《赛博空间与网际互动——从网络技术到人的生活世界》（2004）中，探讨和回答了两个问题：一是如何认识和理解"此在"在虚实世界里的存在，二是应如何面对和解决赛博空间带来的生活世界的异化危机。这对如何认识网络交往的本质和特点，以及思想政治教育应当如何应对网络交往带来的新境遇有重要启发。

黄少华、翟本瑞在《网络社会学——学科定位与议题》一书中，对网络交往伦理作了探讨：包括网络交往伦理与现实交往伦理的不同之处，网络交往伦理的特点，网络交往伦理的基本精神和原则等。

中国人民大学的段伟文在其博士论文《网络空间的伦理基础》（2001）中，阐释了网际交往的内在动力机制、网际交往中的悖逆性特征、网络空间中的情感和爱欲、以网络为中介的群体行动等。

2.国外研究状况

互联网诞生于美国，随着互联网商业化的普及和发展，互联网给国际社会带来了广泛而深刻的影响。因此，国外有关互联网及网络交往的研究成果颇为丰富，主要分布在各类关于互联网研究的著作和论文中。国外有关"网络交往"的英文表述有多种，如 CMC（computer-mediated communication）、CMI（computer-mediated interaction）、internet communication、internet use behavior、internet-based computer-mediated communication 等。国外关于网络交往研究涉及的学科领域非常广泛，包括经济学、传播学、哲学、社会学、政治学、心理学等，研究的内容包括网络交往关系的建立和发展、网络交往关系的性质、网络交往与社会结构的变迁、网络交往的特征、网络交往的未来发展、网络交往对经济和社会的影响等。国内翻译的网络交往的相关著作主要有西奥多·罗斯扎克的《信息崇拜》（1994），尼葛洛庞帝的《数字化生存》（1995），曼纽尔·卡斯特尔的信息时代三部曲：《网络社会的崛起》（1996）、《认同的力量》（1997）、《千年终结》（1998），华莱士的《互联网心理学》（2000），马克·波斯特的《互联网怎么了》（2001），安德森的《长尾理论》（2006），戴维·温伯格的《新数字秩序的革命》（2008），IBM 商业价值研究院的《智慧地球》（2009），唐·泰普斯科特的《数字化成长 3.0 版》（2009），杰夫·贾维斯的《google 会带来什么商业创新与思维革命》（2009），克莱·舍基的《未来是湿的无组织的组织力量》（2009），唐瑟尔的《在线为王——你在网上看什么、干什么，我全知道》（2009），谢尔·以色列的《微博力》（2010），等等。此外，在国外的杂志如 *Computers in Human Behavior*、*Cyber psychology & Behavior*、*Computers and Education*、*Human Communication Research* 等中也刊登了不少有关网络交往的文章。

国外关于网络交往与青少年发展的研究现状有以下两个方面：第一，关于网络交往中的性别和文化差异研究。Wang J & Wang H Z（2011）对青少年在网络交往中的主观幸福感进行研究，发现网络交往与主观幸福感存在正相关，而且男生在网络交往中获得的益处比女生多。青少年对社交网站的使用存在文化差异。有研究者对中美两国进行比较研究，发现美国青少年比中国青少年花费在社交网站上的时间更多，他们在社交网站上结交的新朋友也更多。第二，网络交往与青少年人格的关系研究。Douglas（2012）研究发现青少年的网络交往行为（包括在线游戏、与陌生人或群体聊天、在个人主页上更新和发布信息、查看他人主页等）能够反映他们的自我认同发展状况。Matzat（2010）研究知识分享在线社区的成员虚拟和现实互动相结合是否会降低社会性问题的发生率，结果表明，混合社区内存在更多信任和更少搭便车现象，但没有增加成员的稳定性。Wang J L 等人（2012）研究发现人格因素、自恋、自尊、感觉追求和个人使用社交网站特定功能之间存在相关性。Elisheva F. Gross（2011）通过实验发现，与不熟悉的异性同伴即时通信比独自打游戏更能恢复自尊，网络交往有利于青少年减少对社会的负面情绪，但没有明显的影响。[1]

3. 对国内外网络交往问题研究的评述

国内外关于网络交往问题的研究总体上取得了较多成果，这些成果主要体现在：一是研究内容广泛。无论国内还是国外，关于网络交往的研究都涉及传播学、社会学、心理学、哲学、教育学等多个学科领域。不同学科的学者从不同学科的领域出发对网络交往进行研究，这证明网络交往已经成为一个学术公共领域。二是研究角度多样。国内外对网络交往的研究既有从宏观角度探索网络交往的本质，研究网络交往对政治、经济、文化、社会的影响，也有从微观角度研究某一类人群或某一交往形态的网络交往状况。其中，国外更侧重宏观角度研究，成果更丰富，视野更开阔，剖析更深刻。

国内外关于网络交往的研究为今后研究的进一步展开提供了坚实的基础和良好的平台，但这些研究也存在一些问题：一是研究的理论系统性较差，大部分研究都是对网络交往现象的概括和总结，而把网络交往作为一种理论，上升到理论层次的研究不多，没有提炼出网络交往的理论体系或模型；二是各学科的研究相对孤立，学者多从自己的学科领域出发进行研究，运用多学科进行综合性研究的成果不多；三是没有把握价值中立的立场，学者们对网络交往引发的消极负面影响的关注多于对积极正面影响的关注，而网络交往作为新技术的产物，它对人类社会进步和个体发展的推动作用应当是巨大的，研究者应当充分发掘。

---

① 王艳、王伟：《网络交往研究新进展》，《学理论》2016 年第 10 期。

（二）对网络思想政治教育的研究

1.国内研究状况

网络思想政治教育作为思想政治教育实践中发展迅猛和日新月异的一种新形态，近年来成为思想政治教育领域的学术研究热点。在国家的积极推动和学者的潜心研究下，取得了一系列研究成果。

（1）网络思想政治教育的基本理论研究。学者关于网络思想政治教育的基本理论研究包括网络思想政治教育的理论基础、主体论、客体论、原则论、对象论、内容论、本质论、方法论、机制论、文化论、价值论、过程论、国外网络思想政治工作特色论、趋势论等。比较系统的研究成果有曾令辉等编著《网络思想政治教育概论》（2002），杨立英著《网络思想政治教育论》（2003），胡树祥主编《网络思想政治教育研究》（2005），韦吉锋著《网络思想政治教育研究》（2005），郑傲的博士论文《网络互动中的网民自我意识研究》（2005），胡成广著《网络德育研究》（2007），姜国峰编著《网络思想政治教育理想模式的构建研究》（2009），吴满意的博士论文《网络人际互动：思想政治教育的基本视域》（2011），宋元林著《网络思想政治教育》（2012），杜桂萍、陈淑贤、袁琳编著《当代网络思想政治教育的探索与优化》（2012），李才俊、唐文武主编《网络视角下的思想政治教育方法新探》（2014），等等。

（2）网络思想政治教育的应用研究。徐建军主编的《新形势下构建高校网络德育系统的研究与实践》（2003）集中反映了中南大学近几年来构建高校网络德育系统的工作经验和成绩。潘敏的《高校网络思想政治教育创新与实践》（2007）论述了BBS、网上即时通信、博客技术、网上移动技术、搜索引擎技术、PSP技术对网络思想政治教育的影响及应对。朱正威主编的《高校思想政治工作进网络的探索》（2008）分析了BBS沟通和博客环境下高校网络思想政治教育的对策，并详细介绍了西安交通大学思想政治教育进网络的实践。张再兴等的《网络思想政治教育研究》（2009）论述了高校校园网的应用和管理、博客的传播与舆论引导、网络舆论的调查方法、高校网络舆论的危机管理、网络话语分析、网络心理辅导、校园网络亚传播圈及其思想政治教育应用。王荣发等的《网上德育：大学生网络思想政治教育的思考与实践》（2009）结合思想政治教育的具体内容，论述网上德育实施的方法（包括师生网络在线关于入党、择业、就业、恋爱、交友、性格优化等交流）、建立课程网站的方式方法。张瑜的《高校网络思想政治教育发展与创新研究》（2014）围绕网络技术、网络社区、网络文明、网络受众、网络参与以及校园网络环境六个当前高校网络思想政治教育工作亟须深入认识和把握的方面，结合当前理论与实践中的突出问题，展开多方位的分析研究，提出了一系列有创见的观点。

2. 国外研究状况

国外没有网络思想政治教育的称谓，一般称为信息伦理学或网络伦理学。信息伦理学研究的代表性观点：美国信息科学专家曼森提出信息时代的四个伦理议题，通常称为"PAPA"，即信息隐私权、信息正确性、信息产权、信息资源存取权。[①] 摩尔认为计算机伦理学的任务包括分析计算机方面的政策真空、阐明含混的概念、制定计算机应用的政策、为这些政策的正当性进行辩护。[②] 贝奈姆教授认为信息伦理的研究内容包括计算机革命、伦理分析工具、职业责任、项目管理伦理、计算机与安全、计算机与隐私、电子商务、知识产权、工作现场的计算机、全球信息伦理。[③] 候温认为"广泛反思均衡方法"在计算机伦理方面的新政策的辩护上有着道德推理应用的模型意义。[④] 杰特提出了基于公正观念的共同道德理论来解决计算机伦理问题。[⑤]

国外虽然没有网络思想政治教育的说法，但在实践上一直在探索如何运用网络平台来培养国家和社会所需要的公民。各国政府通过制定信息伦理规范、网络立法、在学校里开设信息伦理课程等方式提高公民的信息素养：美国计算机协会制定了"伦理与职业行为准则"，美国计算机伦理协会制定了"计算机伦理十诫"，英国计算机协会制定了"五条信息伦理准则"，日本电子网络集团制定了"网络服务伦理通用指南"；美国有《电子传播隐私法案》《因特网保护法案》等法律，英国有《3R 安全规则》《电子通信法案》等法律，德国有《多媒体法》《电信

---

① Richard O. Mason., "Four Ethical Issues of the Information Age，" *Mis Quarterly*，1986，10（1）：5-12.

② James H, Moor., "What is Computer Ethics？" *Metaphilosophy*，No.4（Oct.1985）：266-275.

③ Terrell W. Bynum，*Information Ethics：An Introduction*.（Oxford：Blackwell Publishers，1999）.

④ Jeroen V D H，"Computer ethics and moral methodology，" *Metaphilosophy*，No.28（Mar.1997）：234-248.

⑤ Bernard Gert，"CommonMorality and Computing，" *Ethics and Information Technology*，No.1（Jan. 1999）：53-60.

服务数据保护法》等法律。2000 年，美国高等教育研究协会制定的《美国高等教育信息素养能力标准》中明确规定："大学生应能高效地获取所需要的信息和懂得有关信息技术使用中所产生的经济、法律和社会问题，并能在获取和使用信息中遵守社会公德和法律。"[①] "纵观美国各级各类网站、主要论坛与 BBS 等，按照知识体系分类的方法，公民教育、历史教育、法制教育、宗教教育与信息素养教育构成美国网络思想政治教育的基本内容。美国的网络思想政治教育具有隐蔽的政治性、较强的拓展性、明显的针对性三个特点。"[②]

3. 对国内外网络思想政治教育研究的评述

综上所述，国内外学界关于网络思想政治教育的研究已经取得了一定的成果，这为今后的研究打下了坚实的基础和提供了可借鉴的资料。但目前关于网络思想政治教育的研究仍存在一些问题：一是在网络思想政治教育基础理论体系研究方面，很多学者直接套用传统思想政治教育理论体系研究范式，没有真正结合网络的特点进行研究，存在理论研究不够深入、理论体系有待进一步建构、分析范式有待完善等问题；二是在研究深度上网络思想政治教育的研究还需进一步深化和细化，要研究和把握网络社会与现实社会人的本质问题、网民与计算机的交往关系、网络与网民的心理及行为特征的关系等，由此出发来深化网络思想政治教育的研究；三是实证研究不足，网络思想政治教育是一项实践性很强的活动，相对应的网络思想政治教育研究应当从实践出发，通过调查研究掌握第一手资料，进而提出针对性的对策，然而当前的网络思想政治教育研究很多是空谈、泛谈，缺乏实证依据。

（三）对网络交往视域大学生思想政治教育的研究

国外以"网络交往视域大学生思想政治教育"为题的研究尚无，与此主题相关的国内研究主要有以下五个方面：

1. 从网络交往对思想政治教育的影响及对策的角度进行研究

其成果分为两类：一是从宏观的网络交往角度探讨网络交往对思想政治教育

---

① "Association of College and Research Libraries.Information Literacy Competency Standards for Higher Education，" accessed July 26，2022，http：//www.ala.org/acrl/ilintro.html.

② 禹旭才：《美国网络思想政治教育的"五育"与"三性"》，《当代世界与社会主义》2011 年第 5 期。

的影响。如山东师范大学的宋彤彤在其硕士论文《网络交往对大学生思想政治教育的影响及对策研究》（2015）中，从大学生思想政治教育的视角审视网络交往对社会文化环境、大学生成长成才、思想政治教育活动开展产生的影响，探索网络信息传播环境下大学生思想政治教育的新出路。李辉在其硕士论文《信息生态视域中的交往方式兼论对思想政治教育的影响》（2009）中，通过对信息生态视域中的交往方式进行研究，探讨了虚拟信息生态中的交往方式如何为现实中的青年思想政治教育提供借鉴。二是从微观的角度即研究某一种网络交往工具（如微博、手机、博客等）对思想政治教育的影响。如臧鹏的硕士论文《微博对大学生思想政治教育的影响及对策研究》（2012）、王笑笑的硕士论文《手机媒体对大学生思想政治教育的影响及对策研究》（2012）等。根据所查到的资料，从微观角度的研究成果居多。

2. 从网络群体角度进行研究

清华大学的张瑜、刘涛雄提出要充分关注青年通过网络交往形成的非正式群体的发展趋向，这些网络群体对大学生行为及思想观念已产生多方面的影响，要采取不同措施进行引导。[①] 电子科技大学的曹银忠在其博士论文《大学生网民群体研究》（2012）中，对大学生在网络交往中形成的大学生网民群体进行分析研究，分析了大学生网民群体的基本范畴、现状与价值、生成与发展的基本机制、网络互动的场域与矛盾，进而从思想政治教育的角度对大学生网民群体提出规范的基本路径。

3. 从主体间性理论与网络思想政治教育相结合的角度进行研究

国内不少学者已经开始注意将现代哲学中的主体间性理论运用到思想政治教育研究中，并提出了一系列观点，如主体间性视域下的思想政治教育、走向主体间性的网络德育和网络思想政治教育等。吴满意在其博士论文《网络人际互动：网络思想政治教育的基本视域》（2011）中指出，网络思想政治教育的主体间性至少包含三大层级的话题：一是网络社会空间环境中的交互主体双方之间的关系体现为主体间性；二是网络人际互动过程中网络思想政治教育不同文本之间构成的文本间性；三是网络思想政治教育的交互主体与网络社会空间环境之间构成的主体间性。网络思想政治教育第一层级的主体间性，反映和体现的是认识论意

---

① 张瑜、刘涛雄：《在互联网上如何赢得青年》，《思想理论教育导刊》2004 年第 4 期。

义上的"此在"的存在；第二层级的主体间性，强调了不同文本内在融渗的社会文化要素反映出的主体之间的关系；而网络思想政治教育第三层级的主体间性，则反映的是本体论意义上的"此在"的共在，意指网民与网络社会环境之间不是主客体的对立关系，而是主体间性的共在。[①] 郭莉、黄柯在《论网络条件下高校思想政治教育的主体间性》中指出，网络思想政治教育表现出网络思想政治教育的主体性不足和主体交往互动性沟通的缺乏的障碍，因此必须通过提高师生交往资质和建立合理的交往互动关系，以实现高校网络思想政治教育向主体间性的转向。[②] 徐甜在其硕士论文《网络思想政治教育主体间性问题研究》（2013）中指出，网络思想政治教育者与受教育者的关系定位与教育模式是一种具有主体间意义的交互性主客体关系，网络思想政治教育的教育者与受教育者既具有网络人际互动的平等性和互动性，也具有教育者与受教育者的客观存在性。

4.从网络交往对大学生社会化影响的角度进行研究

网络交往的出现使大学生社会化面临新的挑战，一些学者探索网络交往的挑战并提出对策。罗群英探讨了现实交往与网络交往之间的关系以及当前大学生社会化存在的问题，还有如何加强网络交往与现实交往的互动，实现大学生社会化。[③] 翟思成、薛彦华、黄承芳通过调查研究发现，网络交往对大学生社会化的影响存在性别、年级、专业、生源地等四个方面的显著差异性，分析原因后提出相应对策。[④] 李小元认为网络交往对大学生的自我意识、角色能力等方面的发展有积极作用，但也影响了大学生社会适应能力、道德品质等方面的发展，利用网络交往促进大学生社会化，要将学校引导和学生自我教育相结合，将网络交往与现实交往相统一，将网络伦理与现实社会道德规范相结合，将网络文化与校园文化相结合，将智力教育与心理教育相结合。[⑤]

[①] 吴满意：《网络人际互动：网络思想政治教育的基本视域》，博士学位论文，电子科技大学，2011。

[②] 郭莉、黄柯：《论网络条件下高校思想政治教育的主体间性》，《江西社会科学》2012 年第 7 期。

[③] 罗群英：《论大学生的网络交往与现实交往的互动——网络时代大学生社会化问题的思考》，《兰州学刊》2006 年第 2 期。

[④] 翟思成、薛彦华、黄承芳：《网络交往对大学生社会化影响的差异性分析》，《中国青年研究》2014 年第 11 期。

[⑤] 李小元：《网络交往对大学生社会化的影响及其对策》，《教育探索》2009 年第 3 期。

5. 从网络交往作为网络思想政治教育方法的角度进行研究

宋元林提出主体交互法，它是指教育主体充分利用互联网即时交互的特性，与网民进行思想沟通、交流，从而达到网络思想政治教育目的的一种方法。[①]胡恒钊在其博士论文《高校网络思想政治教育实施方法研究》（2012）中提到，网络双向互动法中的一个具体的实施方法即网络交往教育法。网络交往教育法是指教育者与受教育者在网络平台上通过网络双向互动方法交流、沟通、学习，使思想政治上得以共同进步、共同提高的方法。乐斌辉指出，网络思想政治教育生活化的实现途径之一就是要把教育与网民的网络人际交往结合起来，包括公共型、个人型和综合型网络人际交往。[②]宋元林、唐佳海指出，扩大网民社会交往是实现网络思想政治教育的个体价值的途径之一。[③]

梳理国内关于"网络交往视域大学生思想政治教育"的研究状况，可以看出只在几篇硕士论文和一些期刊文章中有所涉及，没有形成系统研究，没有相关研究的著作或博士论文，这说明该研究还未引起足够的重视。此类研究有着重要的理论意义和现实意义，应该在实证调研的基础上，上升为系统的理论研究。

---

① 宋元林：《网络思想政治教育方法体系的构建》，《思想政治教育工作研究》2009 年第 2 期。
② 乐斌辉：《网络思想政治教育生活化的价值及其实现途径》，《思想教育研究》2011 年第 2 期。
③ 宋元林、唐佳海：《网络思想政治教育的个体价值及其实现途径》，《毛泽东邓小平理论研究》2009 年第 9 期。

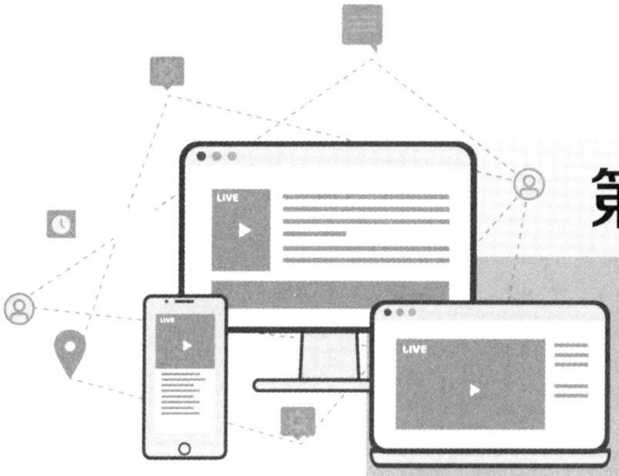

第二章

网络交往的界定及研究的理论基础和知识借鉴

本章主要对网络交往进行整体描述，涉及三个层面问题：其一，网络交往是什么？分别从网络交往的含义、类型和特点进行界定。其二，网络交往视域大学生思想政治教育研究的理论依据和知识借鉴有哪些？马克思主义的交往理论、马克思主义人的本质理论、马克思主义人的全面发展理论、习近平总书记关于网络强国的重要思想是主要的理论根据，而哈贝马斯的交往行为理论虽在理论上存在缺陷，但他的观点也有一定的借鉴意义；网络传播学理论是研究的主要学科知识借鉴。其三，网络交往对人的发展有哪些影响？运用马克思主义理论分析网络交往对人的发展的双重影响。

一、网络交往概述

网络交往不是一个专有名词，不同的研究者基于不同的研究角度给予其不同的定义。网络交往根据不同的角度可以分为多种类型。网络交往具有不同于现实交往的特点。

（一）网络交往的含义

网络交往是"网络"和"交往"两个概念的合成词。因此，分析网络交往的概念，可以从"网络"和"交往"这两个概念入手。

1.网络

网络的概念有多重含义。最初"网络"是应用在电学中，指电路或电路的组成部分。网络也指由节点和连线构成的图，表示研究的诸对象及其相互联系。此外，网络还有抽象的比喻义，比如人际关系网络、信息交流网络、城市网络等。现实生活中人们常说的网络是指计算机网络，指由终端、路由器、交换机、网络链路及其他设备等组成，能够通过某种传输介质，彼此进行通信资源共享的集合。[①] 计算机网络按地理范围标准可划分为局域网、城域网、广域网和互联网四种网络。随着无线蜂窝电话通信技术的发展，以及手机、掌上电脑的普遍使用，人们在移动通信中也广泛使用计算机网络。本书使用的"网络"指的是计算机网络。

---

① 夏蓓丽：《信息安全辞典》，上海辞书出版社，2013，第21页。

2. 交往

交往的词源是拉丁语 communis，交往的英文词 communication、德文词 kommunikation 和 verstandigung 都来源于此，起初是指共同的、通常的，现在有分享和交流思想、观念、情感、信息等含义。《现代汉语词典》中，交往解释为互相来往。交往在不同的学科各有研究侧重点。心理学主要从人和人之间的心理沟通来研究交往，较多指情感和情绪的更迭；社会学主要从人际交往的角度研究交往，关注交往对社会结构与社会关系的影响；语言学主要从语言符号和信息交流的角度研究交往；哲学上的"交往"范畴来自各门具体学科的概括和总结，是指个人与他人的相互联系中的一种存在方式或生活方式。1844 年，马克思在《詹姆斯·穆勒〈政治经济学原理〉一书摘要》中首次提到"社会交往"。在《1844 年经济学哲学手稿》中，马克思指出"人与自然的交往"是人生存的基本条件，他还多次论及"同别人的实际交往"。在《德意志意识形态》中，马克思和恩格斯论述了交往形式、交往关系、交往手段等范畴，指明了物质交往和精神交往的关系，以及物质交往在社会历史发展中的作用，但马克思始终没有对"交往"有明确的定义。直到 1846 年 12 月 28 日马克思给安年柯夫的信中，才对交往范畴作出概括，这也是马克思著作中唯一一处概括。马克思指出："为了不致丧失已经取得的成果，为了不致失掉文明的果实，人们在他们的交往（commerce）方式不再适合于既得的生产力时，就不得不改变他们继承下来的一切社会形式。我们这里使用的'commerce'一词是就它的最广泛的意义而言，就像在德文中使用'verkehr'一词那样。例如：各种特权、行会和公会的制度、中世纪的全部规则，曾是唯一适应于既得的生产力和产生这些制度的先前存在的社会状况的社会关系。"[①] 可见，马克思认为"commerce"（交往），就它的最广泛的意义而言，包括一定历史阶段的社会形式和社会关系。综上所述，本书把交往界定为一定历史条件下，现实中的个人与他人（或共同体）在物质和精神上相互交流、相互作用的实践活动，以及在实践活动中所结成的社会关系。

3. 网络交往

网络交往不是一个专有概念，学界对其没有一致的定义。不同学科的研究者基于不同的研究目的对网络交往作出了不同的概念阐释。国外学者有基于社

---

① 中共中央马克思恩格斯列宁斯大林著作编译局编译《马克思恩格斯选集》第四卷，人民出版社，1995，第 533 页。

会情境角度、社会认知角度、媒介传播等角度界定网络交往。在术语表达上有CMC^①、CMI、HCI（human-computer interaction）、Internet Use Behavior等。例如，学者 Stasser 使用 CMC 来定义网络交往，认为网络交往是处于特定环境的一群社会行动者在与他们所创造的各种各样的情境意义进行谈判。学者 December 使用internet communication 界定网络交往，认为网络交往发生在全球合作的系统中，它使用 TCP/IP 的协议和客户—服务器模式，包含信息交换^②。

在国内的文献查阅中，"网络交往""网络人际交往""互联网使用行为""互联网交往"等概念常常随意混合使用，所指的内涵不统一。学者常晋芳认为，"网络交往是网络主体之间信息、知识、情感、思想、价值观等的交流与互动"^③。学者黄少华、翟本瑞指出，"网络人际交往所描述的，是一种经由互联网媒体中介形成的人际沟通与互动关系"^④。学者刘建华认为，"网络交往是以计算机网络为信息平台，以信息或符号的传递和共享在网络空间达成的相互沟通、相互理解，进而影响和改变人们相互关系的活动"^⑤。

综上所述，"网络交往"可以从广义和狭义两个角度定义。广义的网络交往是指互联网使用行为，即涵盖所有利用互联网进行信息交换的行为，包括物质交往和精神交往。狭义的网络交往是指现实中的个人与他人（或共同体）利用互联网平台，在精神上相互交流、相互作用的实践活动，以及在实践活动中所形成的社会关系。网络交往主要围绕展现自我、结识他人、交流互动三大主题进行。狭义的网络交往主要侧重于精神交往。本书使用狭义的网络交往概念。

（二）网络交往的类型

根据网络交往的载体、对象、实时性、内容等方面的不同，网络交往有以下多种分类方式。

根据网络交往使用的工具和载体分类，可以分为三种：利用电子邮箱

---

① Walther J.B. "Computer-Mediated Communication: Impersonal, Interpersonal, and Hyperpersonal Interaction," *Communication Research*, No.23（Jan.1996）: 3-43.
② 陈秋珠：《赛博空间的人际交往——大学生网络交往与心理健康关系的研究》，吉林大学出版社，2012，第2-3页。
③ 常晋芳：《网络哲学引论》，广东人民出版社，2005，第198页。
④ 黄少华、翟本瑞：《网络社会学：学科定位与议题》，中国社会科学出版社，2006，第261页。
⑤ 刘建华：《师生交往论：交往视野中的现代师生关系研究》，北京师范大学出版社，2011，第135页。

（E-mail Box）进行的网络交往，电子邮箱有储存和收发电子信息的功能，它是传统邮件的电子化；利用即时通信工具（中文也称为聊天工具、聊天软件，英文称为 Instant Messaging，简称 IM）进行实时沟通的交往，如利用 QQ、微信、阿里旺旺等进行的网络交往，这种网络交往可以实现交往者之间文字、语音或视频等的实时沟通，突破了电子邮件交往的非同步性和异时态的局限性；利用社交网站进行的交往，如利用 QQ 空间、新浪微博、人人网、百度贴吧、美拍、豆瓣等进行的网络交往，这种网络交往形式可以为网络交往者提供综合类或专门类的社会交往，专门类的社会交往如婚恋社交、职场社交、社区社交、图片或视频社交等。

根据网络交往的对象分类，可以分为一对一的网络交往、一对多的网络交往、群体之间的网络交往等。

根据网络交往的实时性分类，可以分为实时交往（同步交往）和非实时交往（非同步交往）。

根据网络交往的内容分类，可以分为四种方式：参与讨论方式，即网络交往者网络论坛（BBS）、贴吧等，通过发帖或跟帖的形式参与感兴趣的主题讨论；参与诉说方式，即网络交往者使用 QQ、MSN 等即时通信软件进行网上聊天；参与建设方式，如在维基百科，网络交往者围绕某一主题共同参与建设和编辑条目；参与发布方式，即网络交往者将自己的生活、工作等情况原创性和动态性地发布在自己的博客、微信中，通过好友的浏览、评价和转发来传播信息。[①]

（三）网络交往的特点

网络交往区别于现实交往，有跨时空性、自主性、交互性和演绎性的特点。

1. 跨时空性

网络交往超越了物理的时间和空间的限制，使人类交往实现了从未有过的便利和灵活，是对现实交往的补充、延伸和拓展。在空间上，网络交往使现实交往的领域和范围得到无限地扩大，网络交往主体既可以远在天边，也可以近在眼前，有的人可能从未见过，甚至一辈子也不可能见面，但可以通过网络交往相知相识，成为无话不谈的亲密挚友。在时间上，网络交往拓宽了现实交往的时间维度，突

---

① 刘贵占：《一种可能的交往范式：赛博空间伦理秩序》，《东北大学学报》（社会科学版）2012 年第 3 期。

破了现实交往共时性的限制，既能进行共时性交往，也能进行异时性交往。这意味着交往自由度的增加和交往质量的提升。也就是说，只要登录网络，运用基本的网络运行规则，交往主体可以随时随地和世界上任何国家、任何地区的任何人或任何群体进行交往，正所谓"天涯若比邻"。网络交往是一种脱域交往（缺场交往）。"脱域"是指社会关系从彼此互动的地域关联中，从通过对不确定的时间的无限穿越而被重构的关联中"脱离出来"。[①]缺场是网络交往的主要情境，是"脱域机制"发挥作用的结果。

2. 自主性

网络交往的自主性是指网络交往主体不再受制于时空、现实交往的利益关系和社会因素等，交往的自由度和主动性得到空前的增加。网络交往的自主性表现在：第一，网络交往主体可以自主选择交往的空间和时间。第二，网络交往主体可以根据兴趣自主地选择网络交往对象或网络交往群体，并在多个网络交往对象和网络交往群体中穿梭交流。现实的人际交往多基于关系的亲疏远近和利益需求，而网络交往是一种以共同的兴趣爱好为交往动力的交往。基于一致的兴趣爱好，来自不同地域、种族、年龄、性别、职业的人们可以在网上进行信息沟通和情感交流。第三，网络交往主体可以自主地决定自身以何种角色和形象进行网络交往，可以随着交往情境和交往关系的不同，在各种自主塑造的角色形象之间随意变动。第四，网络交往主体可以自主地进行观点抒发和情感宣泄。第五，网络交往主体可以自主决定网络交往关系的开始和终结。总而言之，网络交往赋予了人们前所未有的交往自由感和轻松感。但也可看出，网络交往的场域、主体形象、对象、关系等是不稳定的，会随着网络主体的意愿发生改变。这就决定了网络交往是一种弱控制的实践活动。网络交往的自主性为一些缺乏道德自律的网民实施网络不道德行为和网络犯罪提供了条件。在网络世界，虽然也有互联网络法律法规和网络警察等外在的监督约束因素，但是这些外在因素对网络交往的监控远不如对现实生活人们活动的管理那样有效。

3. 交互性

网络交往的交互性是指网络交往的主体之间通过网络交往工具实现一对一、一对多、多对多等形式的双向或多向互动交流。每个网络交往主体都可以根据自

---

① 安东尼·吉登斯：《现代性的后果》，田禾译，译林出版社，2000，第 18-25 页。

身的需要选择信息，还可以参与信息的传播，也可以成为信息发布的主体。网络交往主体通过网络主题讨论、网络聊天、网络个人空间消息发布等形式实现精神上的相互交流和相互作用。

4.演绎性

网络交往的演绎性指网络交往是基于现实交往而又不同于现实的特征。网络交往是以现实生活为原型，利用技术手段在网络世界对现实交往进行模仿、延伸和升华。网络交往主体多种角色的塑造和变换是这种演绎性的重要表现，通过多种角色的扮演，可以将交往者内心的原始欲望的"本我"和理想追求的"超我"充分展现，从而在网络交往中透视出人们真实的内心意向和欲望，实现人们在现实生活中不能满足的心理需求，有利于人们心理压力的释放和舒展，对培养人积极健康的心态有正面作用。

二、理论基础和知识借鉴

马克思主义的交往理论、马克思主义人的本质理论、马克思主义人的全面发展理论、习近平总书记关于网络强国的重要思想是网络交往视域大学生思想政治教育研究的主要理论依据。哈贝马斯的交往行为理论虽在理论上存在缺陷，但他的观点对大学生思想政治教育有一定的借鉴意义。网络传播学的相关理论是网络交往视域大学生思想政治教育研究的主要学科知识借鉴。

（一）马克思主义交往理论

1.马克思主义交往理论的主要观点

（1）交往的主体是进行物质生产活动的"现实的个人"。在生产中，个人之间的共同活动和相互交换的活动就是交往，也正是在交往中，人们才能进行生产。交往作为个人的社会存在方式，随着社会物质生产的扬弃不断改变自己的形式。马克思指出："这里所说的个人不是他们自己或别人想象中的那种个人，而是现实中的个人，也就是说，这些个人是从事活动的，进行物质生产的，因而是在一定的物质的、不受他们任意支配的界限、前提和条件下活动着的。"[①]

（2）交往关系是主体间关系。交往是以互相承认对方的主体地位为前提，

---

① 中共中央马克思恩格斯列宁斯大林著作编译局编译《马克思恩格斯文集》第一卷，人民出版社，2009，第524页。

交往双方是处于相互尊重和相互需要的主体间关系。马克思指出："每个人只有作为另一个人的手段才能达到自己的目的；每个人只有作为自我目的（自为的存在）才能成为另一个人的手段（为他的存在）；每个人是手段同时又是目的，而且只有成为手段才能达到自己的目的，只有把自己当作自我目的才能成为手段。"①

（3）交往分为物质交往和精神交往，物质交往对精神交往起基础和决定性作用。1995 年版《马克思恩格斯选集》（第一卷）中关于"交往"的注释中指出，"'交往'Verkehr 这个术语在《德意志意识形态》中含义很广。它包括单个人、社会团体以及国家之间的物质交往和精神交往。马克思和恩格斯在这部著作中指出物质交往，而首先是人们在生产过程中的交往，这是任何其他交往的基础"②。马克思指出，"思想、观念、意识的生产最初是直接与人们的物质活动，与人们的物质交往，与现实生活的语言交织在一起的。人们的想象、思维、精神交往在这里还是人们物质行动的直接产物。表现在某一民族的政治、法律、道德、宗教、形而上学等的语言中的精神生产也是这样。人们是自己的观念、思想等的生产者，但这里所说的人们是现实的、从事活动的人们，他们受自己的生产力和与之相适应的交往的一定发展——直到交往的最遥远的形态——所制约"③。"占统治地位的思想不过是占统治地位的物质关系在观念上的表现，不过是以思想的形式表现出来的占统治地位的物质关系"④。

（4）交往分为三种形态。一是人的依赖关系。这是建立在生产力水平低下、没有发达的分工和广泛的贸易的基础上的交往。这时的交往关系纽带主要是血缘关系和亲族关系，交往是封闭的。二是物的依赖关系。这是建立在生产力扩大和精细的社会分工出现的基础上的交往。这时社会关系成为个体的一种异己的力量，个人只能通过交往来满足自我生存和发展的需要。"这种与人的依赖关系相对立的物的依赖关系也表现出这样的情形（物的依赖关系无非是与外表上独立的个人相对立的独立的社会关系，也就是与这些个人本身相对立而独立化的、他们

---

① 中共中央马克思恩格斯列宁斯大林著作编译局编译《马克思恩格斯全集》第三十卷，人民出版社，1995，第 198 页。
② 中共中央马克思恩格斯列宁斯大林著作编译局编译《马克思恩格斯选集》第一卷，人民出版社，1995，第 790 页。
③ 同②，第一卷，第 72 页。
④ 中共中央马克思恩格斯列宁斯大林著作编译局编译《马克思恩格斯文集》第一卷，人民出版社，2009，第 550 页。

互相间的生产关系）：个人现在受抽象统治，而他们以前是互相依赖的。但是，抽象或观念，无非是那些统治个人的物质关系的理论表现。"① 三是自由全面发展的交往关系，是"建立在个人全面发展和他们共同的社会的生产能力成为从属于他们的社会财富这一基础上的自由个性"②，这时人们摆脱了分工的束缚，社会关系不再是异己的力量，人们实现了对社会关系的自由占有，交往成为人类自由自觉的行为，是人全面发展的现实基础。马克思指出，"个人的全面性不是想象或设想的全面性，而是他的现实关系和观念关系的全面性"③。

（5）交往与生产共同决定社会的发展状态。社会的发展变化是在人们的交往和交往的发展中完成的。一方面，生产决定交往的深度、广度和形式；另一方面，交往制约生产力的存在和发展。交往使既有的生产力得以保存，"只有当交往成为世界交往并且以大工业为基础的时候，只有当一切民族都卷入竞争斗争的时候，保持已创造出来的生产力才有了保障"④。同时，交往创造出一种扩大了的生产力，即"受分工制约的不同个人的共同活动产生了一种社会力量，即扩大了的生产力"⑤。而由于生产力的扩大又产生新的需要，进一步促进生产力的发展，"通过协作提高了个人生产力，而且是创造了一种生产力"⑥。

（6）交往是人发展的基础和要求。第一，人的需要和满足需要的实践决定了交往是人发展的要求。马克思指出，人为了生活而必须进行的第一个历史活动是生产物质生活本身，而生产又是以人们之间的交往为前提的，这种生产表现为自然关系和社会关系的双重关系，即人与自然的关系是生产过程，人与社会的关系是人们之间的交往关系。也就是说，没有交往就不能满足人的生存需要。第二，个人在交往中形成的社会关系是人的本质的实现和彰显。马克思指出，"一个人的发展取决于和他直接或间接进行交往的其他一切人的发展"⑦。随着交往形态的变迁，从人的依赖阶段到物的依赖阶段，再到自由而全面的交往关系阶段，交

---

① 中共中央马克思恩格斯列宁斯大林著作编译局编译《马克思恩格斯文集》第八卷，人民出版社，2009，第58页。
② 中共中央马克思恩格斯列宁斯大林著作编译局编译《马克思恩格斯全集》第三十卷，人民出版社，1995，第107页。
③ 同②，第四十六卷下册，1980，第36页。
④ 同①，第一卷，2009，第560页。
⑤ 同②，第一卷，2009，第85页。
⑥ 同②，第二十三卷，1972，第362页。
⑦ 同②，第三卷，1960，第515页。

往性质也随之发生变化，社会关系从异己的力量转变成个人自主支配的并能促进个人全面发展的力量。第三，交往的普遍发展和交往范围的扩大也促使人的发展由片面转向全面。马克思指出，随着世界交往的普遍发展，"狭隘地域性的个人为世界历史性的、真正普遍的个人所代替"①。

2.对网络交往视域中的大学生思想政治教育的启示

（1）马克思主义的交往理论探索了交往在人类社会进化及人类自身解放和发展中的重要作用。这启示我们思想政治教育者要重视交往作为人的重要发展维度。在网络交往成为大学生普遍的存在方式和交往方式的时代背景下，思想政治教育要直面网络交往带来的机遇和挑战，善于研究新情况、解决新问题。要培养大学生理性的交往观，正确取舍和利用网络交往关系来促进自身的全面发展。

（2）马克思主义的交往理论强调主体性和主体间的关系。网络交往的开放性打破了思想政治教育中教育者和受教育者的主客对立关系，教育的主客体身份具有流变性，这就有必要借鉴主体间性交往的思想来改进思想政治教育，形成教育者和受教育者的主体间性的平等交往和相互学习。

（3）马克思主义的交往理论指出，交往的主体是进行物质生产活动的"现实的个人"。而个人的社会道德和个体品德是在物质生产活动和精神生产活动中形成的，也就是在人们的物质交往和精神交往中形成的。在网络交往盛行的时代，这启示我们要善于探索个体从网络交往中形成和发展自己思想品德的规律，以此来制定相应的教育对策。

此外，马克思主义的交往理论对我们理解网络交往对人的发展的正负面影响及把握网络交往与现实交往之间的关系等有着重要的现实指导意义，而运用马克思主义的交往理论来研究网络交往视域大学生思想政治教育的创新发展，既是加强和改进网络时代大学生思想政治教育的迫切需要，也必将丰富和发展马克思主义的交往理论。

---

① 中共中央马克思恩格斯列宁斯大林著作编译局编译《马克思恩格斯全集》第三卷，人民出版社，1960，第39页。

（二）马克思主义人的本质理论

1. 马克思主义人的本质理论的主要观点

马克思关于人的本质，有这样的经典论述："人的本质不是单个人所固有的抽象物，在其现实性上，它是一切社会关系的总和。"[①]这一表述具有丰富的内涵："人的本质是人的真正的社会联系。"[②]人的本质在于人的社会属性，人与人的区别也是在于人们所处的社会关系和在社会关系中所处的地位，而人的自然属性是受社会属性的制约和规定的。

（1）人的本质是全部社会关系的有机统一。人的社会关系是复杂多样的，有生产关系、阶级关系、道德关系、思想关系等。其中，生产关系是决定其他关系的主导性的关系。人的本质是以生产关系为主导的各种社会关系的有机统一。

（2）人的本质是具体的历史的发展变化的。在一定的社会形式中，社会关系是具体的，由于人的本质是一切社会关系的总和，因此人的本质也是具体的。同时，由于人们的社会关系会随着社会实践的变化而变化，因此人的本质也是不断发展变化的。

2. 对网络交往视域中的大学生思想政治教育的启示

马克思关于人的本质理论，有助于指导我们全面地认识教育对象及其思想。人的本质是一切社会关系的总和，人的思想是人的本质的重要表现，是人所处的一切社会关系的反映。要正确认识大学生及其思想，我们应该注意以下几点。

（1）要从大学生所处的一切社会关系的总和中去把握大学生的思想。既要重视大学生所处的社会经济关系及其对大学生思想的决定作用，把握大学生思想的基本倾向，又要全面观察和分析大学生所处的各种社会关系及其对大学生思想的影响，从而了解大学生的思想全貌。当前，大学生在网络交往中形成和发展了许多以往所没有的社会关系，这些社会关系必然对大学生的思想有所影响，这需要引起思想政治教育者的关注和重视。

（2）要从大学生所处的不同社会关系的特点和差异中去把握大学生思想的特点和差异。大学生根据自身不同的家庭背景、知识结构、兴趣爱好、个性心理

---

① 中共中央马克思恩格斯列宁斯大林著作编译局编译《马克思恩格斯文集》第一卷，人民出版社，2009，第505页。

② 中共中央马克思恩格斯列宁斯大林著作编译局编译《马克思恩格斯全集》第四十二卷，人民出版社，1979，第24页。

等会形成不同的社会关系。当前，大学生在网络交往中会根据自身的兴趣爱好和价值评判标准，选择网络交往对象，加入网络交往群体，构建自己特有的网络社会关系。思想政治教育者应善于分析不同网络交往主体和不同网络交往群体所处的不同社会关系，从而增强思想政治教育的针对性和实效性。

（3）要注意大学生所处各种社会关系的发展变化，从而把握大学生思想的发展变化。由于网络交往的匿名性和虚拟性特点，网络交往关系的建立、维持和破裂具有自主性，网络交往关系是不稳定的，是不断变化发展的，因此，思想政治教育者也要注意根据大学生所处的网络交往关系的变化发展来把握大学生变化的思想动态。

（三）马克思主义人的全面发展理论

1.马克思主义人的全面发展理论的观点

（1）人的发展取决于社会物质生产的发展。马克思恩格斯认为，人是在一定的社会物质生活条件下从事物质生产的现实的人。个人是怎样的，取决于他们进行生产的物质条件。

（2）人的片面发展是由旧式分工造成的。分工和私有制紧密联系。分工使人有被强加的特殊的活动范围，因此旧式分工造成人的片面发展。"分工使他变成片面的人，使他畸形发展，使他受到限制"[1]。

（3）与旧式分工相联系的私有制造成社会的阶级分化，这种阶级分化制约着人的发展。在阶级社会中，"各个人的社会地位，从而他们个人的发展是由阶级决定的"[2]。共产主义为人的全面发展提供条件。在共产主义社会，生产力高度发展，人类社会的共同体成为维护和发展全体社会成员利益的"真正的共同体"，这种"真正的共同体"为全体社会成员全面发展其才能和个性提供了条件。

（4）通过人对人的本质和人的生命、对象性的人和人的产品的感性的占有，不应当仅仅被理解为直接的、片面的享受，也不应当仅仅被理解为占有、拥有。人的全面发展是"人以一种全面的方式，就是说，作为一个完整的人，占有自己

---

① 中共中央马克思恩格斯列宁斯大林著作编译局编译《马克思恩格斯全集》第三卷，人民出版社，1960，第514页。
② 中共中央马克思恩格斯列宁斯大林著作编译局编译《马克思恩格斯文集》第一卷，人民出版社，2009，第570页。

的全面的本质"①。

（5）人的全面发展首先是指人的体力和智力、思想品德、心理素质等各方面的全面发展；其次是指人的各种才能和个性品质得到充分的发展；最后是指人的才能和个性得到自由的发展，能自主地从事各种社会活动。

2.对网络交往视域中的大学生思想政治教育的启示

（1）马克思指出，人的发展取决于社会物质生产的发展。网络交往是生产力水平提升和社会进步的产物。当前，网络交往已经成为大学生喜爱和依赖性较强的生活方式和学习方式。网络交往为大学生的全面发展提供了条件：它满足了大学生的多层次需要，丰富了大学生的社会关系，推动了大学生才能和兴趣爱好的多方面发展。这启示我们：大学生思想政治教育的培养目标是促进大学生的全面发展，网络时代的思想政治教育要与时俱进，善于充分利用网络交往来促进大学生的全面发展。

（2）网络交往作为信息技术的产物，存在着交往主体的异化现象。例如，网络交往主体的道德失范、社交焦虑、认知倦怠、自我认同危机、网络交往成瘾、网络犯罪等。网络交往已经渗透到大学生生活和学习的各个方面，大学生也不可避免地出现上述网络交往主体的异化现象，这阻碍了大学生的全面发展。思想政治教育要充分认识和重视网络交往视域中的大学生异化现象，创新教育内容和教育方式，引导大学生理性对待网络交往和现实生活的关系，正确建立和发展网络交往关系，以此促进大学生的全面发展。

（3）人的全面发展是人的自然属性、社会属性、精神属性都得到全面的发展。在网络时代，大学生的自然属性、社会属性、精神属性不仅体现在现实交往中，在网络交往中也有着丰富的内容和表现形式。网络交往和现实交往都是大学生素质全面提高和个性全面发展的重要平台，大学生思想政治教育要把网上和线下的思想政治教育协同推进，开发大学生的潜能，实现大学生的自觉和全面的发展。

（四）习近平总书记关于网络强国的重要思想

党的十八大以来，习近平总书记高度重视网络建设问题，就网络建设问题发表了许多重要的论述。习近平总书记关于网络强国的重要思想，对于网络交往视

---

① 中共中央马克思恩格斯列宁斯大林著作编译局编译《马克思恩格斯文集》第一卷，人民出版社，2009，第189页。

域中的大学生思想政治教育具有指导意义。

1. 习近平总书记关于建设网络强国的基本观点

（1）网络强国的目标观。网络强国的目标观是习近平在 2014 年 2 月中央网络安全和信息化领导小组第一次会议上提出的，习近平强调，网络安全和信息化是事关国家安全和国家发展、事关广大人民群众工作生活的重大战略问题，要从国际国内大势出发，总体布局，统筹各方，创新发展，努力把我国建设成为网络强国。建设网络强国，习近平指出，要向着网络基础设施基本普及、自主创新能力显著增强、信息经济全面发展、网络安全保障有力的目标不断前进。

（2）携手应对的合作共赢观。习近平在 2015 年 12 月第二届世界互联网大会开幕式上的讲话中指出："完善全球互联网治理体系，维护网络空间秩序，必须坚持同舟共济、互信互利的理念，摈弃零和博弈、赢者通吃的旧观念。各国应该推进互联网领域开放合作，丰富开放内涵，提高开放水平，搭建更多沟通合作平台，创造更多利益契合点、合作增长点、共赢新亮点……"网络问题是全球性的问题，维护网络安全是国际社会的共同责任，各国应该携手共同应对挑战，并且共享互联网发展的成果。

（3）网络强国建设的五大发展理念。2016 年 4 月，习近平在网络安全和信息化工作座谈会上强调，"按照创新、协调、绿色、开放、共享的发展理念推动我国经济社会发展，是当前和今后一个时期我国发展的总要求和大趋势，我国网信事业发展要适应这个大趋势，在践行新发展理念上先行一步，推进网络强国建设"。

（4）网络空间的清朗观。2013 年 8 月，习近平在全国宣传思想工作会议上指出：要把意识形态工作领导权、管理权、话语权牢牢掌握在手中；要依法加强网络社会管理，加强网络新技术新应用的管理，确保互联网可管可控，使我们的网络空间清朗起来；要充分运用新技术新应用创新媒体传播方式，占领信息传播制高点。2015 年 12 月，习近平在第二届世界互联网大会开幕式上的讲话中指出："要加强网络伦理、网络文明建设，发挥道德教化引导作用，用人类文明优秀成果滋养网络空间、修复网络生态。"

2. 对网络交往视域中的大学生思想政治教育的启示

（1）大学生思想政治教育要促进"网络强国"目标的实现。大学生思想政治教育的主要对象是大学生，大学生是祖国的未来和希望。大学生在网络交往中面对纷繁复杂的思想价值观念，难免会出现思想困惑和价值偏差，这就需要教育者及时有效地引导，使大学生在多元价值观中树立社会主义核心价值观。可以说，大学生思想政治教育是建设网络强国的思想保证。思想政治教育者要认清建设"网络强国"的新使命，在思想政治教育的目标、内容、方法、途径上契合"网络强国"的建设目标，努力掌握网络意识形态工作的领导权和话语权。

（2）大学生思想政治教育要依据网络强国的目标要求和五大发展理念加强自身建设。习近平总书记提出的建设网络强国的四个目标要求，以及"创新、协调、绿色、开放、共享"五大发展理念，对网络交往视域中的大学生思想政治教育有指导意义。第一，网络基础设施基本普及，这就要求高校在主要的教学科研场所实现网络基础设施基本普及，这样才能充分利用网络开展思想政治教育。第二，自主创新能力显著增强，强调的是一种创新的理念，这就要求思想政治教育者要进行思维创新、方法创新、内容创新等。第三，信息经济全面发展，强调的是一种协调的理念。网络交往视域中的大学生思想政治教育要使网上思想政治教育和线下思想政治教育相互协调，各种思想政治教育网络交往工具，如易班、微信、微博、QQ等相互协调，不同网络交往群体的相互协调等。第四，网络安全保障有力，这就启示思想政治教育者要加强高校网络交往环境建设，通过建立和完善校园网络规章管理制度建设风清气正的网络空间。第五，开放和共享的发展理念，这就启示思想政治教育者在网络交往中要和大学生树立共建共享的网络交往意识，思想政治教育要充分吸收借鉴网络中的优秀资源为我所用，要有全球意识和人类命运共同体意识等。

（五）哈贝马斯交往行为理论

哈贝马斯的交往行为理论是现代西方交往理论的典型。哈贝马斯的交往行为理论与马克思的交往理论有一定的区别。哈贝马斯的交往行为理论具有一定的虚幻性和不可操作性，我们不能全盘接受，但哈贝马斯的交往行为理论中的商谈伦理规则、交往的三种有效性要求及对语言交往的重视，对大学生思想政治教育有一定的启示意义。

1. 哈贝马斯的交往行为理论的基本框架

哈贝马斯把交往命名为"交往行为"。他指出，"交往行为概念所涉及的是两个以上具有语言和行为能力的主体之间的互动，这些主体使用（口头的或口头之外的）手段，建立一种人际关系。行为者通过行为语境寻求沟通，以便在相互谅解的基础上把他们的行为计划和行为协调起来。解释（interpretation）的核心意义主要在于通过协商对共识的语境加以明确。在这种行为模式中，语言享有一种特殊的地位……"[1]

（1）交往行为理论的基本准则——交往理性。交往理性是克服资本主义发展中的理性危机，通过不同利益主体之间的交往对话和商谈，促进合理性的道德法则和民主法则形成的行为取向。哈贝马斯认为，交往理性概念有三个层面的关系："第一，认识主体与事件的或事实的世界的关系；第二，在一个行为社会世界中，处于互动中的实践主体与其他主体的关系；第三，一个成熟而痛苦的主体（费尔巴哈意义上的）与其自身的内在本质、自身的主体性、他者的主体性的关系。"[2]交往理性包括了主体与客观世界、主体与社会世界、主体与自己和他人的主观世界的关系，意味着主体与这三方面关系的理性要求。哈贝马斯预设的交往的三种有效性要求是真实性、真诚性、正确性。他指出，"言说者必须有提供一个真实陈述的意向，以便听者能分享说者的知识""言说者必须真诚地表达他的意向，以便听者能相信说者的话语""言说者必须选择一种本身是正确的话语，以便听者能够接受，从而使言说者和听者能在以公认的规范为背景的话语中达到认同"。[3]这三种有效性要求正是哈贝马斯认为的"交往理性"的基本内涵。

（2）交往行为的最主要媒介——语言。哈贝马斯认为，人与动物的最根本区别是能够使用语言，而不是在于制造和使用工具。"语言""交往"的地位高于"劳动"，语言使人类的文化生产与再生产，以及社会的整合与进化成为可能。在哈贝马斯看来，要扬弃资本主义社会的异化现象，就必须确立语言对劳动的优先地位，使语言成为人的本质存在方式，成为人类社会存在和发展的基础。这实质是要以交往取代劳动在传统社会理论中的核心地位。因此，哈贝马斯称他的交往行为理论是"历史唯物主义的重建"。他认为，要通过语言的交往活动达到人与人的沟通和理解。但哈贝马斯的"交往"只是个人进行符号互动的游戏。一方面，哈贝马斯所说的交往主体是置身于国家政治、经济生活之外的，在语言交往中生成的存在。交往主体要满足四项规定性的前提：一方面，话语的可理解性、

---

[1] 尤尔根·哈贝马斯：《交往行为理论》第 1 卷，曹卫东译，上海人民出版社，2004，第 84 页。

[2] 哈贝马斯：《现代性的地平线：哈贝马斯访谈录》，李安东、段怀清译，上海人民出版社，1997，第 57 页。

[3] 龚群：《道德乌托邦的重建哈贝马斯交往伦理思想研究》，商务印书馆，2003，第 141 页。

说话主体的真诚性、语言表述形式的真理性、言述应为听者和读者所共同承认的规范性语境确立一种正当性。只有满足这四项规定性前提，才能实现"交往行为"的合理化。另一方面，哈贝马斯规定了进行语言交往的个人之间必须始终保持"互为主体关系"，交往的任何一方都不能把对方视为工具和手段。显然，哈贝马斯的"交往行为"的合理化只能通过个人的道德自律，这只是哈贝马斯基于美好愿望的种种规定。

（3）交往行为的境域——生活世界。哈贝马斯把"世界"分为三种不同的世界：一是"客观世界"（也叫"外部世界"），是真实的事物总体；二是"主观世界"，是对个人起特殊指导作用的经历的总体；三是"社会世界"，是合法的共同属于一切个人内部关系的总体，是规范关系和价值等社会期望。这三种世界处于并列的相互制约的关系。哈贝马斯把社会行为分为四种类型：目的行为、规范调节行为、戏剧行为、交往行为。四种行为侧重于不同的世界。目的行为侧重于客观世界，着眼于行为的功效最大化；规范调节行为侧重于社会世界，着眼于遵循社会规范；戏剧行为主要对应主观及外部世界，是在公众前有意识地自我表现，以便用个人的观点和情感来控制公众；交往行为同时涉及客观世界、主观世界和社会世界。所以，交往行为比其他行为更具有合理性。哈贝马斯把由交往行为组成的世界称为"生活世界"。他指出："生活世界是由诸多背景观念构成的，这些背景观念或多或少存在着不同，但永远不会存在什么存疑。这样一种生活世界背景是明确参与者设定其处境的源泉。通过解释，交往共同体的成员把客观世界及其主体间共有的社会世界与个人以及其他集体的主观世界区分开来。世界概念以及相关的有效性要求构成了形式因素，交往行为者可以用它们把各种需要整合的语境与他们自身所处的明确的生活世界协调起来。"① 哈贝马斯认为，交往行为是在生活世界境域内的行为，交往行为的主体在生活世界中才能达成共识。生活世界实现了文化、社会、个性三者的有机结合。生活世界是交往行为者的信息储存库，储存着交往行为者的知识背景和世界观。生活世界使交往主体获得社会共同化的背景和自我表达的前提。同时，生活世界是交往行为调整其行为所依据的合法秩序，在这样的秩序中，交往主体之间才能相互理解，才能够使自己的行动得到合作，以实现一定的目的。"系统"是哈贝马斯的另一个重要概念，

---

① 尤尔根·哈贝马斯：《交往行为理论》第1卷，曹卫东译，上海人民出版社，2004，第69页。

33

与"生活世界"相对应。哈贝马斯认为，社会是由系统和生活世界两部分组成。系统是指与金钱和权力媒介相联系的经济制度、政治制度、法律制度等。系统入侵生活世界导致了生活世界殖民化，表现为生活世界的金钱化、商品化、机械化和官僚体制化。造成这种现象的主要原因是资本主义国家政策的失误和滥用。

（4）交往行为的规范——商谈伦理规则。哈贝马斯认为，要构建交往行为合理化社会，需要建立民众普遍认可、重视和自愿遵循的伦理原则和社会规范，这就是商谈伦理规则。这种规则如何建立呢？哈贝马斯指出要通过商谈和论证，要坚持"道德规范的普遍性"立场。也就是说，一切道德规范的建立和实施都是道德主体在互相尊重、平等沟通中形成的，不是单方面的"一言堂"。在面临道德冲突和对某一规则的意见有分歧时，应当让人们充分地争论和商谈，只要有能力参与讨论的主体都有同等参与商谈和讨论的机会，任何人都可能根据自己的意志发表观点，对任何意见都有解释、质疑、反驳的同等权利。只有这样，制定的道德规范才能够被一切人自愿接受。通过商谈伦理规则，实现交往行为合理化，才能克服资本主义社会的工具理性过度膨胀和滥用而导致的生活世界殖民化，弥合系统与生活世界的冲突。

2.哈贝马斯的交往行为理论与马克思的交往理论的区别

（1）立论基础不同。马克思的交往观是建立在物质生产实践基础上，其交往观的逻辑起点是从事物质生产实践的"现实的个人"。马克思认为，交往和物质生产实践是相互统一的。人们的需要和满足需要的生产方式决定了人们之间物质联系所构成的交往的内容，人们只有在一定的社会联系和社会关系中才能进行生产，而生产又是以个人之间的交往为前提的。哈贝马斯的交往理论是建立在语言行为的基础上，其交往观的逻辑起点是语言交往的个人。哈贝马斯是基于对马克思的"劳动"范畴的批判来提出交往行为理论，他认为，交往和物质生产实践是对立的关系。"劳动"强调的是人对自然的改造关系，但如果把劳动看成是交往范畴产生的根据，就会把人与人的关系变为物与物的关系，人与人之间就会缺乏沟通和信任，从而导致社会的全面异化。只有确立语言对劳动的优先地位，人们通过语言交往达成理解沟通和共识，才能实现交往合理化社会。

（2）实现生活世界合理化的方式不同。马克思认为只有通过社会实践的方式，大力发展生产力，消灭资本主义私有制和分工，消灭异化劳动，才能实现人的真正解放，使社会成为"自由人的联合体"，推动人类社会从必然王国进入自由王国。哈贝马斯则不同，他是通过交往理性批判，尤其是语言交往行为合理化来实现生活世界合理化，他把社会进步和交往的发展完全寄希望于人们的道德意识的发展，这显然不具有现实性和可操作性。

（3）价值旨归不同。马克思立足于现实的个人来考察资本主义社会的生产关系，指出分工导致交往的异化，即个人受剥削和压迫的原因在于个人之间的社会关系变成异己的力量支配着个人。而分工发展的不同阶段对应着所有制的不同形式。马克思认为，所有制形式也就是交往的形式，交往形式反过来又强化着分工，使个人只能片面地发展某一方面的才能。就是说，由交往形式决定的社会关系影响着个人的发展程度。因此，要克服交往的异化，就要不断地发展交往的形式。马克思关于交往的三种形态："人的依赖关系""物的依赖关系""自由全面发展的交往关系"，正是不断克服交往异化，最终目的是促使每个人全面而自由地发展。哈贝马斯交往行为理论是为了重建交往理性，从根本上是服务于资本主义社会的。哈贝马斯认为，由于工具理性的过度膨胀和滥用，导致系统与生活世界的矛盾，破坏了生活世界的交往结构，引发生活世界的殖民化。因此，哈贝马斯力图以语言为媒介的交往理论，要求话语交往者要有真实性、正确性和真诚性三种交往理性成分，以此来建立交往合理化社会，完成对资本主义社会的救赎。

3. 哈贝马斯交往行为理论的借鉴意义

尽管哈贝马斯的交往行为理论具有一定的虚幻性和不可操作性，不为我们完全认同和接受，但其对资本主义交往异化的批判和对交往理性的构建，体现了他对人类生存状态的担忧和关切，值得我们肯定。哈贝马斯的交往行为理论也有助于我们准确把握、研究和完善马克思主义交往理论。同时，哈贝马斯的一些观点也值得我们借鉴，对网络交往视域中的大学生思想政治教育创新研究有以下启示作用。

（1）哈贝马斯重视语言交往，强调语言交往在社会发展中的作用。这启示我们在当今社会发展中要加强作为文化软实力的语言文化建设，尤其是在网络交往成为人们普遍交往形式的时代背景下，思想政治教育者更要净化网络语言环境，把握网络话语权。

（2）哈贝马斯的商谈伦理规则要求通过商谈和论证制定个体普遍认同的道德规范。这启示我们思想政治教育者与受教育者之间要建立平等互动的友好关系，在发生意见分歧时，教育者要充分尊重受教育者的言论表达权，耐心倾听其观点陈述，从中把握其思想动态，进而有针对性地对其进行思想引导。

（3）哈贝马斯提出交往的三种有效性要求：真实性、真诚性、正确性。这启示我们在虚拟和隐匿的网络交往中，在网络交往主体可以自主地开启或中断网络交往进程的情况下，网络思想政治教育要顺利进行，教育者和受教育者双方都要尽力实现真实性、真诚性和正确性这三种交往的有效性要求。

（六）网络传播学理论

网络传播学理论包含有丰富的内容，这里主要讨论"使用与满足"理论、议程设置理论、媒介依赖理论等对网络交往视域中的大学生思想政治教育的启示。

1."使用与满足"理论

"使用与满足"理论是一种重要的受众理论，是把受众作为研究的重点，该理论认为受众基于特定的需求动机来接触媒介，从中得到满足。该理论有五个基本的假设：第一，受众是基于心理或社会的需求，想通过使用媒介来满足需求。第二，受众是媒介的主动使用者。第三，媒介在满足受众需求上必须与其他来源的需求满足方式相竞争。第四，受众是理性的，能够表达出自己的兴趣和动机。第五，不必对大众传媒下任何价值作判断。[1]"使用与满足"理论确立了大众在网络传播中的重要地位，这有重要的意义。但它过分高估了受众，它认为受众都清楚自己所需并能够知道获取所需的渠道，这是不现实的。

"使用与满足"理论启示大学生思想政治教育者要从大学生受众的角度出发，关注不同层次、不同类型大学生的需求，以此来建设思想政治教育网络交往平台，这样才能提高大学生对思想政治教育网络交往平台的运用率，增强大学生思想政治教育的实效性。

2.议程设置理论

美国学者沃纳·赛佛林和小詹姆斯·坦卡德对议程设置理论作出定义："媒介的议程设置功能就是指媒介的这样一种能力：通过反复播出某类新闻报告，强化该话题在公众心目中的重要程度。"[2]麦肯姆斯和肖的研究发现，媒介议程设置的效果还与公众与媒介的接触频率、公众对媒介的需要程度、当时人际交流的情况、不同公众的兴趣等相关。麦肯姆斯和肖的研究还发现，公众的议事日程不能超过5～7个议题，否则受众就会忽略一些重要的议题。同时，麦肯姆斯和肖

---

[1] 谢新洲、周锡生主编《网络传播理论与实践》，北京大学出版社，2004，第38-39页。

[2] 沃纳·赛佛林、小詹姆斯·坦卡德：《传播理论：起源、方法与应用》，郭镇之主译，华夏出版社，2000，第246页。

还提出了两级议程设置理论，即议程设置的第一级决定受众议程的内容，第二级是关于受众如何想。第二级议程设置主要通过媒介重点突出或者弱化事件的某些报道以及标题、篇幅长短、版面位置等手段来影响受众对这一事件的理解。①

议程设置理论启示思想政治教育者要善于通过网络媒介，根据教育目标主动设置议程和话题，吸引大学生的注意力，对网络中的教育内容进行凸显，使之成为大学生的议程，从而对大学生施加教育影响。

3. 媒介依赖理论

媒介依赖理论主要思想是：受众依赖媒介提供的信息去满足他们的需求并实现他们的目标。影响媒介依赖程度的因素有两种，一是意识媒介提供的相关信息的数量和集中程度，二是社会的稳定程度。当社会正处于转型期，社会冲突增加时，人们对媒介的依赖会增加。反之，依赖会减少。媒介依赖理论有宏观和微观两个层面。从宏观层面看，媒介对观众和社会系统的需求进行回应，同时也依靠观众和社会系统获得与利润相关的资源。从微观层面看，个人对媒介的依赖的动机主要有三种需求：对知识和信息的需求，对认同和规范的需求，对娱乐的需求。②

大学生通过网络交往可以满足自身的多种需求，并且很容易对网络交往产生依赖。思想政治教育者要引导大学生正确合理地利用网络交往促进自身的全面发展，同时要防止大学生过分依赖网络交往而产生网络交往成瘾的问题。

总之，借鉴前人的研究成果，依据习近平总书记关于网络强国的重要思想，结合我国大学生网络交往的现状，加强和改进思想政治教育是我们必须面对的理论问题和实践问题。

三、基于马克思主义理论分析网络交往中的人的发展

运用马克思主义理论分析网络交往对人的发展的双重影响，是正确认识网络交往中大学生思想和行为特点的重要基础。

---

① 谢新洲、周锡生主编《网络传播理论与实践》，北京大学出版社，2004，第164-165页。
② 同①，第193-194页。

（一）网络交往对人的发展的积极影响

网络交往对人的发展的积极影响主要表现为网络交往促进了人的社会关系的全面发展，为个人全面的需要的满足提供了条件，同时也促进了个人的自由发展。

1. 网络交往促进了人的社会关系的全面发展

马克思人学理论认为，人作为社会中的人，人的全面发展是人的本质力量的不断增强和扩展，它依赖于人的社会关系和观念关系的全面发展。而人的社会关系和观念关系的全面发展是以普遍交往为基础的，普遍交往使人从"狭隘地域性的个人"变为"世界历史性的、真正普遍的个人"。人只有在丰富多彩的实践活动中，各种技能才可以充分施展，主动性和创造性才可以自由发挥，包括思维在内的人的一切生活才可以具有全面的性质。媒介的发展对人类的交往深度和广度有着重大的影响。"不同的媒介赋予了不同的时间和空间。不同的轮子决定了人所能拥有的不同的时间和空间，决定着人与人交往的方式"[①]。人类交往方式经历的五次革命：语言的产生、文字的运用、造纸术和印刷术的发明、电子媒介的发展、互联网的应用，这些都深刻改变着人们的交往方式和交往范围，进而影响人们的社会关系的发展。互联网的广泛应用使人们实现了网络交往，网络交往促进了人的社会关系的全面发展。

（1）网络交往促使人们建立世界性的普遍联系。网络交往是跨越时空的交往，它能把不同国家、不同地域和不同民族的人们同时连接起来，使交往的人们处于实时互动的普遍联系中。网络交往拓展了人的交往时空，降低了人的交往成本，提高了人的交往效率，拓宽了人的交往渠道，丰富了人的交往内容，赋予了人类交往前所未有的开放、便捷和自由，极大地提升了人的交往能力和水平。网络交往突破了现实社会交往中性别、姓名、学历、社会地位等限制。在网上，人们可以根据自身意志创建和塑造多个虚拟身份，形成复数的自我，这些多重的自我在网络中随心所欲地展开交往，进而构建无数新的社会关系，建立起世界性的普遍联系。

（2）网络交往为人们"对整个世界的生产发生联系"创造了条件。网络交往打破了传统的从传播者到受众的单向线性关系，形成了传播者和受众"传受合一"的双向互动关系。通过数字化技术，信息放射性地传播与扩散，网络交往主

---

① 吴伯凡：《孤独的狂欢：数字时代的交往》，中国人民大学出版社，1998，第315页。

体既可以搜索选择自己需要的信息，舍弃无关的信息，也可以经过网络交往接收来自世界上任何地方的信息，还可以发布信息，实现全球信息的同步传播，使自己的表达权得到充分的发挥。也就是说，网络交往中，话语权和信息不再掌握在少数人手中，每个受众都是自媒体，都有权利和机会去制造和传播话语，从而由单纯的接受者转变成为"传受合一"的综合体，文化平权成为可能。例如，人们在网络交往中不断参与和主导着网络流行语和网络体的生产和传播。"我爸是李刚""高富帅""白富美""矮矬穷""甄嬛体""秋裤体""元芳体"等网络用语自出现以后被众多网友追捧和模仿，并赋予其新的意义内涵。而这些网络流行语和网络体不仅在网络上疯传，也被很多报纸杂志、社会组织等采用。从这个意义上说，每个人都能成为世界历史的主体，都能平等地参与文化创造，都能参与推动世界历史的进程。

（3）网络交往促进人们思维方式和价值观念的全面发展。马克思认为，个人发展的全面性也必须包括思维发展的全面性。网络交往带来了不同国家、地区的多元民族文化和价值观念的大交流和大碰撞，冲击并促使人们重新审视自身原有的思维方式和价值观念，在比较中进行选择，在选择中进行革新，从而使人们的价值选择更加多元而不墨守成规，视野更加开放和包容，思维更加活跃而富有创造性，行为决策更加理性和成熟，在一定程度上提高了人们的精神文化素质。马克思认为，人们的思想观念会随着社会存在的改变而改变。网络交往突破了传统交往方式的时空限制，极大地改变了人们的社会关系和生存状态，一些传统的思想观念和伦理习俗随之被解构，民主意识、开放意识、平等意识、创新意识等一些新价值观念也逐渐形成和发展。

2. 网络交往为个人全面的需要的满足提供了条件

马克思指出，"培养社会的人的一切属性，并且把他作为具有尽可能丰富的属性和联系的人，因而具有尽可能广泛需要的人生产出来——把他作为尽可能完整的和全面的社会产品生产出来"[①]。个人全面而丰富的需要的产生和满足，是推动个人全面发展的重要因素。网络交往在一定程度上能够产生和满足个人全面而丰富的需要。一方面，网络交往使个人自由时间增多，从而为个人全面而丰富的需要的满足提供了时间条件；另一方面，网络交往为个人多层次需要的满足提

---

① 中共中央马克思恩格斯列宁斯大林著作编译局编译《马克思恩格斯全集》第四十六卷上册，人民出版社，1979，第 392 页。

供了途径。

（1）网络交往使个人自由时间增多。马克思认为，"时间实际上是人的积极存在，它不仅是人的生命的尺度，而且是人的发展的空间"①。"满足绝对需求所需要的劳动时间留下了自由时间"②，"自由时间，可以支配的时间，就是财富本身：一部分用于消费产品，一部分用于从事自由活动"③。"这种时间不被直接生产劳动所吸收，而是用于娱乐和休息，从而为自由活动和发展开辟广阔天地"④。大量的自由时间有着重要的作用，它能"使每个人都有充分的闲暇时间去获得历史遗留下来的文化——科学、艺术、社交方式等中一切真正有价值的东西"⑤。"从整个社会来说，创造可以自由支配的时间，也就是创造产生科学、艺术等等的时间"⑥。网络交往改变了人们的生产方式和生活方式，为个人自由时间的增多提供了条件。一方面，网络交往使传统的受时间、地域和工具限制的生产活动变得灵活多样，既提高了劳动生产效率，又节约了传统的劳动时间，从而增多了个人自由时间，促进了个人自由发展，"而个人的充分发展又作为最大的生产力反作用于劳动生产力"⑦。例如，网络能使人们实现远程工作。人们可以通过电子邮件、虚拟网络、视频会议、IP 语音等工具在家里、咖啡厅或路上（几乎是任何地方）随时随地工作。远程工作能节省人们的上班时间，实现汽车的节能减排，还可以兼顾家庭和工作，缓解家庭和工作之间的矛盾，许多在家带孩子的妇女也能够利用网络交往平台在家里开办公司，成为"妈妈企业家"，并获得较高的收入和满足感。另一方面，网络交往一定程度上打破了劳动时间和自由时间的界限，使劳动时间和自由时间相互渗透，人们在劳动时间中也能够满足自身的需要。在网络社会，信息和知识是最重要的生产力。"一个人在网络进行交流和探讨时，他提供意见时是在进行知识生产，而倾听反馈时，就是在进行知识消

① 中共中央马克思恩格斯列宁斯大林著作编译局编译《马克思恩格斯全集》第四十七卷，人民出版社，1979，第 532 页。
② 同①，第四十六卷下册，1980，第 114 页。
③ 同①，第二十六卷第三册，1974，第 282 页。
④ 同①，第二十六卷第三册，1974，第 281 页。
⑤ 中共中央马克思恩格斯列宁斯大林著作编译局编译《马克思恩格斯选集》第三卷，人民出版社，1995，第 150 页。
⑥ 同①，第四十六卷上册，1979，第 381 页。
⑦ 中共中央马克思恩格斯列宁斯大林著作编译局编译《马克思恩格斯文集》第八卷，人民出版社，2009，第 203 页。

费"①。也就是说，由于网络交往的互动性，人们既要发表意见和输出信息，也要倾听言论和输入信息。人们在网络交往中，既生产出能够转化为经济资源和经济效益的知识信息，又收获了社会资源和知识信息，并获得他人的认同感和社会支持。

（2）网络交往为个人多层次的需要的满足提供了途径。人的需要是多层次的。人本主义心理学家马斯洛提出了著名的需要层次论，认为人的需要由低到高包括五个层次：生理需要、安全需要、归属与爱的需要、尊重的需要、自我实现的需要，并且这些需要是由低级向高级发展的。马克思也认为，"而这些需求的产生，也像它们的满足一样，本身是一个历史过程"②，人的全面发展正是人的需要的产生和满足从低级向高级、不断渐进发展的历史过程。网络交往为个人多层次需要的满足提供了途径。例如，人们最基本的生理需要是吃和穿。人们不再满足于吃得饱，更要追求吃得好。通过网络交往，人们可以随意挑选天下的美食，可以选择自己喜爱的口味和就餐环境来团购一份物美价廉的大餐。互联网还可以根据你的浏览记录，有针对性地向你推荐相关信息，让你优中选优。除低层次的生理需要外，网络交往更多的是满足人的精神需要，包括精神文化交往的需要、尊重的需要、自我实现的需要。网络交往为人们提供了人性化的交往条件，它把现实世界中人的多种交往模式（包括个人与个人的交往、个人与群体的交往、群体与群体的交往等）融为一体，人们可以同时在多种交往模式中自由自主地穿梭和切换。人们在生活节奏日益加快和生存压力日益增大的社会中不断忙碌奔波，社交圈子狭隘、真心朋友难寻，成为许多人的痛苦和无奈。对于在现实生活中社会关系相对弱势的群体来说，网络交往可以在技术上突破现实交往时空的限制，一定程度上抵达对方的交往世界，能够实现在现实生活中渴望却无法得到的爱的需求、尊重的需求、关怀的需求、社会认同感的需求等。在网络交往中，人们不仅可以轻松地进行娱乐消遣（看电影、听音乐、玩游戏等），还可以主动地参与科学、艺术、哲学、政治等精神生产和消费活动。例如，"百度百科"就是面向所有互联网用户开放的中文知识性百科全书，它涵盖所有知识领域，旨在让人们平等地认识世界，任何网民都可以遵循其编辑规则来参与词条编辑，分享贡献知识。人们可以通过网络搜索，获得往常只能依赖于教师、长辈和书本才能获得的

① 鲍宗豪：《网络与当代社会文化》，上海三联书店，2001，第 311 页。
② 中共中央马克思恩格斯列宁斯大林著作编译局编译《马克思恩格斯文集》第一卷，人民出版社，2009，第 575 页。

知识。网络交往赋予了人们充分的话语表达权，人们可以关注社会发展、经济政治体制改革、民主决策、舆论监督等，为国家的发展建言献策，从中体验到被尊重感和自我实现感。在现实社会中，话语表达权处于弱势的人们在网络交往中能够清楚地发出自己的声音，一些人还能够成为舆论"意见领袖"，引领网络舆论的发展方向和趋势，进而对现实社会产生影响。

3. 网络交往促进了个人的自由发展

在马克思和恩格斯的著作中，"个人的全面发展"和"个人的自由发展"并无太大的差异，都是指全社会的每一成员能够自由和自主地发挥自己的全部能力，是个人本质力量的有力彰显，个人主动性和创造性的充分发挥。其实，"个人的全面发展"和"个人的自由发展"是有区别也有联系的。"个人自由发展"更强调个人区别于他人的特殊性格、特长和本质。个人只有获得个性解放和自由发展的条件，才能促进个人的全面发展；而只有全社会的每一个人都能够全面发展，人类才能获得改造自然界和促进人类社会发展的能力，才能够真正实现个性解放和自由发展。

（1）正面价值取向的网络交往群体为个人的自由发展提供了条件。马克思、恩格斯认为，个人的力量由于分工发生了异化，变成了物的力量。个人不能驾驭这种力量，反而被这种力量所制约。那么，如何消灭这种现象呢？马克思在《德意志意识形态》中指出，"不能靠从头脑里抛开关于这一现象的一般观念的办法来消灭，而只能靠个人重新驾驭这些物的力量并消灭分工的办法来消灭。没有集体，这是不可能实现的。只有在集体中，个人才能获得全面发展其才能的手段，也就是说，只有在集体中，才可能有个人自由"[①]。马克思还指出，过去的各种冒充的集体多数是一个阶级反对另外一个阶级的个人联合，是分工使个人不可避免地联合在一起，不是个人的自由联合和自主交往。因此，个人在这样的集体中不能获得真正的自由和个性发展。只有在真正的集体，即个人通过自主交往结成的集体中，个人才能获得自由和全面发展其才能的手段。

网络交往群体是个人通过自主交往结成的集体，一定程度上满足了马克思所说的"真正的集体"的要求。网络交往群体多源于共同的兴趣爱好和共同的价值评判标准，是一种特殊的网络亚文化群体。在同一个网络群体中，成员交流的内

---

① 中共中央马克思恩格斯列宁斯大林著作编译局编译《马克思恩格斯全集》第三卷，人民出版社，1960，第84页。

容具有意见倾向的一致性，偶尔也会有偏激性的观点出现。因此，在网络交往群体中，成员能够获得认同感和归属感，并找到与自身价值观相符的支持者。社会心理学中有"内群认同"，即个体能够在内群认同中获得"自我利益"①。网络交往者也能够在网络交往群体中获得"内群认同"。网络群体交往给交往主体提供了良好的信息共享平台，群体中的成员可以将自己认为有价值、有思想深度的信息上传，给他人带来启迪和思考。不同知识背景和生活经历的人聚集在网络群体中（如 QQ 聊天群、微信朋友圈），可以实现信息共享和知识互补。网络交往中的这种信息共享现象可以看作是一种"礼貌经济学"，即各种各样的数据、资源就像现实生活中的商品和货币，是网络交往的媒介和纽带。人们依靠各种数据和资源在网络交往中进行信息交换和关系构建。信息不像实物一样，交换后就会转移或消失，信息交换后不仅自己仍然拥有，别人也可以实现共享，这正是网络交往能实现信息共享的好处。人们只要轻轻点击鼠标就可以实现信息共享，可以给予他人所需，同时享受帮助他人的快乐。这种低成本的礼尚往来能够使网络交往者的关系越来越紧密，从而整合成各种网络交往群体（好友群、网络亚文化群体、网络社群等）。网络群体交往的成员受一定的规约性限制。在网络交往中，信息共享是依靠成员自觉地贡献自身所拥有的资源，如果单方面地过度索取信息而不贡献信息，或者把共享的信息进行有偿出售，就会破坏公平交换信息共享规则，从而导致网络交往关系的解构（删除好友、设置权限、举报该用户）②。根据价值取向性质的不同，网络交往群体具有二元性，既有价值取向积极向上的网络交往群体，比如生态主义守护者协会、爱心妈妈联盟、羽毛球爱好者联盟等；也有价值取向消极落后的网络交往群体，比如邪教组织网络联盟、自杀者联盟、恶意传播病毒与攻击网站的黑客联盟等。前者能够为网络交往者发展兴趣爱好、帮助他人、贡献社会发挥建设性的作用，后者却为网络交往者进行网络不道德行为、实施网络犯罪、危害社会和他人创造了滋生的土壤。只有在价值取向积极向上的网络交往群体中，个人才能获得自由和全面发展其才能的手段。

（2）网络交往有利于个人个性解放。网络交往的虚拟性、隐匿性和演绎性等特点，有利于个人自由精神的萌发和个性的充分张扬。第一，网络交往主体个

---

① 迈克尔·A.豪格、多米尼克·阿布拉姆斯：《社会认同过程》，高明华译，中国人民大学出版社，2011，第 66 页。

② 魏臻、韩沛伦：《网络交往的动力研究》，《福建论坛》（人文社会科学版）2013 年第 5 期。

性化。网络交往使人们融入信息洪流，信息被切割为无数微小的碎片。人们的生存和发展既离不开各种各样的信息，人们自身也成为一种个性化的信息符号，信息和人达到了高度一体化。网络交往使人们突破了现实生活中性别、姓名、学历、社会地位等限制，暂时脱离了现实社会生活复杂习俗和规则的束缚，自由自主地进行网络交往角色的塑造和变换，采取自己喜爱的方式与任何人进行交往，真实释放梦想中的自我，将个性淋漓尽致地发挥。第二，网络交往内容的个性化。网络交往的文本内容也具有个性化的特点，"文本往往呈现出浓厚的'自叙述'和'自表达'色彩，是若干游戏化、情绪化、主观化、平面化，或者干脆点就说是'屌丝化'的'小写的我'"[1]。网络交往内容自编自发，每个人都有"麦克风"，都可以向世界传播自己的声音。第三，网络交往服务的个性化。微博、微信等自媒体使传统模糊化，大众型的受众转变为精准定位的小众型的受众，更好地满足了受众个性化的需求。网络交往主体可以根据需要向服务商定制个性化的服务和商品，服务商也可以根据用户的反馈调整生产和营销策略。以网络教育为例，任何人可以选择任何时间任何地点从任何章节开始学习任何课程，而利用信息技术，教学服务系统可以对网络学员的学习过程进行全面系统地分析记录，以此向学员推荐个性化的学习建议和教学方案。第四，交往媒体的个性化。以手机为例，手机就是一种个性化的符号。人们通过选择不同品牌不同型号的手机、装饰个性化的手机配件、设置个性化的手机铃声、更换个性化的手机屏保、下载安装自己喜爱的手机软件等，来彰显自己的与众不同。

（二）网络交往对人的发展的消极影响

唯物辩证法认为，分析问题要一分为二。网络交往对人的发展既有积极影响，也有消极影响。网络交往作为信息技术的产物，存在着交往主体的异化现象。异化是指人自身创造的力量和对象，反过来对人进行统治和奴役，成为人自身异己的力量和对象。网络的技术逻辑束缚了人的个性。这里的个性不是心理学所指的个体性格、气质等，而是指个人的主体性、创造性和活动的自主性。在网络交往中，人们必须遵循网络的技术逻辑才能获取信息和建立社会关系，而网络的技术逻辑是指向无数性情各异的网络交往主体的。也就是说，网络的技术逻辑在规避着网络交往主体的个性，而规避个性就是否认个体的自由，使个体丧失真正的自

---

① 盖琪：《后福特主义时代的话语表达机制》，《探索与争鸣》2014 年第 7 期。

由。于是，能够发展人的社会关系、增强人的交往能力的网络技术却成为束缚和控制人交往行为的工具。网络交往的异化现象可以从网络交往主体自我关系异化、网络交往主体与他人（社会）关系的异化两个方面进行考察。

1. 网络交往主体自我关系异化

网络交往主体自我关系异化主要表现在网络交往主体的社交焦虑、网络交往成瘾、网络交往主体的认知倦怠、网络交往主体的自我认同危机等方面。

（1）网络交往主体的社交焦虑。网络交往实现了交往的自由和便捷，似乎在一定程度上排解了人们的孤独感。但事实上过分依赖网络，会使网络交往主体越来越孤独和郁闷，造成社交焦虑。网络交往在很大程度上削减了现实交往的情感因素，不能很好地实现人们的交往需求。网络交往是非身体性的间接交往，去除了现实面对面交往中肢体语言的表达和神态情感的传递，只能通过符号编码来进行交流。这种交往方式虽快速便捷，但存在不少弊端。一是网络交往很容易造成沟通误会。网络交往主体在聊天时无意打错一个字就有可能造成网络交往主体之间的矛盾和冲突。二是网络交往主体的交往情境的不同步。由于网络交往是一种身体"缺场"的交往，交往主体并不能确定"他者"处于何种交往情境，他有可能专心拿着手机或对着电脑与你沟通交流，也有可能在玩网络游戏，或者在工作，或者根本无心交流。网络交往主体双方交往情境的不同步，导致网络交往缺乏深入的沟通，更难以达到情感交流的目的，极大地影响了交往的质量和价值的实现。三是网络交往把人与人的交往简化和抽象成"机"与"机"的交往，过度的网络交往会压减人们现实交往的时间和精力，会逐渐使人们失去对鲜活的现实交往的兴趣和感悟力。现实生活中，朋友见面越来越少，相见时却无话可说，只顾着低头玩手机，甚至连一个正视对方的眼神也没有，更难以达到深入交流。正所谓"世界上最遥远的距离是，我在你身边，而你却在玩手机"。长此以往，交往的人性基础也有可能随之丧失，人们会变得精神空虚和心理焦虑。四是网络交往的"浅层化"和"碎片化"。网络交往主体进行交流时常常利用碎片化的时间，进行的是缺乏准备的随性聊天。聊天的话题和对象都是不确定的，一个话题可能还没有谈论清楚就跳跃到了另一个话题，话题的谈论缺乏深度的思考和情感体验，聊天的语言也会缺乏逻辑关联而呈现碎片化特征。这种"浅层化"和"碎片化"的网络交往不能给聊天者真正的心理支持和情感慰藉。互联网的工具性遮蔽了人们细微的情感和意志。所以，网民看似在网络交往中拥有大量网友，可是真正能敞开心扉进行深层次沟通的却没有几个。人们在网络交往后依然处于离群索居和孤独寂寞的状态。

（2）网络交往成瘾。网络交往成瘾是指人们沉溺于网络交往而不能自拔。网络交往本质上是一种虚拟交往，当人们过度依赖于网络交往时，就会陷入茫然交往的状态。网络交往成瘾是对社交价值的一种消解。网络交往成瘾表现为：第一，信息消费主义。网络交往成瘾者花费大量的时间和精力关注聊天群、朋友圈中新的信息和新的链接。只要有新信息出现的提示标识，他们会极度敏感地点击查看，不会错过任何一条信息。这种漫无目的的点击浏览，很少能给予网络交往者有价值的信息和收获。导致这种现象的原因，一方面是网络交往成瘾者不了解自身的真正需求，只是频繁而盲目地浏览，不断更新各种分享信息。他们只是浅层地浏览，并没有深入地思考和阅读，文本的内容只是过眼云烟，追求的是"我看过"的文化资本，不知不觉中浪费了大量的时间却收获甚少。另一方面，网络交往者在聊天群和朋友圈中发布的分享信息，除少部分是原创的有关自己工作、学习、育儿、美食、旅游等生活现状的信息外，大部分是转发的信息，从这个群复制到那个群，信息的重复率很高，造成信息过剩和浏览疲劳，因此网络交往者能获得的有价值的信息就比较少。第二，网络交往话语霸权。网络交往成瘾者在群体网络交往中以自我为中心，把网络聊天群或微信群作为自我展示的舞台，经常发表一些吸引人眼球的言论和链接，力图获得网络群体其他成员的积极回应和追捧，对积极回应和追捧其话题的网友进行关注，并不断制造新的话题，以求不断地被关注，试图强化自身在网络群体中的话语主导地位。这样就会导致网络群体的其他成员哪怕是不情愿地关注，也不得不花费大量的时间和精力去浏览信息，一定程度上制造了网络交往成瘾者和其他群体成员的不平等交往。对网络交往成瘾者而言，其他网友不是其情感互动的对象，只是其陪聊的工具，是实现其话语霸权的平台。网络交往成瘾者时刻"期待着他的观众们认真对待自己在他们面前所建立起来的表演印象"[①]。

（3）网络交往主体的认知倦怠。人们通过网络交往可以轻而易举地获取海量信息，敲击键盘、搜索、下载、复制、剪切、粘贴，成为人们网络阅读的常态，这种看似提高学习效率的方法取代了传统的用笔细心勾画和批注，用笔记本摘抄和记录心得的阅读过程。在网络交往之后，很少有人通过身体力行的实践去检验真理和发展真理。如此一来，网络交往很有可能取代了人们对知识的深层学习、

---

① 欧文·戈夫曼：《日常生活中的自我呈现》，冯钢译，北京大学出版社，2008，第15页。

46

思考和探究，"求新而不求深、求量而不求质、求变而不求稳，有可能造成知识的浅薄和文化的退步"①。人们的理性思维和逻辑能力也随之退化了。人们掌握海量的网络信息，似乎通晓一切，但这些海量信息内容非常庞杂，往往重复率高，缺乏内涵价值。一旦关闭电脑或手机，人们就变得孤陋寡闻，真正储存和内化在自己头脑中的知识少之又少。正如迈克尔·海姆所言："信息狂侵蚀了我们对于意义的容纳力，把思维的弦绷在信息之后，我们的注意力的音符便短促起来，我们收集的是支离破碎的断简残篇，我们逐渐习惯于抱住知识的碎片而丧失了对知识后面那对智慧的感悟。"②

（4）网络交往主体的自我认同危机。自我认同是"个人依据其个人经历所形成的，作为反思性理解的自我"③。自我认同是自我同一性，是指人格发展的连续性和成熟性。自我认同危机即自我同一性的混乱，有两种表现：一是个人过分地卷入某种特定的角色而绝对地排他，二是个人拒绝承担社会应担任的角色。网络交往是缺场性和延时性的交往，网络交往主体可以通过改变头像、个性签名等表征自我的符号化身，以及经过深思熟虑后选择的网络语言表达和表情符号等，在虚拟空间中塑造多种与现实空间不同的角色。心理学家弗洛伊德把人格分为"本我""超我"和"自我"。"本我"是人天生就有的，遵循快乐和满足原则；"超我"是压抑了"本我"的盲目冲动，遵循道德原则；"自我"是介于"本我"和"超我"之间，理智地调节"本我""超我"和外界三者之间的关系。网络交往中的个体人格往往是尽情宣泄情感和欲望的"本我"，而现实空间中的个体人格往往是受社会规则和道德约束的"自我"。个人在现实空间和虚拟空间中自由地穿梭和转换角色，这就很容易造成角色定位的混乱，不知道"自己究竟是谁"，从而导致网络交往主体的人格障碍，削弱人的主体性。

2. 网络交往主体与他人（社会）关系的异化

网络交往主体与他人（社会）关系的异化主要表现在网络道德失范和网络犯罪两方面。

（1）网络道德失范。网络道德失范出现的原因有以下几点：一是网络交往

---

① 常晋芳：《网络哲学引论》，广东人民出版社，2005，第 220 页。
② 迈克尔·海姆：《从界面到网络空间》，金吾伦、刘钢译，上海科技教育出版社，2000，第 9 页。
③ 安东尼·吉登斯：《现代性与自我认同：现代晚期的自我与社会》，赵旭东、方文、王铭铭译，生活·读书·新知三联书店，1998，第 58 页。

作为一种新兴的交往方式，是新的技术革命的产物，它冲击和颠覆了传统的交往方式。传统的社会交往所遵循的伦理道德规范不能适应网络社会发展的要求，而新的网络伦理道德规范的建设又具有滞后性，而且是一个长期的需要不断完善的过程，这就在一定程度上使网络交往主体陷入道德迷茫和道德困境，从而出现了各种各样的网络道德问题。二是由于道德规范主要依靠人们内心自觉遵循的软约束，不是具有强制性的法律法规的硬约束。同时，网络交往的隐匿性一定程度上使交往主体在交往中规避了自己应承担的社会责任和应遵循的伦理道德，很容易把他人当作工具和手段，而不是相互帮助和共同成长的目的。因此，一些网络交往者难免淡化并逃避道德规范的约束，产生各种网络道德失范的现象。三是在传统社会，人们受交往范围的限制，价值观念和道德标准是建立在一定社会、地域和民族文化的基础之上的，具有相对的稳定性和单一性。而在网络社会，现实与虚拟相互交织，价值认同的时间和空间发生了复杂的变化。网络多元文化和价值观念的相互激荡和相互碰撞，对同一问题和事物会有多维的价值分析和判断，每个人都可以发出自己的声音，没有绝对的对与错。这样，网络交往主体很容易出现价值错位。此外，文化霸权主义也加剧了网络交往主体的价值错位。美国在网络技术、语言和信息输出方面在世界上有绝对的控制权和影响力，可以利用这些优势向世界输出它的意识形态、外交理念和社会生活方式。在这种环境下，网络交往主体价值观念必然会受其影响。基于自主性和民主性，网民可以根据自己的意愿、思维和逻辑参与网络交往，所以难以感知自己的行为是对还是错，也无法对自己的行为负责，这就很容易出现网络道德失范。

网络道德失范主要有以下几种表现：一是在网上侵犯他人的隐私。在网络社会中，用网络登记、传递和储存个人信息已经成为常态。由于网络的开放性和网络技术的高度发达，个人私密性的信息很容易被一些不法分子盗取作为谋求经济利益或达到某些目的的手段。如何保护个人的合法隐私在网络上不被侵犯，成为网络社会要解决的一个突出问题。二是侵犯知识产权。网络海量的资源给予人们共享，但也很容易出现非法盗用他人的信息数据及著作版权盗版、软件盗版等侵犯知识产权的现象，如何处理好信息资源共享和知识产权保护之间的关系，如何维护网络信息和服务生产者的正当合法利益，这也成为网络社会要解决的另一个突出问题。三是网络无政府主义。在网络社会中，没有统一的组织和管理。网络交往的匿名性、虚拟性以及网络行为后果责任承担的有限性等，都弱化了网民自我约束的观念。一些网民就会放纵自我，随心所欲地滥用自由而不去承担责任。

黑客和闪客是网络无政府主义的典型代表。网络无政府主义如果得不到有效的控制，将会对社会造成严重的危害。四是网络诈骗。指以非法占有为目的，利用互联网采用虚构事实或隐瞒真相的方法，骗取数额较大的公私财物的行为，主要通过假冒网络好友、网络钓鱼、网络电信诈骗等方式来实施诈骗。

（2）网络犯罪。网络犯罪是指在网络交往中，人们利用网络技术手段实施违反法律法规的不正当行为。网络犯罪的形式包括网络盗窃、制造和传播非法信息（色情、反动、暴力）、黑客攻击、网络病毒的侵入和破坏、网络洗钱等。网络犯罪作为一种高科技和智能化的新型犯罪，犯罪分子一般是熟练驾驭计算机技术，受过高等教育的年轻人，他们以谋求利益、彰显才能、探索机密的好奇心为驱动而走上网络犯罪道路。随着网络技术日新月异的飞速发展，其犯罪手法更具有复杂性、多样性和隐蔽性等特点，从而造成了网络犯罪的侦破、定罪和处罚的难度日益增加。由于网络的普及化，网络犯罪的破坏面之广、蔓延速度之快是常规犯罪不可比拟的，这就给国家安全和人民的财产安全、知识产权和个人信息安全等带来巨大的威胁。

第三章

网络交往视域大学生思想政治教育的新境遇

网络交往重构了大学生思想政治教育生存和发展的背景，使大学生思想政治教育面临新的机遇和挑战。2015年度大学生思想政治及其教育状况调查结果显示，"83.5%的大学生每天上网时长超过2小时，94.0%的大学生使用微信或微博，96.0%的大学生通过上网来娱乐消遣、获取新闻信息、学习、交流沟通。调查进一步显示，网络与大学生思想政治状况之间存在显著相关，一方面，过度使用网络会对大学生思想政治状况产生负面影响；另一方面，网络思想政治教育会对大学生思想政治状况产生正向影响，即浏览思想政治教育主题网站的频率越高，浏览学校公众平台信息的频率越高，大学生思想政治状况越好。"[1] 网络交往成为大学生学习和生活的常态，"无人不网""无时不网""无处不网"的现象十分普遍。大学生思想政治教育应积极应对网络交往带来的机遇和挑战。全面分析和把握网络交往视域中的大学生思想政治教育的新变化，是在网络交往视域中进行大学生思想政治教育创新和发展的前提和基础。研究网络交往视域中的大学生思想政治教育的新境遇，可以分别考察网络交往对大学生思想政治教育的教育者、受教育者、内容、方法、环境等要素的影响。

一、网络交往对大学生思想政治教育者和受教育者的机遇和挑战

网络交往视域中的大学生思想政治教育者和受教育者区别于传统大学生思想政治教育者和受教育者，具有其特殊性。这种特殊性为大学生思想政治教育带来了机遇和挑战。

（一）网络交往视域中的大学生思想政治教育主客体的特点

在传统思想政治教育中，教育者是思想政治教育的主体，受教育者是思想政治教育的客体。网络交往的特点使大学生思想政治教育主客体呈现出新的面貌，主要表现为以下几点。

---

[1] 沈壮海、王迎迎：《2015年度大学生思想政治及其教育状况调查分析》，《中国高等教育》2016年第8期。

1. 根据在网络交往中是否履行思想政治教育的职能来划分思想政治教育的主体和客体

思想政治教育主体与客体相互对应。思想政治教育主体是思想政治教育的承担者、发动者和实施者，是对一定客体实施思想政治教育活动的主体。思想政治教育客体是思想政治教育的接受者和受动者，是思想政治教育主体的作用对象。[①] 思想政治教育主体的特点是主动性、主导性和创造性，思想政治教育客体的特点是受动性、受控性和可塑性。在网络交往中，由于任何网络交往主体都可以自由地发布和传播信息，相对应地，任何网络交往主体都有可能受到其他网络交往主体所发布和传播的信息的影响和辐射，进而改变自身的思想认识。这种状况使网络交往中思想政治教育主体和客体的划分比较困难。尽管如此，网络交往中思想政治教育的主体和客体还是客观存在的。武汉大学的骆郁廷教授提出，可以根据在网络交往中是否履行思想政治教育的职能来划分思想政治教育的主体和客体。具体来说，一是可以根据在网络交往中主动和被动的状况划分：主动发布和传播信息来引导他人思想的，是思想政治教育的主体；被动接受信息引起自身思想发生变化的，是思想政治教育的客体。二是可以根据网络交往中主导和从属的状况划分：在网络交往中主导话题方向和发展的，是思想政治教育的主体；从属于他人话题进程的，是思想政治教育的客体。三是可以根据网络交往中影响作用的深层和浅层的状况划分：深层次的、原创性的信息发布者一般是思想政治教育的主体；发布的信息对他人影响不大的信息发布者，以及一些信息转发者是思想政治教育的客体。[②]

2. 主客体通过网络交往发生联系，主客体是数字化的虚拟呈现

网络交往视域中的思想政治教育的主客体区别于传统思想政治教育的主客体，是因为前者是在网络交往这个特殊的环境中界定的。传统思想政治教育的主客体是直接面对面的交往，而网络交往视域中的思想政治教育主客体是基于网络交往发生联系，网络交往平台是主客体发生联系的中介。网络交往具有虚拟性，这种虚拟性一方面表现为它以数字化的虚拟信息为载体进行交往，另一方面表现

---

① 张耀灿、郑永廷、吴潜涛、骆郁廷：《现代思想政治教育学》，人民出版社，2006，第 236-237 页。
② 骆郁廷：《论网络思想政治教育的主体与客体》，《马克思主义与现实》2016 年第 2 期。

为网络交往主体在网上呈现的角色形象是虚拟的。网络交往的虚拟性决定了网络交往中思想政治教育主客体的呈现方式也是虚拟的。网络交往中思想政治教育的主客体通过虚拟信息符号进行交流，这就区别于传统思想政治教育主客体交流中运用的语言、表情、行为等可以直接观察的因素。此外，网络交往中的思想政治教育主客体所呈现的思想状态并不一定是其真实的状态，有可能是经过隐匿处理的演绎状态。

3. 主客体之间是平等的多向互动关系

网络交往中的思想政治教育主客体之间是平等的关系。因为思想政治教育主客体运用网络交往平台的权利是平等的，双方进行网络交往是自觉自愿的。如果一方中断或拒绝与另一方进行网络交往，那么网络交往中的思想政治教育就无从进行。因此，网络交往中的思想政治教育的主客体必须相互尊重和平等互动。同时，由于网络交往中信息传播的开放性和多向性，网络交往中思想政治教育主客体之间是多向互动的关系。这种多向互动表现在，思想政治教育主客体可以是一对一、一对多、多对多的互动关系，也可以是主体与客体之间、主体与主体之间、客体与客体之间的网络互动。

4. 主客体身份具有流变性，在一定条件下相互转化

网络交往中的思想政治教育主体和客体身份不是固定不变的一一对应关系，而是表现为复杂的网状关系。在网络交往中，教育者和受教育者都可以既成为思想信息的发布者，又成为思想信息的接受者。以受教育者进行分析，一方面，受教育者可以在网络交往中自主地发布和传播思想信息，影响其他网络交往主体（包括思想政治教育者）的思想和行为。从这个意义上说，受教育者在网络交往中，从传统的思想政治教育的客体转化成为思想政治教育的主体。另一方面，受教育者在网络交往中，除接触到思想政治教育者传播的思想信息外，还有海量多元的网络思想信息供其选择和接受。若受教育者自主选择教育者传播的思想信息，那么，受教育者就与教育者对应成为思想政治教育的客体。但值得注意的是，在网络交往中，受教育者可以随时解构或建构由思想政治信息传导者和追随者所形成的思想政治教育主客体关系，也就是说，网络交往中的思想政治教育的主客体身份具有流变性，每个网络交往个体都可能成为其他网络交往个体的思想政治教育主体或客体。

（二）网络交往对大学生思想政治教育者和受教育者的机遇分析

网络交往使大学生思想政治教育的参与主体都能够平等互动和互利共赢。大学生在网络交往中主体性得到极大的增强，这是网络交往中的大学生思想政治教育区别于传统思想政治教育的一个重要表现。

1. 促进师生之间、教师之间、学生之间的平等互动和共同进步

网络交往的特点为教育者和受教育者在网络交往中平等交流和共同成长提供了条件。具体来说，网络交往的超时空性有利于教育者和受教育者之间、教育者和教育者之间、受教育者和受教育者之间随时随地进行双向或多向互动；网络交往的虚拟性和平等性有利于减轻受教育者畏惧教育者师道尊严的心理，改善不敢与教育者交流的状况，有利于减少教育者耻于向受教育者学习的思想顾虑，从而促使双方放下思想包袱，勇敢地相互学习。综上所述，网络交往有利于师生之间、教师之间、学生之间实现教学相长。作为思想政治教育者，应当在知识储备和思想道德方面占据优势，但也应该明白人无完人、术业有专攻的道理，自身不可能完美无缺、样样精通。思想政治教育者应该重视在网络时代后喻文化和文化反哺的客观现象，承认受教育者在网络技术学习和运用上的优势，要虚心向受教育者学习。教育者要形成终身受教育、终身学习的思想观念，充分利用网络交往获得教育资源的便捷性，向同行学习，向受教育者学习。作为受教育者，应当看到教育者在人生阅历和知识储备方面的优势，在思想、生活和学习中出现困惑时，应当把教育者当成良师益友，向他们请教和学习。同时，也要善于在同辈群体中相互学习。总之，教育者和受教育者应当充分抓住网络交往给思想政治教育带来的良好机遇，共同进步、互利共赢。

2. 促进大学生主体性增强，实现自我教育

大学生正处于人生的"心理断乳期"，成人感和自我意识迅猛增强，他们渴望了解和把握自我，有较强的自尊心和自我实现的愿望，他们希望教育的主动权掌握在自己手中。网络交往的特点契合了大学生这种主体性增强的需求和愿望，而大学生的年龄和技术优势又使他们能够比同龄人在网络交往中更多更快地获取有益的信息资源，娴熟地与他人进行学习交流，从而实现自我教育。具体来说，网络交往的虚拟性和匿名性使大学生可以自主地选择网络交往的对象、时间、地点、方式，自主地发布或接受网络交往的信息，自主地决定网络交往关系的建构或破裂，可以适时地和老师、同学及其他人士交流沟通，获取自己所需的信息

资源；网络交往中信息内容的网状链接结构，集文字、图像、声音、视频于一体的多媒体信息形式，使大学生犹如身临其境地与外界进行自由交流，增强了大学生自我教育的积极性和主动性；网络交往的开放性拓宽了大学生的交际范围，开阔了大学生的视野；网络交往中各种各样的交往对象能够促使大学生更客观更全面地认识自我，进而自我反思、自我批评、自我检测、自我总结，在对自身"否定—肯定—再否定—再肯定"中不断推进自我教育；大学生在网络交往中会根据兴趣爱好或某种目的聚集在网络社群开展活动，形成大学生网络虚拟群体，大学生在网络虚拟群体中由于兴趣爱好、价值取向的趋同性，更乐于与网络虚拟群体成员交流，听取他们的意见和建议，从而实现网络群体的自我教育和互助教育。

（三）网络交往对大学生思想政治教育者和受教育者的挑战分析

网络交往对大学生思想政治教育者的主要挑战表现在：思想政治教育者在网络交往中的信息优势和话语权力都受到了极大的削弱，一些教育者本身也出现了网络技能水平不能适应时代发展要求的问题。同时，受教育者在网络交往中的复杂化表现也增加了教育难度。

1. 教育者权威弱化

传统的思想政治教育中，教育者具有师道尊严和至高无上的知识权威，教育者一般采取单向灌输，向受教育者灌输思想政治观念。因此，传统的思想政治教育中的教育者居于绝对的主体地位，受教育者则处于被改造和被教育的客体地位。然而，网络交往使教育者的主体权威呈现弱化趋势。这种现状的主要原因有：第一，教育者不再是受教育者唯一的知识信息来源，受教育者自主选择权的彰显冲击思想政治教育者的主导权威。在网络时代，受教育者获取信息的方法和途径大大增加，他们可以通过搜索引擎获得自己所需的信息，也可以通过网络交往与不曾见面的专家学者、社会名流、网络名人进行交流，相互探讨问题。由此，受教育者获得了充分的教育信息选择权。学校的教育者所传授的知识信息，只能成为受教育者众多信息来源中的一种而不是唯一。思想政治教育者的话语信息优势大大削弱。此外，网络交往中自由开放的信息传播使多元的社会思潮和意识形态在网上相互激荡，企图"西化""分化"中国的西方势力乘虚而入，给教育者增加了信息把关和信息过滤的难度，教育者的教育控制力也相应减弱。第二，受教育者自主表达权的彰显冲击思想政治教育者的主体权威。网络交往的去中心化特征和非线性传播特征，赋予了每个网络交往主体都有制造话语、表达话语和传播话语的权利，改变了思想政治教育者的话语自上而下单向输出的模式。受教育者可以自由平等地与教育者进行对话沟通，甚至可以对教育者的话语内容表示质疑和反抗。第三，网络技术的迅猛发展和应用，宣告了后喻时代的到来。后喻时代是美国社会学家玛格丽特·米德提出的，她认为在后喻时代中，学生能够运用网络等工具比老师和家长更早、更快、更多地获取信息。当老师、家长传授的信息与学生自主获取的信息发生冲突时，学生会凭自身的判断对众多信息进行甄选。由于学生具有年龄的优势，在网络技术的学习和运用能力方面一般高于老师和家长，出现了老师向学生学习、父母向孩子学习的现象。思想政治教育领域同样也受到后喻时代的影响。很多思想政治教育者在网络技术应用方面确实不如受教育者，需要向受教育者虚心学习，而受教育者凭借对网络技术的娴熟运用，能够获取海量的知识信息，这在很大程度上促使教育者主体权威弱化。

2. 受教育者的复杂化增加了教育难度

在网络交往中，受教育者的复杂化使思想政治教育者的教育难度增加。受教育者的复杂化主要表现在三个方面。

（1）思想复杂化。网络交往的开放性、虚拟性、匿名性等特点，使大学生所接触的网络交往对象复杂多变、鱼龙混杂，这些网络交往对象的思想观念不可避免地会对大学生的思想价值观念产生影响。在网络交往的环境中，多元社会思潮和思想价值观念的交流、交融、交锋更加频繁，西方国家也趁机利用网络对我国进行意识形态渗透和政治、文化的"殖民扩张"。大学生正处于思想活跃但世界观、人生观和价值观还不成熟的阶段，极易受到网络交往中不良信息的侵蚀和影响，在正确思想和错误思想之间产生困惑。此外，一些大学生不能正确区分网络交往和现实交往，思想和行为不能在网络世界和现实世界中及时有效地转换。有些大学生不能遵循国家的法律法规进行网络交往，意图在网络交往中实现在现实生活中难以实现的事情，如在网上散布谣言、诬陷他人等。如此种种，造成了思想政治教育对象的思想复杂化。

（2）身份复杂化。现实中的大学生只有一个身份，教育者通过与其直接交往，听其言观其行而把握其思想动态，从而进行针对性的教育，但在网络上则增加了思想政治教育的难度。网络交往的匿名性和网络交往角色的自主建构性，使大学生可以用多种角色与他人交往。调查显示，很多大学生在网络交往中有两个以上的网名和身份。大学生利用多种网络身份演绎不同性别、年龄、性格、地位的角色，这种状况让教育者很难辨别网络中哪个角色才是大学生的真实身份，哪种思想才是大学生的真实想法。此外，即使大学生在网络交往中是运用真实的身份，但在现实和虚拟两种状态下，大学生也会表现出不同的言行举止和思想状态，究竟哪种才是大学生的真实情况，这让受教育者很难把握。

（3）状态复杂性。网络交往主体在网络交往中的状态是复杂多变的。以大学生运用QQ进行网络交往为例，大学生可以根据自己的意愿决定在QQ中以何种状态显示，有"我在线上""Q我吧""离开""忙碌""请勿打扰""隐身""离线"等多种状态供大学生选择，而大学生在QQ的状态显示并不一定是其真实状态。大学生有可能因为不想与教育者交流，而选择"离开""忙碌""请勿打扰""隐身"等状态，也可能因为对教育活动的不满以"离线"的状态随时结束网络交往，也就单方面终结了思想政治教育活动。由于网络交往的隐匿性，教育者无法把握大学生的真实状态，也很难约束和限制大学生的选择。也就是说，大学生的主体意愿在一定程度上决定了思想政治教育网络交往关系的建立和维持。大学生可以随心所欲而免于教育者的批评教育。如此，网络交往中教育对象的状态复杂性增加了思想政治教育的难度，教育者也很难在网络交往中进行系统的思想政治教育。

二、网络交往对大学生思想政治教育内容和方法的机遇和挑战

网络交往为大学生思想政治教育的内容和方式带来了发展的双重境遇。一方面，给大学生思想政治教育的内容和方式的发展带来了机遇，大学生思想政治教育内容的形态、价值含量、时效性等都发生了极大的改变，在方式上增强了思想政治教育的灵活性、时效性和覆盖面；另一方面，网络交往中的海量碎片信息、感性化的价值观念也给思想政治教育内容带来了冲击，网络交往的信息传播方式也对传统思想政治教育的组织方式和教育方式带来了挑战。

（一）网络交往对大学生思想政治教育内容的机遇和挑战

1. 网络交往对大学生思想政治教育内容的机遇分析

网络交往丰富了大学生思想政治教育的教育资源，使其具有新的特点：因多媒体技术的存在，教育资源的形态从平面走向立体、从静态变为动态、从现时空趋向超时空；因网络的超信息量，教育资源变得丰富而全面，并且具有可观性和

可选择性；具有极高的文化和科技含量，教育资源和政治性本质隐含在历史文化知识和现代科技信息之中。[①]网络交往的多媒体性增强了思想政治教育的感染力。多媒体技术集图像、图形、文字、声音、动画于一体，让大学生有身临其境的感觉，极大地增强了思想政治教育的形象性和说服力。网络交往中信息传播速度快、时效性强，信息内容更新周期快、时间短，这些特点使思想政治教育者能及时把握社会热点和时代资讯，对古今中外优秀的文明成果进行继承和创新，结合思想政治教育的目标对网络中蕴含思想政治教育内容的资源进行搜索、选择、整合和运用，提高大学生思想政治教育内容的时代性。

2. 网络交往对大学生思想政治教育内容的挑战分析

（1）海量碎片信息冲击主流意识形态。思想政治教育的内容是国家的主流意识形态。网络交往的开放性、信息发布和传播的自由性、网络交往工具使用的简单便捷性、网络信息把关的难以实现等因素，使得网络交往中充斥着真假难辨的海量信息。大学生在网络交往中接触到的海量信息往往是一些碎片化的信息。这是因为利用网络交往工具，如 QQ、微信等收发的信息内容一般短小精悍，收发瞬间实现。但这些内容由于"微"的特性，又很容易成为去语境化的孤立信息，突出论点且弱化论证，极易误导涉世不深且世界观、人生观、价值观尚未成熟的大学生。此外，大学生在网络交往中往往使用超媒体方式来组织和呈现信息。超媒体方式是一种非线性的信息组织方式，这种方式把文字、图像、声音、视频等多媒体以超文本的方式组织起来，教育者可以根据需求运用超链接把相关内容联结起来，增强了信息检索的快捷性。超媒体方式的使用不仅符合大学生思维联想性和跳跃性的习惯，而且契合大学生追求生活学习高效率的需求，因此受到大学生的欢迎。但这种"快餐化"的信息获取和学习方式，所获得的信息和知识往往是碎片化的，这就减弱了大学生对理论问题的深度思考，也很容易弱化他们的价值判断和选择能力。作为思想政治教育内容的主流意识形态，如果以若干碎片联结的超媒体方式呈现，其固有的深刻性、条理性和丰富性会大大削弱，但如果以长篇大论的理性客观分析的方式呈现，又时常会遭到大学生的反感和冷落。因此，思想政治教育内容在网络交往中受到海量碎片信息的严重冲击。

（2）感性化的价值观念挑战宏大叙事的理论内容。网络交往中，大学生的价值观念呈现出感性化的特点，主要表现在大学生对于网络交往中具有轻松活泼、

---

① 霍福广、刘社欣等：《信息德育论》，人民出版社，2008，第 175 页。

贴近生活、反抗权威、消解大叙事、一语双关风格的内容特别青睐，直观性思维越来越明显。大学生价值观念感性化的特点会带来两个问题：其一，对于抽象系统的理论观点，大学生对此反感甚至是拒绝接受。很多大学生一听到理论、理论体系等字眼就会有排斥的态度。而传统的思想政治教育内容往往以宏大叙事、理论论证、规范诠释、总体修辞的方式呈现，给大学生严肃冰冷、抽象枯燥的感觉，很难被大学生内化接受和外化践行。其二，"对于理论的评判标准从客观真理性标准转化为主观体验的价值化标准。思想理论的凝聚力和吸引力更多地表现在它的价值追求和价值作用上。作为价值追求的思想理论就是看它提出的目标是否符合人们的心理要求，作为价值作用的思想理论就是看它能否给人们带来直接的物质利益"[1]。在网络交往中，如果思想政治教育的内容不能给大学生带来直接的心理满足感或物质利益，就很难被大学生接受。对于这一问题，要对大学生开展马克思主义真理观教育，让他们明确思想理论的真理性作用，正确看待思想理论的价值。

（二）网络交往对大学生思想政治教育方式的机遇和挑战

1. 网络交往对大学生思想政治教育方式的机遇分析

（1）网络交往的超时空性增强了思想政治教育的灵活性和时效性。首先，大学生在学习和生活中遇到的任何问题，随时随地可以通过网络交往与同学、老师或远在天涯的陌生人进行沟通与交流。其次，传统的思想政治教育活动都是在较为固定的地点和活动空间中进行，教育信息传播的速度和范围受到一定的影响。如今，思想政治教育的信息内容可以通过网络交往灵活地向大学生发布，不仅可以超越时间和空间的限制，不受烦琐程序的制约，而且可以增强教育信息的时效性。最后，高校思想政治教育者还可以通过网络交往平台，如学校的思想政治教育主题网站、学校思想政治教育的微信公众平台等第一时间把党的政策和精神传达给大学生。

（2）网络交往信息传播的离散性扩大了思想政治教育的覆盖面。思想政治教育信息发出后，如果影响力较大，则会迅速地在无数的大学生网络交往个体之间、大学生网络交往群体之间、大学生网络交往个体与网络交往群体之间相互转

---

[1] 辛向阳：《现代化进程中思想政治工作面临的问题与挑战》，《思想政治工作研究》2012 年第 4 期。

发，这种几何级的裂变传播方式能使教育信息在短时间内急速传播，甚至会出现校内与校外相互传播、线下与线上相互传播的状态。师生之间、学生之间通过网络交往传播教育信息的同时，也可以及时发表见解、讨论问题、交流看法并予以转发，思想政治教育的效果从而能够及时地反馈，教育者进而实施有针对性的教育。当前，一些高校利用"超级校园"App应用平台、教育部易班网络社区等网络交往平台创新思想政治教育工作模式，在网络思想政治教育、网络党团工作、网络管理服务等方面实现了师生之间和学生之间的随时随地沟通交流，扩大了思想政治教育的覆盖面，增强了思想政治教育的影响力。

（3）网络交往的交互性增强了思想政治教育的有效性。网络交往中，信息的传播具有多向性，承载方式具有多样性。通过网络交往，大学生突破了传统认知由师长直接传授的单一线性渠道，能自觉地多渠道获取思想政治教育信息，主动进行自我教育。同时，网络个体之间的互动、网络群体之间的互动、网络个体与网络群体之间的互动、实时互动与非实时互动等使思想政治教育者和受教育者之间的互动更广泛、更快捷、更深入。网络交往信息传播的多向性为大学生思想政治教育提供了多点对应性，突破了教育信息从一个信息源流向多个信息源的单向模式，实现了思想政治教育从"一点对多点"到"多点对多点"的转变。这种转变还能够实现教育者和受教育者之间及时地互动交流，教育者能够得到受教育者对教育信息传播效果的准确反馈，从而有针对性地进行思想引导。思想政治教育者在网络交往群体中与群里的每个大学生分享同一信息，可以不受人数限制；思想政治教育者既可以与网络交往群体里的大学生集体交流，也可以为网络交往群体里的每个大学生提供不同的个性化内容。在无须面对面的匿名网络交往中，教育的个性化更为突出。匿名性的网络交往在一定程度上能够减轻大学生与教育者交流的恐惧心理，使大学生在精神放松的情况下与教育者吐露真情实感，这对思想政治教育者来说，可以挖掘大学生最真实的思想和心理状况，为针对性地解决大学生的实际问题创造良好的前提条件。以微博为例，微博具有典型的实时交互特点。大学生在利用微博获取信息时，可关注感兴趣的人（如思想政治教育者）的微博，一旦思想政治教育者的微博进行更新，大学生可以及时地获取最新信息，思想政治教育者也能够从大学生那里得到反馈。这样，大学生从被动的教育信息接收者转变为主动创造和分享的信息发布者，教育者和受教育者通过微博对教育内容进行互动讨论，实现了民主平等和教学相长。

2. 网络交往对大学生思想政治教育方式的挑战分析

（1）"超时空即时互动"特性挑战传统教育手段。传统思想政治教育一般通过思想政治教育理论课教育和社会实践活动等方式对学生进行教育。相对于传统思想政治教育在固定时间段的理论课教育或者受时间、地点和数量限制的社会实践活动，大学生能够在网络交往中超时空地获取和发布信息，与他人交流和分享观点。网络交往这种"超时空即时互动"特性挑战传统思想政治教育手段。从数量上看，有限的有计划的传统思想政治教育活动难以企及大学生在网络交往中随时随地的隐形影响；从形式上看，网络交往"超时空即时互动"特性比传统的思想政治教育手段对大学生有更强的吸引力，能激发大学生在休闲时、临睡前、无聊时的参与热情。教育者如果不能及时地和大学生进行网络交往，解决大学生的思想困惑，就很容易错失教育良机。

（2）"个性鲜明"特性挑战粗放型的教育方式。大学生在网络交往中能够得到自由的个性展示，他们可以运用自己喜爱的多种网络交往工具，如微信、微博、美拍、人人网等，淋漓尽致地进行个性鲜明的观点表达和自我呈现。大学生多彩的精神面貌在网络交往中自由绽放，丰富的精神需求在网络交往中得到充分满足。相比而言，传统思想政治教育理论课的教育往往采取高高在上的指令发送方式向大学生灌输思想价值观念，这种粗放型的教育方式与大学生的鲜活个性显得格格不入，在网络交往工具广泛运用的环境下遭遇传播瓶颈。

（3）"百家争鸣"特性凸显"红色意见领袖"匮乏。"百家争鸣"是网民在网络交往中常见的现象，每个网络交往主体都可以各抒己见、畅所欲言。在网络交往的众多思想言论中，哪种更容易被大学生群体接受呢？除受大学生自身的知识结构、价值取向等因素影响外，大学生也深受自己信赖的"意见领袖"的影响，常常会追随意见领袖的价值观念。意见领袖凭借对信息积极敏锐、对事件剖析深刻、文字功底好等优势得到大学生的自觉追随而处于中心位置，主导和左右其余大学生网民的意见，促使网络舆论的形成。"而其余大学生由于从众心理，把'意见领袖'造就的'强势'观点进行认知并赞同，即使自己有不同观点也表示沉默，从而形成'强势'观点越来越广泛扩散，其余的弱势观点越来越沉默下去的螺旋发展过程。"① 在现实生活中有可能出现这样的情况，"在微博中经常活跃着一批特殊账号，每当出现舆论热点事件时极尽煽动、造谣、诬蔑之能事，

---

① 黄静婧、梁彩花：《构建高校网络舆论引导机制》，《大学教育》2015 年第 1 期。

混淆视听、矛头直指政府，误导舆论方向。这些言论的声势之浩大、参与账号之众多、组织之有序令人警醒。"①这表明，思想政治教育者要重视通过"红色意见领袖"向大学生传达思想政治等教育内容。然而，当前相当一部分思想政治教育者没有成为大学生的网络交往对象，甚至没有使用微信、微博等网络交往工具，更谈不上成为大学生的"红色意见领袖"。网络交往环境下，"红色意见领袖"的匮乏，令我们培养合格的中国特色社会主义事业的未来建设者和接班人的重任受到严峻挑战。

（4）网络交往群体挑战传统的思想政治教育组织方式。大学生网络交往群体是大学生根据某种共同的属性，如兴趣爱好、价值取向、利益需求等组成的网络社区。大学生"聚集在社群组织中，经过一段时间后，逐渐产生归属感，最后变成社区及文化的认同"②。大学生在网络交往群体中更容易找到有共同语言的伙伴，关注相似的热点。大学生加入各种各样的网络交往群体，表明大学生多元的价值取向日益凸显，而不同的网络交往群体正好满足了大学生多元的精神文化需求。但从另一个方面而言，大学生网络交往群体也会使大学生对社会主流意识形态的认同和信仰逐渐减弱。凯斯·桑斯坦指出，"一个共同的架构和经验，对异质的社会来说是很有价值的。而当我们有无数的选项可以选择时，我们常会放弃某些重要的社会价值"③。传统的大学生思想政治教育组织方式一般是依靠组织权威把大学生组织起来进行教育。当前，大学生喜欢分散在不同的网络交往群体，传统思想政治教育依靠组织权威进行话语输出的优势大大弱化，这就要求传统的大学生思想政治教育组织方式必须更新。一方面，思想政治教育者可以通过创建网络交往社群来开展思想政治教育活动；另一方面，思想政治教育者要主动成为大学生网络交往中的"好友""粉丝"，这样才有可能在网络交往中赢得大学生的信任，为思想政治教育活动的开展打好基础。

---

① 陈宁、周翔：《新媒体视域下大学生思想政治教育话语权的重塑》，《北京教育》（德育）2011 年第 10 期。
② 曼纽尔·卡斯特：《认同的力量》，夏铸九、黄丽玲等译，社会科学文献出版社，2003，第 69 页。
③ 凯斯·桑斯坦：《网络共和国：网络社会中的民主问题》，黄维明译，上海人民出版社，2003，第 70 页。

三、网络交往对大学生思想政治教育环境的机遇和挑战

思想政治教育环境，是指影响人的思想品德形成和发展，影响思想政治教育活动运行的一切外部因素的总和。多维性、复杂性和开放性是思想政治教育环境的主要特征[①]。网络交往对大学生思想政治教育环境的影响主要表现在，网络交往环境成为大学生思想政治教育的重要环境。网络交往环境主要指随着网络交往的广泛应用而出现的虚拟交往空间或虚拟社区。网络交往环境具有与现实交往环境不同的特殊性，大学生在网络交往环境中的思想行为与在现实交往环境中的思想行为也有着不同的特点，研究网络交往环境对大学生思想政治教育的影响，是新形势下大学生思想政治教育面临的重要课题。网络交往环境给大学生思想政治教育带来了双重影响。

（一）网络交往环境对大学生思想政治教育的机遇分析

大学生喜欢在网络交往环境中自我展现和自我发展，并根据自身的兴趣爱好加入不同的网络虚拟社群。大学生在网络交往环境中出现的新变化给大学生思想政治教育带来了机遇。

1.网络交往环境虚实共存的特征契合大学生心理发展特点

网络交往与现实交往虽然不同，但是两者密不可分、相互影响、相互渗透。网络交往以现实交往为基础，它是人们现实交往在网络上的拓展和延伸。现实交往以网络交往为载体，现实交往能够通过网络交往突破时空的限制，使人际交往变得自由灵活。网络交往中呈现出来的问题必定有其现实根源，必然要通过现实交往才能解决。随着网络科技的发展，现代人的现实交往越来越依赖网络交往。网络交往是一种个性化的交往，网络交往的超时空性、去中心化、开放性、隐匿性等特点能使网络交往主体自主选择交往时间、地点、对象，自主进行自我的角色建构，自主进行言论表达和传播。在网络交往中，人们的主体意识、平等意识、创造意识得到前所未有的加强。正如尼葛洛庞帝所指出的"真正的个人化时代已经来临了"[②]。网络交往虚实共存的特点与大学生心理发展特点相契合。大学生是最容易接受新生事物的群体，网络交往工具日新月异的飞速发展正符合大学生

---

① 张耀灿、郑永廷、吴潜涛、骆郁廷：《现代思想政治教育学》，人民出版社，2006，第 294 页。
② 尼葛洛庞帝：《数字化生存》，胡泳、范海燕译，海南出版社，1997，第 193 页。

这一特性。大学生正处于成人感和自我意识迅猛增强的时期，这个时期的大学生个性化凸显、自我选择能力增强、自我表现的意愿增强，喜欢无地域、无民族、无性别、无障碍地表达和交流，喜欢通过自我探索及与他人争鸣来接受价值观念，形成新的思想，很少盲从于某种价值观念。网络交往环境虚实共存的特征正好满足了大学生自主表达和探索争鸣的需要。大学生是网络交往群体的主力军，为创新大学生思想政治教育提供了机遇。

2. 网络虚拟社群成为大学生思想政治教育的新环境

大学生在网络交往的过程中会加入不同的网络虚拟社群。美国学者霍华德·瑞恩高德（Howard Rheingold）在著作《虚拟社区：电子疆域的家园》（1993）中，将"网络虚拟社群"定义为"一群主要借由计算机网络彼此沟通的人们，他们彼此有某种程度的认识、分享某种程度的知识和信息、在很大程度上如同对待朋友般彼此关怀，从而所形成的团体"。网络虚拟社群具有自发形成的特点，社群成员来源广泛，社群成员交流互动主要是通过超时空的互动交往，实现信息资源共享。QQ群、微信群、Blog、SNS等多种多样的网络虚拟社群形态强烈吸引着大学生。网络虚拟社群已经成为大学生活动的主要场域，也成为大学生思想政治教育的新环境。大学生在网络虚拟社群可以结朋交友，丰富社会关系；可以和网友交流情感，弥补现实社会群体生活的不足；可以参与传播正能量的网络活动，服务人民和社会；可以针砭时弊，表达政治意愿，在一定程度上实现政治参与、缓和社会矛盾；可以和网友相互学习，共同进步；等等。总之，网络虚拟群体对大学生思想政治素质和道德水平的提升有重要的价值。网络虚拟群体作为大学生思想政治教育的新环境，也为进一步改进大学生思想政治教育方式提供了新的视角。

（二）网络交往环境对大学生思想政治教育的挑战分析

网络交往环境对大学生思想政治教育的挑战，主要表现在网络交往环境的复杂性增加了大学生思想政治教育的难度。网络交往环境的复杂性表现在以下几个方面。

1. 网络交往环境是意识形态交锋的重要阵地

网络交往把世界上不同国家、不同民族、不同思想观念的个人联系起来，网络交往环境中各种文化形态、思想观念相互交流、交融交锋，已经成为意识形态斗争的重要阵地。这种状况对世界观、人生观、价值观尚未完全形成，可塑性强的大学生造成巨大的冲击和影响，给大学生思想政治教育带来新难度。阿尔温·托夫勒指出，"任何暴力和金钱都已经不能在这个时代占据主导地位，未来的世界只有通过对网络的控制，利用文化的优势发布自己的信息，信息的主导能够到达金钱或者暴力无法达到的目的"①。

2. 网络交往环境是社会情绪的发泄口和网络谣言的滋生蔓延地

当今社会网络发展迅速，个别网民为博人眼球、吸引网络流量，利用社会某些突发事件或热点问题制造和传播网络谣言。而一些不明事实真相的网民在从众、好奇等心理作用驱动下，加入了传播网络谣言的行列，使网络谣言迅速蔓延，有时甚至会形成"群体极化"的现象。这种状况容易对涉世未深的大学生产生消极的影响。大学生对社会矛盾的关注度比较高，有强烈的社会参与意识，同情弱势群体，渴望社会和谐。但大学生社会经验不足、思想尚不成熟，面对真假难辨的网络信息，他们会出现迷茫、困惑的思想状况，甚至被蛊惑而不知不觉地参与造谣和传谣。这会导致大学生一方面把大量的时间和精力浪费于此，影响学习和生活；另一方面，大学生会对社会产生错误的认识和不满的情绪。网络交往环境是社会情绪的发泄口和网络谣言的滋生蔓延地，会对大学生的思想行为产生不良的影响，不得不引起思想政治教育者的高度重视。

3. 网络交往环境中产生的网络语言是多元文化的杂糅体

在网络交往中，大量的网络语言不断被创造和传播，并具有强大的渗透力和影响力。网络语言是在社会思潮相互激荡的网络交往环境中由网民自主创造的，因此是多元文化的杂糅体。从总体上说，大部分的网络语言是积极向上的，能够丰富和发展中华民族的语言文字。但也不乏部分与我国主流意识形态相背离的网络语言，这些网络语言中蕴含着一些消极的思想价值观念，比如享乐主义、个人主义、拜金主义等，会对大学生的思想产生不良的影响。同时，网络交往中的低俗语言呈现蔓延态势，迅速转化成为网络流行语，在各类自媒体、网络媒体和网民中广泛使用。这些网络低俗语言缺乏汉语表达的规范性和严谨性，损害了民族语言的美感和中华民族的形象，破坏了大学生思想政治教育健康文明的语言环境。由于网络交往的匿名性和缺乏有效的监管，网络语言暴力也时常在网络交往环境中出现。部分社会经验不足的大学生会对网络语言暴力现象缺乏理性思考，盲目

---

① 阿尔温·托夫勒：《权力的转移》，刘江、陈方明、张毅军、赵子健等译，中共中央党校出版社，1991，第31-32页。

跟风和起哄，从而淡化社会道德和法律意识。此外，大学生是网络语言主要的使用者和传播者，网络语言在大学生群体中广泛流传。但目前相当一部分思想政治教育者不熟悉和不使用网络语言，不了解网络语言的内涵，这样就导致教育者和受教育者之间的话语差异。这种话语差异一方面使教育者不能真切地了解大学生的思想状况，另一方面也使大学生对教育者"陈旧落伍"的话语产生厌倦和抵触心理，从而影响了思想政治教育的实效性。

第四章

当代大学生在网络交往中的思想行为现状及原因分析

大学生网络交往，是指大学生运用网络交往工具，与他人在精神上相互交流和相互作用的实践活动，以及在实践活动中所结成的社会关系。本书中的大学生是指在全国各类高等院校读书的学生，包括专科生、本科生和硕士生三个层次。网络交往平台在大学生思想政治教育中的运用，主要是指思想政治教育者和受教育者借助网络交往工具（包括 QQ、微信、微博、抖音、易班、超级校园 App、思想政治教育课程网站等），进行教育者和受教育者之间、受教育者和受教育者之间、教育者和教育者之间在精神上的相互交流和相互作用，以实现思想政治教育目的的实践活动。通过实证调研，掌握当代大学生在网络交往中的思想行为现状及网络交往平台在高校思想政治教育中的运用状况，指出存在的问题并剖析原因，从而为网络交往视域中的大学生思想政治教育建设提供现实依据。

一、调研方法和内容说明

本书采用的调查方法主要包括问卷调查法、实地访谈法、网络观察法。调研的内容有两方面：一是大学生在网络交往中的思想行为现状，二是网络交往平台在高校思想政治教育中的运用状况。

（一）调研方法说明

为掌握大学生在网络交往中的思想行为特点，以及大学生思想政治教育运用网络交往平台的现状，以便有效地开展大学生思想政治教育工作，笔者在 2016 年 6—7 月运用自行设计的《大学生网络交往状况的调查问卷》对全国 10 所高校的学生进行了问卷调查。这 10 所高校分别为广西大学、广西中医药大学、广西师范大学、桂林理工大学、桂林旅游学院、东华理工大学、徐州医科大学、华南师范大学、湖南科技学院、安顺职业技术学院。在全国众多的高校中，选定这 10 所高校作为调查的样本，是因为这 10 所高校分别分布在全国的东部、中部和西部，覆盖了理工、文史、艺体、农林、医药等多种专业类别，涵盖了专科生、本科生、硕士生三类不同层次的学生群体。在这 10 所高校中，按照学校性质分类，包括综合性院校 3 所、理工类院校 2 所、医药类院校 2 所、师范类院校 2 所、旅游类院校 1 所，基本保证每种性质的高校都有相应的调查样本数量；按照院校层次分，样本包括本科院校 8 所、高职高专 2 所。研究者请所选院校的学生工作负责人担任问卷发放人，通过发放问卷调查说明的方式向发放人说明年级选取和问卷发放方式：在本学校存在的不同专业类别中，每个类别各选一个专业，在不同专业的各个年级中随机选取一个班级作为样本，把调查问卷发给所选中班级的学生，所选要保证有一定的性别差异。在发放过程中问卷发放人强调问卷的填写要求和回收时间，以保证高回收率。在问卷回收后，调查结果运用 SPSS 软件进行统计处理和分析。本次调查共发出问卷 1140 份，回收问卷 1124 份，回收率为 98.6%；有效问卷为 1093 份，有效回收率为 95.9%。样本选取的高校、问卷发放和回收情况、样本选取的大学生的基本概况见表 1 和表 2。

表 1　大学生网络交往状况的调查问卷发放和回收统计表

序号	高等院校	实发份数	实收份数	有效份数	有效问卷回收率（%）
1	广西大学	120	115	111	92.5
2	广西中医药大学	120	120	114	95.0
3	广西师范大学	120	117	112	93.3
4	桂林理工大学	120	115	112	93.3
5	桂林旅游学院	110	110	107	97.3
6	东华理工大学	110	109	108	98.2
7	徐州医科大学	110	108	105	95.5
8	华南师范大学	110	110	109	99.1
9	湖南科技学院	110	110	106	96.4
10	安顺职业技术学院	110	110	109	99.1
	合计	1140	1124	1093	95.9

表 2　大学生网络交往状况样本选取的大学生基本概况

		人数	比例(%)			人数	比例(%)
	男	479	44.0		中共党员	187	17.1
性别	女	614	56.0	政治面貌	非党员	906	82.9
	合计	1093	100.0		合计	1093	100.0
	理工	343	31.4		大一	416	38.1
	文史	416	38.1		大二	295	26.9
	艺体	43	3.9		大三	175	16.0
专业类别	农林	89	8.1	年级	大四	86	7.9
	医药	202	18.5		硕士生	121	11.1
	合计	1093	100.0		合计	1093	100.0
	城镇	479	43.8		富裕	50	4.6
家庭所在地	农村	614	56.2	家庭经济状况	一般	758	69.4
	合计	1093	100.0		贫困	285	26.0
					合计	1093	100.0

本文除对全国 10 所高校的学生进行抽样问卷调查外，还对广西大学、广西中医药大学、广西师范大学、桂林理工大学、南宁职业技术学院的非填写问卷的学生及教职工做了访谈。这些访谈对象主要有四类：第一类是大学生。对他们进行访谈主要是配合问卷调查，使调研的结果更为真实准确。第二类是负责运营学校微博、微信、校园网、易班的相关人员，他们分布在学校的宣传部、团委、学工等部门。对这类人员进行访谈的目的是了解该校的微博、微信、校园网、易班等网络交往平台的运营和发展状况，这些网络交往平台在大学生思想政治教育中运用的特色、发展的瓶颈及发展方向等问题。第三类是辅导员和班主任。辅导员和班主任与大学生直接接触，也是使用网络交往平台对大学生进行思想政治教育的主体之一，对他们进行访谈可以比较真实地了解到辅导员和大学生对思想政治教育网络交往平台的认可度、接受度和使用情况。第四类是思想政治教育理论课教师。对他们进行访谈主要是了解网络交往在思想政治理论课教学中的运用情况。此外，研究者还对获得"首届全国高校名站名栏"①的部分优秀网站和微信公众号进行了关注和了解，直接进入这些网站和微信公众号中进行观察研究。通过访谈和直接观察，一方面可以为网络交往视域中的大学生思想政治教育的主客体建设、介体建设和环境建设研究提供丰富的第一手资料，在此基础上提出切实有效的相关改进措施，进一步提升网络思想政治教育的实效性；另一方面可以总结大学生思想政治教育网络交往平台建设的经验教训，宣传和推广先进做法，促进学校间的相互交流和共同进步。

（二）调研内容说明

本次调查主要内容包括以下五个方面：

1. 个人基本信息

个人基本信息包括大学生的性别、专业类别、政治面貌、年级、家庭所在地、家庭经济状况。这些信息一般是作为自变量使用的，如分析不同性别、不同年级、不同家庭状况的学生对网络交往情况选择的差异。

---

① 首届全国高校名站名栏评选活动在 2015 年举行，其指导单位是教育部思想政治工作司，主办单位是全国高校校园网站联盟。此次活动共评选出 20 个"全国高校优秀网站"，20 个"全国高校优秀网站"提名奖；评出 30 个"全国高校优秀网络栏目"，30 个"全国高校优秀网络栏目"提名奖。

2. 大学生网络交往基本状况

这部分主要从大学生对网络交往的喜爱和依赖程度、网络交往工具、网络交往目的、网络交往内容、网络交往时间、网络交往对象、网络交往中的自我呈现、网络交往语言、对网络交往结成关系的信任态度、对网络交往中传播信息的信任态度等方面进行调查分析。

3. 网络交往对大学生现实交往的影响

这部分主要从大学生是否因为网络交往而减少了现实中与朋友的交往，是否因为网络交往扩大了交际圈，是否因为网络交往而提升了现实的交际能力，更偏爱网络交往还是现实交往等方面进行调查分析。

4. 大学生在网络交往中的道德状况

这部分主要从大学生对网络交往自由度的认识，对网络交往中虚假或错误信息的态度，对网络交往中的自我言行责任的态度，网络交往中的言行与现实生活中的言行是否一致，是否参加网络召集的活动，是否参与网络交往中传播正能量的活动等方面进行调查分析。

5. 网络交往在大学生思想政治教育中的运用

这部分主要从大学生是否愿意与老师进行网络交往，不愿意和老师进行网络交往的原因是什么，是否愿意把真实想法通过网络交往告诉老师，是否关注老师在网络交往中（如 QQ 群、微信朋友圈、博客等）发布的信息；大学生和老师对学校思想政治教育网络交往平台（如官方网页、微信公众号、易班等）的评价如何，希望有哪些方面的改进；思想政治理论课教师运用网络交往平台开展教学的情况如何等方面进行调查分析。

二、大学生在网络交往中的思想行为特点

通过问卷调查的数据分析和实地访谈，大学生在网络交往中的思想行为特点主要有以下几点。

（一）大学生主体意识增强，但伴随着自我迷失

主体意识是指大学生在网络交往中将自身视为主人翁的态度和表现。一方面大学生在网络交往中主体意识得到了很大的增强，另一方面一些大学生会在网络交往中迷失了自我。

1. 大学生主体意识增强的表现

（1）大学生强调保护和尊重自身在网络交往中的合法利益。在有效问卷的1093名大学生中，只有11.3%的大学生表示在网络交往中"都会"表露自己的真实身份，选择"有时会""不会""视情况而定"的大学生比重分别是43.2%、20.4%、25.1%。关于"大学生在网络交往中是否会把自己的真实想法说出来"的问题，在1093名被访大学生中，有61.5%的大学生选择"视情况而定"，有22%的大学生选择"会"，有16.6%的大学生选择"不会"。本次问卷调查和访谈的结果显示大学生在网络交往中大都比较谨慎，一般不会轻易透露个人信息和真实想法，避免个人的权益在网络交往中受到侵害。关于"大学生是否需要为自己在网络交往中的言行负责"的问题，在1093名被访大学生中，有69.1%的大学生选择"需要"，有15.3%的大学生认为"不需要"，有15.6%的大学生表示"不清楚"。可见大部分大学生在网络交往中的责任意识较强。

被访的一名大一学生C说："视情况而定，对自己熟悉的人就会说真心话，陌生人不会。"另一名大一学生H说："我基本不会在网上表露自己的真实身份，害怕被骗。"还有一名大三学生P说："对熟人我一般都会表露真实身份。"还有一名大一学生L说："不涉及个人信息的在网络交往中都可以说。"一名大一学生S说："喜欢就说，不喜欢就不说。"

（2）大学生强调网络交往行为的自主性。大学生网络交往行为的自主性包括自主选择网络交往的时间、地点、方式、对象、自我呈现的状态等。从大学生在网络交往中的自我呈现来看，由于网络交往的匿名性和虚拟性，大学生在网络交往中的自我呈现比现实交往中更为自由。大学生可以隐匿自己部分或全部的真实身份，根据自身的交往需求和喜好，在网络交往中自主选择呈现给他人的面貌，重新塑造与现实自我不同的多个网络交往中的自我，从而既隐匿又表露自己的自我认同。在网络交往中，大学生自我呈现的方式有多种，如网名、个性签名、个人说明等。大学生在网络交往中有多少个网名呢？在1093名被访大学生中，只有1个的占34.8%，有2个的占28.8%，有3个的占11.9%，有3个以上的占24.5%。调查结果说明，大多数大学生有2个及以上的网名。大学生在网络交往中网名的数量一定程度上说明了其虚拟身份的数量，即网名数量越多，虚拟身份就越多。大学生可以利用虚拟身份在网络与他人交流，虚拟身份给予大学生在现实交往中所没有的角色扮演的刺激体验。

在网络交往中，大学生参与网络交往群体的行为，表现出明显的参与主体性。大学生参与网络交往群体一般是自觉自愿的行为，大学生会根据自身的价值取向和兴趣爱好加入不同的网络交往群体，这在一定程度上反映了大学生多元化的价值需求倾向。即使大学生是因为现实组织的要求被强制性地加入网络交往群体，但在加入后，在网络交往群体中的参与程度（活跃还是沉寂）往往取决于大学生自身的意愿。也就是说，大学生在网络交往中的状态也是其自主选择的。从调查结果看，大学生在网络交往中的状态多数是沉默不语的。在1093名被访大学生中，将近一半（49%）是静静聆听者，积极发言者只有15.9%，讨论发起者只有9.2%，另外25.8%的大学生不清楚自己在网络交往中是什么状态。这说明，大学生在网络交往中大多数比较被动，主动性不强。大学生担任"网络意见领袖"的还是极少数。

（3）大学生重视自己在网络交往中的价值选择和价值判断。在网络交往多元化的思想价值观念中，大学生有自己的价值选择和价值判断，他们淡化了传统习俗、师道权威、社会舆论的评判尺度，不随波逐流。在1093名被访大学生中，大学生在网络交往中一般相信的信息来源按照相信程度由高到低前三位的排序依次是政府官方的说法（55.9%）和主流媒体的说法（55.9%）并列第一，网络公众人物的言论（47.8%）排第二，老师的说法（35.1%）排第三（见表3）。这说明，大学生在网络交往中有自己的价值选择和价值判断，他们更信任政府官员的说法、主流媒体的说法和网络公众人物的言论。教师的权威地位在下降，老师的说法已降到第三位。

表3 大学生在网络交往中一般相信的信息来源

信息来源	频率（人数）	百分比（%）
政府官方的说法	611	55.9
主流媒体的说法	611	55.9
网络公众人物的言论	523	47.8
老师的说法	384	35.1
同学的说法	305	28
老乡的说法	118	10.8
其他	80	7.3

（4）大学生自主创造和使用网络流行语。大学生对网络流行语的创造和使用也体现了大学生主体意识的增强。调查结果显示，在1093名被访大学生中，有92.4%的大学生在网络交往中使用过网络流行语，其中8.2%的大学生"每次交往都使用"，32.7%的大学生"经常使用"，51.5%的大学生"有时使用"，只有7.6%的大学生表示"没有用过"。调查还显示，有高达94.1%的大学生认为网络流行语可以表达自身的看法和感受，其中8.5%的大学生认为"完全可以"表达，38.2%的大学生认为"基本可以"表达，47.3%的大学生认为"有时可以"表达，只有5.9%的大学生认为"不能"表达。这说明大学生对网络流行语的认可和使用程度比较高。例如，网络流行语"杯具"反映了大学生悲伤无奈的心情，"海带""屌丝"反映了大学生对前途的迷茫和担忧，"高富帅""白富美"反映了大学生对未来自身的定位和追求。"凡客体""淘宝体""咆哮体"等网络造句，大学生日常生活和学习交流随处可用，一些大学生还会根据自己思想和生活的状态，既是自我调侃也是张扬个性地创造出新的网络流行体。例如，2012年4月，北京航空航天大学的一名大学生在微博上吐槽自己所学专业领域里的常识不被他人了解，从而创造了"暴打分手体"。各种学科专业背景的网友纷纷跟风造句，表达对别人不了解自己专业常识的纠结心情，有一种想要打人的冲动。

一名被访的大一学生 F 说："网络流行语，我用啊。"另一名被访的大三学生 P 说："正因为网络流行语能够表达我的想法，我才用。"

2. 大学生在网络交往中自我迷失的表现

（1）在网络交往中出现角色冲突。大学生在网络交往中的角色冲突包括虚拟身份和现实身份之间的冲突、多个虚拟身份之间的冲突。大学生在网络交往中有与"陌生人交往"和"熟人交往"并存的交往模式。在与熟人进行交往时，真实性较强，但也可以利用网络虚拟性的特点进行比较隐蔽的交往。在与陌生人进行交往时，由于交往对象彼此不相识，大学生交往的随意性更大，可以用多种虚拟身份与他人进行交往。本次调查结果显示，只有11%的大学生在网络交往中都会表露真实身份，有65.2%的大学生在网络交往中有两个或两个以上的网名。这说明，大学生在网络交往中很少完全依照自己现实中的身份角色，他们用网名等或多或少地隐匿自己的身份。"当符号化虚拟的存在以及言语的刻意修饰、体语的现场缺位所营造的网上人际交往与现实社会人际互动在一个人身上出现交集时，个体在虚拟与现实之间的两种角色及其负载的人格特征就必定会出现交替轮转。心理学的研究表明，当多重角色之间差异和冲突达到一定的程度或者角色转换过频时，容易出现心理危机，甚至导致双重或多重人格障碍。"[①]大学生拥有多个网名说明其在网络交往中呈现的自我认同，是一种多元化、差异、去中心和碎片化的自我认同，但如果大学生频繁地在不同的虚拟角色之间、现实角色和虚拟角色之间进行转换，多种身份的差异容易导致大学生产生自身角色认同的混乱，动摇大学生已有的自我认同感，影响正常的人际交往。

（2）在网络交往中出现价值选择困难。调查结果表明，大学生在网络交往中的困扰，既有对网络交往中传播的信息及交往对象的不信任问题，也有在海量信息中无从选择的问题，还有担心信息泄露的问题。在1093名被访大学生中，近80%的大学生在网络交往中有过被信息困扰的情况。其中7.9%的大学生表示"经常"被困扰，71.9%的大学生表示"偶尔"被困扰。大学生在网络交往中会遇到五花八门、鱼目混珠的网络信息，这些信息对大学生的世界观、人生观和价值观造成了强烈的冲击，很有可能改变大学生的是非认知系统，进而影响大学生的思想道德和行为取向。同时，一些大学生面对海量信息出现无所适从的信息焦虑现象，这极有可能是由于价值标准迷失或价值选择困难所造成。

一名被访的大二学生D说："有的，我经常被网络交往中的信息困扰！网络交往中接收的信息太多了。如刷个微博、微信等，朋友太多时，刷空间会刷个没完没了，停不下来。其实都是别人的琐事，不看不舒服，看了又浪费时间。"

对于"你认为在网络交往中存在的最大问题是什么"的调查，一名被访的大一学生F说："我觉得在网络交往中最大的问题是信息泄露严重。之前我在部队，那时用手机是很敏感的，存在一定的风险。"另一名大二学生U说："我觉得在网络交往中最大的问题是网络上和现实中的不是同一个人，性格差别太大！我就遇到过有的人在现实中很沉默，但在网上很亢奋激昂。"还有一名大三学生P说："我觉得网络交往中最大的问题是信任危机。"

（3）在网络交往中自我保护意识不强。前文分析，在调查的1093名大学生

---

① 张俊杰、姚本先：《网络对大学生人际交往的影响》，《高校辅导员学刊》2009年第5期。

中，有11.3%的大学生在网络交往中会表露自己的真实身份。在关于"大学生对网络交往结成关系的信任态度"的问题中，有60.6%的大学生表示对网络结成的关系"有些可信，有些不可信"，有9.7%的大学生表示"不可信"，有20.8%的大学生表示"很难判断"，但仍有9.0%的大学生"非常信任"网络结成的关系。这表明少部分大学生不能认识到网络交往的虚拟性，对网络交往结成的关系和网络中传播的信息不能持理性分辨的态度，在网络交往中的自我保护意识不强、警惕性不高。这种现状需要引起教育者的关注。

（二）大学生依赖和喜爱网络交往，但有网络成瘾的倾向

网络交往能够满足大学生的多种需求。调查显示，被访的1093名大学生中网络交往的主要目的前三者依次是"与现实中的朋友保持联系、增进感情"（77.5%）、"关注感兴趣的内容"（50.9%）、"无聊，打发时间"（36.5%）（见表4）。正是大学生的需求驱动保持着其对网络交往的高依赖性。大学生的学习和生活已经与网络交往息息相关，他们依赖和喜爱网络交往。但也有一部分大学生不能正确处理网络交往和现实交往的关系，网络交往占用了过多的正常的学习和生活时间，存在网络成瘾的倾向。这种现象必须引起思想政治教育者的重视，采取相应的教育对策。

表4　大学生网络交往的主要目的

网络交往的主要目的	频率（人数）	百分比（%）
结交新朋友	384	35.0
与现实中的朋友保持联系、增进感情	847	77.5
无聊，打发时间	399	36.5
关注感兴趣的内容	557	50.9
交流思想，获取信息	383	35.0
发泄情感，缓解压力	98	9.0
追求时尚	58	5.3
寻求帮助	51	4.7
展示自我的一种途径	25	2.3
娱乐	166	15.2
其他	12	1.1

1. 大学生依赖和喜爱网络交往的表现和原因

（1）大部分大学生的网龄和每天用于网络交往的时间都较长。在1093名被访大学生中，网龄少于1年的仅占3.2%，1年以上的只有9.8%，2年以上的占11.4%，3年以上的高达75.6%。这说明绝大多数大学生接触网络的时间较长，且在3年以上。大学生每天用于网络交往的时间，选择"小于1小时"的占13.2%，选择"1～2小时"的占30.9%，选择"2～3小时"的占26.8%，选择"3小时以上"的占29.1%。可见，50%以上的大学生每天用于网络交往的时间超过2小时。

（2）半数以上的大学生喜欢网络交往的程度为"一般"，将近半数的大学生认可网络交往在自己生活和学习中的重要地位。在1093名被访大学生中，8.7%的大学生"非常喜欢"网络交往，30.8%的大学生"喜欢"网络交往，52.2%的大学生对网络交往的喜欢程度是"一般"，8.3%的大学生表示"不喜欢"网络交往。这表明半数以上的大学生对网络交往的喜欢程度是"一般"，"非常喜欢"和"不喜欢"网络交往的大学生只占极少数。45.5%的大学生肯定网络交往已经成为自己生活与学习的重要部分，36.3%的大学生否认网络交往已经成为自己生活与学习的重要部分，还有18.2%的大学生表示不清楚。这表明网络交往对大学生有一定的吸引力。

（3）大学生在网络交往中强化和补充现实交往。网络交往使大学生置身于一种融合了传统人际网络和信息网络的新型网络中。在这种新型网络中，大学生利用网络交往工具来组织和强化自身的社会关系。QQ号、微信号、微博号等成为大学生在网络交往中的象征。大学生利用网络交往强化了其现实交往，现实中绝大多数学生组织、社团组织在网络上都有相对应的网络交往平台，如QQ群、微信群等，这些社交网络实现了大学生学习和生活的线上线下交互融合，使大学生和其群体成员的关系更为紧密，也使大学生的人际交往活动更加活跃广泛和方便快捷。关于"通过网络交往是否提升现实的交际能力"的问题，有63.1%的大学生认为网络交往提升了自身的现实交际能力，其中12.1%的大学生表示"提升很多"，51.0%的大学生表示"有一定提升"，只有22.6%的大学生表示"没有提升"，2.8%的大学生表示"降低了"，还有11.5%的大学生表示"不清楚"。49.1%的大学生表示网络交往"扩大了交际圈"，36.5%的大学生认为"没有扩大交际圈"，4.7%和9.7%的大学生分别表示"减小了交际圈"和"不清楚"。这说明绝大多数大学生肯定了网络交往能够提升自身交际能力和扩大交际圈。

（4）大学生在网络交往中获取比较优质的海量信息。网络交往集合了人际交往网络资源和信息网络资源。当大学生遇到学习和生活中的困惑时，可以向网络交往中基于"强关系"纽带的熟人或是基于"弱关系"纽带的陌生人进行请教求助，网络交往的超时空交互性、信息共享性等特点能够迅速地帮助大学生获取相关信息。此外，调查显示，大学生的网络交往一般基于现实中的熟人关系，这就赋予了大学生对网络交往信息的信任基础。而大学生网络交往群体成员在年龄层次和思想价值观念上具有同质性，他们在学习和生活中所面临的困惑也有一定的共性。因此，大学生网络交往群体成员中的信息相互转发、分享、推荐等行为能够为大学生在"信息超载"的网络空间中提供信息过滤和选择的方式，使大学生方便快捷地获取自己所需的信息。

（5）大学生在网络交往中寻找归属感和认同感。加入不同的网络交往群体，是大学生融入一定群体的方式。这种方式既可能是与现实交往群体成员加深联结的途径，是现实交往在网络上的延伸，也可能是在现实生活中得不到满足的一种代偿性行为。但无论如何，都是大学生自我认同感和归属感在网络上的体现。大学生加入不同的网络交往群体，是为了扩展自身的交际面，更好地以友为鉴，以便更好地自我认识和自我发展，这也是获得认同感需要的一种表现。同时，网络交往的虚拟性能够使大学生放下思想包袱和他人进行倾诉和释放，而信息交流的非线性和高速流动性，能够使大学生得到及时的回应与反馈，这也可以满足大学生认同感的需求。

2.部分大学生有网络成瘾倾向

前文分析，有近30%的大学生每天用于网络交往的时间超过3小时。调查同时显示，有77.6%的大学生超过一个星期不上网与他人交流就会感觉有点不适应甚至非常难受（见表5）。这表明少部分大学生不能理性地进行网络交往，不能正确处理网络交往与学习、生活的关系，不能正确处理网络交往和现实交往的关系，有网络成瘾的倾向。

表5　大学生超过一个星期不上网与他人交流会怎样

感受	频率（人数）	百分比（%）	有效百分比（%）	累积百分比（%）
非常难受	108	9.9	9.9	9.9
难受	249	22.8	22.8	32.7
有点不适应	491	44.9	44.9	77.6
无所谓	245	22.4	22.4	100.0
合计	1093	100.0	100.0	

（三）大学生网络交往根植于现实交往，但交往呈现封闭性

调查显示，在1093名被访大学生中，有77.5%的大学生网络交往的首要目的是与现实中的朋友保持联系和增进感情（见表4），大学生网络交往对象排序前三位的分别是同学（84.1%）、现实中的朋友（64.9%）、亲戚（49.2%）（见表6）。这说明大学生网络交往的对象主要是现实生活中的交往对象，大学生的网络交往只是其现实交往的延伸。大学生选择网络交往对象的标准按重要性从高到低前三位依次是与自己兴趣爱好相同（77.1%）、年龄相近（64.8%）、说话幽默（37.3%）（见表7）。这表明大学生网络交往关系普遍源于其现实交往关系，网络交往是大学生现实交往的延伸。大学生选择网络交往对象的主要标准是年龄相近或者与自己兴趣爱好相同，这可以看出大学生网络交往大部分发生在同辈群体之间，且交往的对象具有趋同性，他们喜欢和与自己有共同特征的人进行网络交往。大学生的网络交往呈现封闭性和"圈子化"。这种状况长期持续会导致大学生只愿意接受同质的信息，只愿意与自己思想价值观念趋同的人进行交往，而对于异质的信息或与自己持不同观点态度的人有可能会抵触和反感，这样大学生就不能以开放的心态接纳新事物和新观点，很容易形成封闭的思想和行为，不利于他们的健康成长成才。美国著名政论家沃尔特·李普曼指出："一个人的成见使他对事件总是存在一种情感倾向，当他需要对事件作出判断，而又无法接触到大量真实信息的时候，他总是很乐意将他个性化的情感倾向模式套用在对事件的理解上，形成他所理解的有别于真实环境的虚拟环境，并取代真实环境成了他作决策的依据"[①]。

一名被访的大一学生S说："我喜欢和说话幽默的、长得帅的人聊天。"另一名被访的大二学生J说："肯定是和熟悉的人聊天了，不熟悉的人没有什么可聊的。"另一名被访的大三学生K说："肯定是和与自己观点相同的人交流，不然'三观'不同怎么交流呢？"

---

① 沃尔特·李普曼：《公众舆论》，阎克文、江红译，上海世纪出版集团，2006，第68页。

表 6　大学生网络交往的对象

网络交往对象	频率（人数）	百分比（%）
亲戚	538	49.2
同学	918	84.1
老师	256	23.4
网络上结识的人	219	20.0
现实中的朋友	709	64.9
陌生人	59	5.4
网络红人	42	3.9
其他	16	1.5

表 7　大学生网络交往对象的特点

网络交往对象特点	频率（人数）	百分比（%）
年龄相近	708	64.8
与自己兴趣爱好相同	842	77.1
知识渊博	382	34.9
说话幽默	408	37.3
同性网友	54	4.9
异性网友	105	9.6
网名特别	40	3.7
与自己观点相近	282	25.8
与自己兴趣爱好不同	29	2.6
与自己观点不同	17	1.6

（四）大学生网络道德状况良好，但仍有改善空间

1. 大部分大学生网络道德状况良好

调查显示，在被访的 1093 名大学生中，65.7% 的大学生表示没有在网络交往中发表或传播未经证实的消息（见表 8），近 80% 的大学生认为自己需要为网络交往中的言行负责，65.1% 的大学生认为在网络交往中需要承担法律责任（见表 9），85.4% 的大学生认为自己在网络交往中的言行与现实生活中的言行一致（见表 10）。绝大多数大学生对网络谣言的态度是理智的，不会制造和传播错误或虚假信息。在网上遇到错误或虚假信息时，他们或不理会（占 60.4%）或举报，还有的会主动反驳（18.8%）（见表 11）。对辅导员、思想政治理论课教师和大学生的访谈结果，也与问卷结果基本保持一致。这说明绝大多数大学生网

络道德状况良好，其网络交往行为符合社会主流价值观。大部分大学生在网络交往中能够有较高的责任意识，这与学校、家庭、社会对大学生长期的教育密切相关，传统的学校、家庭和社会的思想政治教育成效显著，大学生在现实生活中的责任感自觉地迁移到网络交往实践中。在网络时代，仍旧要大力加强传统的思想政治教育。

访谈大学生如何对待网络交往中的虚假信息时，学生L说："遇到有人骗我，我就骗回去，和他斗智斗勇。之前网络上有人叫我去练法轮功，我就反过来调侃他，说我练了气功，不能背叛师门。"学生K说："如果有人给我发诈骗信息，我会直接删除好友，说明他的人品不行。"学生Y说："我认为要提高自己的警惕性，很多QQ被盗后，不法分子就利用当事人的身份骗QQ里的'好友'，比如网上借钱、转账、交话费等。我一般是先举报，后删除好友。"

表8　是否曾在网络交往中发表或传播未经证实的消息

	频率（人数）	百分比（％）	有效百分比（％）	累积百分比（％）
是	145	13.3	13.3	13.3
否	718	65.7	65.7	79.0
不清楚	230	21.0	21.0	100.0
合计	1093	100.0	100.0	

表9　在网络交往中是否需要承担法律责任

	频率（人数）	百分比（％）	有效百分比（％）	累积百分比（％）
非常需要	193	17.7	17.7	17.7
需要	711	65.1	65.1	82.8
不需要	101	9.2	9.2	92.0
不清楚	88	8.1	8.1	100.0
合计	1093	100.0	100.0	

表10　网络交往中的言行与现实生活中的言行是否一致

	频率（人数）	百分比（％）	有效百分比（％）	累积百分比（％）
完全一致	113	10.3	10.3	10.3
基本一致	821	75.1	75.1	85.4
完全不同	88	8.1	8.1	93.5
基本不同	71	6.5	6.5	100.0
合计	1093	100.0	100.0	

表 11　大学生在网络交往中看到错误或虚假信息的态度

态度	频率（人数）	百分比（%）	有效百分比（%）	累积百分比（%）
主动反驳	206	18.8	18.8	18.8
参与传播	113	10.3	10.3	29.2
不理会	660	60.4	60.4	89.6
说不清	114	10.4	10.4	100.0
合计	1093	100.0	100.0	

2. 少部分大学生网络道德状况较差

网络交往的超时空性给予了人们比现实交往更大的自由度，但在网络交往中是否能够无拘无束、随心所欲呢？大学生在这个问题上呈现出迷茫和困惑的状态。调查显示，被访的1093名大学生对网络交往自由度的认识没有明确的倾向，各有各的看法。其中，23%的大学生对个人在网络交往中享有的自由度无从把握，41.9%的大学生认为网络交往比现实交往更自由，35.1%的大学生观点相反。有13.3%的大学生曾经在网络交往中发表或传播未经证实的消息，10.3%的大学生看到错误或虚假信息时会参与传播。少部分大学生对网络交往中权利和义务的关系认识不清，有9.2%的大学生认为在网络交往中不需要承担法律责任，8.1%的大学生表示不清楚在网络交往中是否要承担法律责任。这些情况说明少部分大学生的网络道德教育较差。学校、家庭、社会要关心与引导大学生的网络交往，提高大学生的网络道德素质。

（五）大学生网络参与意识活跃，但实践活动很少

大学生思维活跃，好奇心强，关心社会热点和焦点问题，喜欢在网络交往中表现自我和张扬个性。调查显示，大学生在网络交往中主要关注的信息排名前三位的是社会热点（73.9%）、时事新闻（63.9%）、明星八卦（35.1%）（见表12）。大学生在网络交往中多关注公共性的问题，如社会热点、时事新闻。约60%的大学生表示愿意参加网络交往中传播正能量的活动。其中，13.9%的大学生表示"非常愿意"，43.8%的大学生表示"愿意"，36%的大学生表示"一般般"，只有6.3%的大学生表示"不愿意"。这说明大学生普遍关心社会，网络参与意识比较活跃，愿意通过网络交往来传播正能量、服务社会。但调查同时显示，大学生真正参与过网络召集活动的人数并不多。在1093名被访大学生中，有4.5%的大学生"经常参加"，42.5%的大学生"偶尔参加"，53.0%的大学

生"从未参加"。大学生虽然网络参与意识活跃，但是由于网络信息真假难辨，大学生对网络活动的发起人及组织机构等缺乏信任感，因此大学生对通过网络召集的活动持谨慎态度。

表 12　大学生在网络交往中关注的主要信息

关注的主要信息	频率（人数）	百分比（％）
时事新闻	698	63.9
社会热点	808	73.9
校园事件	341	31.2
明星八卦	384	35.1
学习生活	318	29.0
心灵鸡汤	187	17.1
其他	63	5.7

被访的一名大二学生 U 说："网上召集活动有线上线下的。我参加过线上举行的，没有参加过线下的。"另一名大二学生 E 说："我没有参加过，不知道是不是骗人的。"大一学生 L 说："我参加过网上组织的游戏活动。"还有一名大三学生 H 说："我参加过网络募捐活动，是众筹做手术的费用。"

值得注意的是，要警惕大学生负面的"群体极化"现象和网络暴力的发生。虽然只有少部分大学生真正参与过网络召集的活动，但是这也说明大学生的网络交往有可能转变为现实交往。大学生社会阅历不足，面对网络交往中良莠不齐的网民以及多元的海量信息，难免会出现价值困惑和迷茫。大学生的网络交往对象多数是同质性高的网民，这些同质性高的网民容易对相同的事件产生兴趣，也容易聚集在一起结成网络群体。于是，大学生便成为网络群体的成员。网络群体在进行集体决策时，很容易出现"群体极化"现象，即群体决策比个体决策更容易走极端，群体成员的思想都倾向于某一个极端。"群体极化"一方面能够促进群体成员意见一致，有利于群体的团结和统一，但另一方面，"群体极化"能够使错误的判断更加极端，甚至出现网络暴力现象。思想政治教育者要高度警惕大学生在网络交往中负面的"群体极化"现象和网络暴力的发生，更要有针对性地防范大学生网络暴力向现实暴力的转化。

（六）不同类型的大学生群体在网络交往中具有不同的特点

马克思人的本质理论启示思想政治教育者要从大学生所处的不同社会关系的特点和差异中去把握大学生思想的特点和差异。大学生根据自身的性别、专业、年级以及家庭经济状况等会形成不同的社会关系。调查显示，不同性别、不同专业、不同年级、不同家庭经济状况的大学生群体在网络交往中的思想行为特点具有差异。

1. 不同性别的大学生在网络交往中的特点

（1）女生比男生每天用于网络交往的时间更多。通过卡方检验比较不同性别的大学生每天用于网络交往的时间分布情况是否有差异，卡方检验结果得出有显著差异（x^2=25.252，P=0，$P<\alpha$=0.05）。从表13中可以看出，男生每天用于网络交往的时间小于或等于2小时的高达51.4%，相比之下，女生每天用于网络交往的时间小于或等于2小时的只有38.4%；男生每天用于网络交往的时间大于2小时的有48.6%，相比之下，女生每天用于网络交往的时间大于2小时的高达61.6%。可见，女大学生比男大学生每天用于网络交往的时间更多。

表13 不同性别大学生每天用于网络交往的时间分布情况

人数/%

性别	小于1小时	1～2小时	2～3小时	3小时以上	合计
男	86（18.0）	160（33.4）	117（24.4）	116（24.2）	479（100.0）
女	58（9.4）	178（29.0）	176（28.7）	202（32.9）	614（100.0）
合计	144（13.2）	338（30.9）	293（26.8）	318（29.1）	1093（100.0）

注：x^2=25.252，P=0。

（2）在网络交往中男生比女生更活跃。通过卡方检验比较不同性别的大学生在网络交往中的状态情况是否有差异，卡方检验结果得出有显著差异（x^2=11.296，P=0.010，$P<\alpha$=0.05）。从表14中可以看出，在网络交往中"积极发言者"男生占17.1%，女生占15.0%；在网络交往中"讨论发起者"男生占11.7%，女生只占7.3%。显然，在网络交往中男生比女生更活跃。

表 14　不同性别大学生在网络交往中的状态情况

人数 /%

性别	积极发言者	静静聆听者	讨论发起者	说不清	合计
男	82（17.1）	236（49.3）	56（11.7）	105（21.9）	479（100.0）
女	92（15.0）	300（48.9）	45（7.3）	177（28.8）	614（100.0）
合计	174（15.9）	536（49.0）	101（9.2）	282（25.8）	1093（100.0）

注：x^2=11.296，P=0.010。

（3）男生在网络交往中比女生更容易表现自己的真实想法。通过卡方检验比较不同性别的大学生在网络交往中表现自己的真实想法的情况是否有差异，卡方检验结果得出有显著差异（x^2=9.364，P=0.009，$P < \alpha$ =0.05）。从表 15 中可以看出，男生在网络交往中表露自己真实想法的占 23.4%，高于平均水平（22%）；女生在网络交往中表露自己真实想法的占 20.8%，低于平均水平（22%）。可见，男生在网络交往中比女生更容易表现自己的真实想法。

表 15　不同性别的大学生在网络交往中是否表现自己的真实想法

人数 /%

性别	会	不会	视情况而定	合计
男	112（23.4）	95（19.8）	272（56.8）	479（100.0）
女	128（20.8）	86（14.0）	400（65.1）	614（100.0）
合计	240（22.0）	181（16.6）	672（61.5）	1093（100.0）

注：x^2=9.364，P=0.009。

（4）男生比女生更认同网络交往对拓展自身交际圈的作用。通过卡方检验比较不同性别的大学生通过网络交往扩大交际圈的情况是否有差异，卡方检验结果得出有显著差异（x^2=27.423，P=0，$P < \alpha$ =0.05）。从表 16 中可以看出，有54.1% 的男生认为网络交往扩大了交际圈，相比之下，只有 45.3% 的女生认为网络交往扩大了交际圈，男生比女生更认同网络交往对扩大自身交际圈的作用。有28.2% 的男生认为网络交往没有扩大自己的交际圈，但高达 43.0% 的女生认为网络交往没有扩大自己的交际圈。

表 16　不同性别的大学生通过网络交往是否扩大交际圈的情况

人数 /%

性别	扩大了交际圈	没有扩大交际圈	减小了交际圈	不清楚	合计
男	259（54.1）	135（28.2）	29（6.1）	56（11.7）	479（100.0）
女	278（45.3）	264（43.0）	22（3.6）	50（8.1）	614（100.0）
合计	537（49.1）	399（36.5）	51（4.7）	106（9.7）	1093（100.0）

注：x^2=27.423，P=0。

（5）男生比女生更主动反驳错误或虚假信息，但男生参与传播错误或虚假信息的比重也高于女生。通过卡方检验比较不同性别的大学生在网络交往中处理错误或虚假信息是否有差异，卡方检验结果得出有显著差异（x^2=23.742，P=0，$P < \alpha$ =0.05）。从表 17 中可以看出，在主动反驳和参与传播错误或虚假信息方面，男生比女生更积极；对于错误或虚假信息不理会的比重，女生高于男生。

表 17　不同性别的大学生在网络交往中处理错误或虚假信息的情况

人数 /%

性别	主动反驳	参与传播	不理会	说不清	合计
男	109（22.8）	63（13.2）	251（52.4）	56（11.7）	479（100.0）
女	97（15.8）	50（8.1）	409（66.6）	58（9.4）	614（100.0）
合计	206（18.8）	113（10.3）	660（60.4）	114（10.4）	1093（100.0）

注：x^2=23.742，P=0。

2. 不同专业的大学生在网络交往中的特点

（1）艺体类、文史类、理工类学生网络交往时间较长，农林类和医药类学生较短。通过卡方检验比较不同专业的大学生每天用于网络交往的时间分布情况是否有差异，卡方检验结果得出有显著差异（x^2=55.771，P=0，$P < \alpha$ =0.05）。从表 18 中可以看出，艺体类、文史类、理工类学生每天用于网络交往的时间较多，其中艺体类学生每天用于网络交往 2 小时以上的占 58.2%，3 小时以上的高达 41.9%；文史类学生每天用于网络交往 2 小时以上的占 62.5%，3 小时以上的占 30.8%；理工类学生每天用于网络交往 2 小时以上的占 57.5%。相比之下，农林类和医药类学生每天用于网络交往的时间较少，农林类学生每天用于网络交往 2 小时以上的只占 38.2%，小于 1 小时的高达 30.3%；医药类学生每天用于网络交往 2 小时以上的占 47.0%，小于 1 小时的占 18.8%。

表 18 不同专业的大学生每天用于网络交往的时间分布情况

人数 /%

专业	小于 1 小时	1～2 小时	2～3 小时	3 小时以上	合计
理工	45（13.1）	101（29.4）	98（28.6）	99（28.9）	343（100.0）
文史	31（7.5）	125（30.0）	132（31.7）	128（30.8）	416（100.0）
艺体	3（7.0）	15（34.9）	7（16.3）	18（41.9）	43（100.0）
农林	27（30.3）	28（31.5）	17（19.1）	17（19.1）	89（100.0）
医药	38（18.8）	69（34.2）	39（19.3）	56（27.7）	202（100.0）
合计	144（13.2）	338（30.9）	293（26.8）	318（29.1）	1093（100.0）

注：x^2=55.771，P=0。

（2）理工类学生作为"积极发言者"偏多但"讨论发起者"偏少，农林类学生作为"讨论发起者"偏多但"积极发言者"最少。通过卡方检验比较不同专业的大学生在网络交往中的状态情况是否有差异，卡方检验结果得出有显著差异（x^2=50.490，P=0.000，$P < α$ =0.05）。从表 19 中可以看出，在网络交往中认为自己是"积极发言者"的大学生，理工类（17.8%）和文史类（17.5%）偏多，而艺体类（11.6%）和农林类（7.9%）偏少；作为"讨论发起者"的大学生，农林类的高达 28.1%，而理工类、文史类、艺体类、医药类的均不到 10%。在所调研的专业中，农林类学生"讨论发起者"最多（28.1%），但"积极发言者"最少（7.9%）；理工类学生"讨论发起者"最少（6.1%），但"积极发言者"最多（17.8%）。

表 19 不同专业的大学生在网络交往中的状态情况

人数 /%

专业	积极发言者	静静聆听者	讨论发起者	说不清	合计
理工	61（17.8）	181（52.8）	21（6.1）	80（23.3）	343（100.0）
文史	73（17.5）	197（47.4）	34（8.2）	112（26.9）	416（100.0）
艺体	5（11.6）	22（51.2）	4（9.3）	12（27.9）	43（100.0）
农林	7（7.9）	32（36.0）	25（28.1）	25（28.1）	89（100.0）
医药	28（13.9）	104（51.5）	17（8.4）	53（26.2）	202（100.0）
合计	174（15.9）	536（49.0）	101（9.2）	282（25.8）	1093（100.0）

注：x^2=50.490，P=0。

（3）理工类和医药类学生在网络交往中处理错误或虚假信息比较理性，艺体类和农林类学生比较随意。通过卡方检验比较不同专业的大学生在网络交往中处理错误或虚假信息是否有差异，卡方检验结果得出有显著差异（x^2=58.345，P=0，$P < \alpha$ =0.05）。从表20中可以看出，理工类、农林类学生主动反驳网络交往中的错误或虚假信息的比重分别占19.5%、22.5%，均高于平均水平（18.8%），其余专业学生均低于平均水平。理工类和医药类学生参与传播网络交往中的错误或虚假信息的比重分别占6.1%、4.0%，均低于平均水平（10.3%），其他专业学生均高于平均水平。理工类、文史类、医药类学生不理会网络交往中的错误或虚假信息的比重分别占63.3%、60.6%、64.9%，均高于平均水平（60.4%），其余专业学生均低于平均水平。这说明理工类和医药类学生在网络交往中处理错误或虚假信息的行为比较理性。

表20　不同专业的大学生在网络交往中处理错误或虚假信息的情况

人数/%

专业	主动反驳	参与传播	不理会	说不清	合计
理工	67（19.5）	21（6.1）	217（63.3）	38（11.1）	343（100.0）
文史	74（17.8）	53（12.7）	252（60.6）	37（8.9）	416（100.0）
艺体	8（18.6）	5（11.6）	24（55.8）	6（14.0）	43（100.0）
农林	20（22.5）	26（29.2）	36（40.4）	7（7.9）	89（100.0）
医药	37（18.3）	8（4.0）	131（64.9）	26（12.9）	202（100.0）
合计	206（18.8）	113（10.3）	660（60.4）	114（10.4）	1093（100.0）

注：x^2=58.345，P=0。

3.不同年级的大学生在网络交往中的特点

（1）大一学生、大四学生和研究生每天用于网络交往的时间较多，大二学生和大三学生较少。通过卡方检验比较不同年级的大学生每天用于网络交往的时间分布情况是否有差异，卡方检验结果得出有显著差异（x^2=30.831，P=0.002，$P < \alpha$ =0.05）。从表21中可以看出，大一学生、大四学生和研究生每天用于网络交往的时间较多，其中大一学生每天用于网络交往2小时以上的占58.6%，

3 小时以上的占 35.3%；大四学生每天用于网络交往 2 小时以上的占 58.1%，3 小时以上的占 30.2%；研究生每天用于网络交往 2 小时以上的占 64.4%。相比之下，大二学生和大三学生每天用于网络交往的时间较少，其中大二学生每天用于网络交往 2 小时以上的占 51.9%，大三学生每天用于网络交往 2 小时以上的占 49.2%。

表 21　不同年级的大学生每天用于网络交往的时间分布情况

人数 /%

年级	小于 1 小时	1～2 小时	2～3 小时	3 小时以上	合计
大一	43（10.3）	129（31.0）	97（23.3）	147（35.3）	416（100.0）
大二	50（16.9）	92（31.2）	85（28.8）	68（23.1）	295（100.0）
大三	27（15.4）	62（35.4）	40（22.9）	46（26.3）	175（100.0）
大四	13（15.1）	23（26.7）	24（27.9）	26（30.2）	86（100.0）
研究生	11（9.1）	32（26.4）	47（38.8）	31（25.6）	121（100.0）
合计	144（13.2）	338（30.9）	293（26.8）	318（29.1）	1093（100.0）

注：x^2=30.831，P=0.002。

（2）大四学生和研究生"积极发言者"和"静静聆听者"的比重较高；研究生"讨论发起者"的角色比重最高，大一学生最低。通过卡方检验比较不同年级的大学生在网络交往中的状态情况是否有差异，卡方检验结果得出有显著差异（x^2=38.820，P=0，$P < \alpha$ =0.05）。从表 22 中可以看出，大二学生在网络交往中属于"积极发言者"的只有 13.2%，低于平均水平（15.9%），大一学生、大三学生、大四学生和研究生在网络交往中属于"积极发言者"的分别占 16.6%、16%、19.8%、17.4%，均高于平均水平（15.9%）。大二学生和大三学生在网络交往中属于"静静聆听者"的分别占 46.4%、48%，低于平均水平（49%）；大四学生和研究生在网络交往中属于"静静聆听者"的分别占 54.7%、52.9%，高于平均水平（49%）。大一学生在网络交往中属于"讨论发起者"的比重最低，只有 4.8%，远远低于平均水平（9.2%）；研究生在网络交往中属于"讨论发起者"的比重最高，占 17.4%，几乎是平均水平（9.2%）的 2 倍。

表 22　不同年级的大学生在网络交往中的状态情况

人数 /%

年级	积极发言者	静静聆听者	讨论发起者	说不清	合计
大一	69（16.6）	204（49.0）	20（4.8）	123（29.6）	416（100.0）
大二	39（13.2）	137（46.4）	32（10.8）	87（29.5）	295（100.0）
大三	28（16.0）	84（48.0）	19（10.9）	44（25.1）	175（100.0）
大四	17（19.8）	47（54.7）	9（10.5）	13（15.1）	86（100.0）
研究生	21（17.4）	64（52.9）	21（17.4）	15（12.4）	121（100.0）
合计	174（15.9）	536（49.0）	101（9.2）	282（25.8）	1093（100.0）

注：x^2=38.820，P=0。

（3）大一学生和大二学生在网络交往中较谨慎，研究生不表露自己真实想法的比重最高。通过卡方检验比较不同年级的大学生在网络交往中表现自己真实想法的情况是否有差异，卡方检验结果得出有显著差异（x^2=56.033，P=0，$P<\alpha$=0.05）。从表 23 中可以看出，大一学生和大二学生在网络交往中表现自己真实想法"视情况而定"所占的比重分别为 66.6%、65.4%，均高于平均水平（61.5%）。研究生不会在网络交往中表现自己的真实想法所占的比重最高（34.7%），超出平均水平（16.6%）的 2 倍。

表 23　不同年级的大学生在网络交往中表现自己真实想法的情况

人数 /%

年级	会	不会	视情况而定	合计
大一	102（24.5）	37（8.9）	277（66.6）	416（100.0）
大二	55（18.6）	47（15.9）	193（65.4）	295（100.0）
大三	37（21.1）	40（22.9）	98（56.0）	175（100.0）
大四	19（22.1）	15（17.4）	52（60.5）	86（100.0）
研究生	27（22.3）	42（34.7）	52（43.0）	121（100.0）
合计	240（22.0）	181（16.6）	672（61.5）	1093（100.0）

注：x^2=56.033，P=0。

4. 不同家庭经济状况的大学生在网络交往中的特点

调查显示，随着家庭经济状况由差到好，大学生在网络交往中呈现以下特点。

（1）在网络交往中活跃度逐渐升高。通过卡方检验比较不同经济状况的大学生在网络交往中的状态情况是否有差异，卡方检验结果得出有显著差异（x^2=28.090，P=0，$P < \alpha$=0.05）。从表24中可以看出，随着家庭经济状况由差到好，大学生在网络交往中"积极发言"的比重逐步提升。经济状况富裕的大学生在网络交往中比经济状况一般和贫困的大学生表现得更为活跃，无论是网络交往中的"讨论发起者"，还是"积极发言者"，经济富裕的大学生所占的比重都是最高的，分别为28%和20%。但经济状况贫困的大学生比经济状况一般的大学生在网络交往中作为"讨论发起者"所占的比重高。

表24 不同经济状况的大学生在网络交往中的状态情况

人数/%

经济状况	积极发言者	静静聆听者	讨论发起者	说不清	合计
富裕	10（20.0）	17（34.0）	14（28.0）	9（18.0）	50（100.0）
一般	125（16.5）	384（50.7）	58（7.7）	191（25.2）	758（100.0）
贫困	39（13.7）	135（47.4）	29（10.2）	82（28.8）	285（100.0）
合计	174（15.9）	536（49.0）	101（9.2）	282（25.8）	1093（100.0）

注：x^2=28.090，P=0。

（2）对网络交往扩大自身交际圈的认可度逐渐降低。通过卡方检验比较不同经济状况的大学生通过网络交往扩大交际圈的情况是否有差异，卡方检验结果得出有显著差异（x^2=16.610，P=0.011，$P < \alpha$=0.05）。从表25中可以看出，家庭经济状况贫困的大学生认为网络交往扩大了交际圈的比重为54.7%，高于平均水平（49.1%）；认为网络交往没有扩大交际圈的占33.3%，低于平均水平（36.5%）；认为网络交往减小了交际圈的占3.2%，低于平均水平（4.7%）。可见，贫困大学生对网络交往扩大交际圈的认可度较高。而经济富裕的大学生和家境一般的大学生对网络交往扩大交际圈的认可度较低，所占比重分别为44%、47.4%，均低于平均值（49.1%），富裕学生认为网络交往减小了交际圈的比重是平均值（4.7%）的2倍多。

表 25　不同经济状况的大学生通过网络交往扩大交际圈的情况

人数 /%

经济状况	扩大了交际圈	没有扩大交际圈	减小了交际圈	不清楚	合计
富裕	22（44.0）	13（26.0）	6（12.0）	9（18.0）	50（100.0）
一般	359（47.4）	291（38.4）	36（4.7）	72（9.5）	758（100.0）
贫困	156（54.7）	95（33.3）	9（3.2）	25（8.8）	285（100.0）
合计	537（49.1）	399（36.5）	51（4.7）	106（9.7）	1093（100.0）

注：x^2=16.610，P=0.011。

（3）主动反驳错误或虚假信息的比例依次下降，而参与传播错误或虚假信息的比例依次上升。通过卡方检验比较不同经济状况的大学生在网络交往中处理错误或虚假的信息是否有差异，卡方检验结果得出有显著差异（x^2=15.238，P=0.018，$P＜\alpha$=0.05）。从表 26 中可以看出，随着经济状况从好到差，在网络交往中主动反驳自己看到的错误或虚假信息的比例依次上升，而参与传播错误或虚假信息的比例依次下降。这表明随着经济条件的改善，大学生网络交往的道德状况并没有相应提高。

表 26　不同经济状况的大学生在网络交往中处理错误或虚假信息的情况

人数 /%

经济状况	主动反驳	参与传播	不理会	说不清	合计
富裕	8（16.0）	12（24.0）	23（46.0）	7（14.0）	50（100.0）
一般	140（18.5）	78（10.3）	468（61.7）	72（9.5）	758（100.0）
贫困	58（20.4）	23（8.1）	169（59.3）	35（12.3）	285（100.0）
合计	206（18.8）	113（10.3）	660（60.4）	114（10.4）	1093（100.0）

注：x^2=15.238，P=0.018。

三、大学生在网络交往中思想和行为问题的原因分析

科学地剖析大学生网络交往中思想和行为问题的原因，是有针对性地提出思想政治教育内容和方法的前提，也是提高思想政治教育实效性的必要环节。马克思主义唯物辩证法和方法论认为，内因是事物变化发展的主要原因，外因是事物变化发展的条件，外因通过内因起作用。大学生网络交往中思想和行为问题的形成和发展是内因和外因共同作用的结果。大学生自身的特点，包括身心发展特点、

独生子女身份特点、年级特点、专业特点、性别特点、家庭经济状况特点等因素是影响大学生在网络交往中思想和行为的内因，起着内在决定作用。高校网络思想政治教育的成效、家庭对大学生网络交往方面的教育、网络交往环境及相关制度的建设、网络交往信息传播的方式等因素是影响大学生在网络交往中思想和行为问题的外因。

（一）大学生身心发展欠成熟及独生子女身份的影响

正确认识大学生，了解其特性，是解决大学生在网络交往中思想和行为问题的关键，也是提高大学生思想政治教育有效性的重要条件。

1.大学生身心发展不够成熟

大学生正处于身心发展走向成熟但又不完全成熟，世界观、人生观、价值观具有可塑性和极易波动的关键时期。这个时期的大学生成人感日益增强，自主意识日益强化，反思和批判的意识日益凸显，他们不愿意再一味地听从长辈和教师的安排，而是希望有自己的生活世界和个性彰显的舞台。"90后"大学生多是独生子女，有的还是"独二代"，他们从小养成独立自主的意识，有主见、不盲从、"走自己的路"。但一些大学生会以自我为中心，说话做事不顾及他人感受，以自己高兴为主，这是他们的精神缺陷。在网络交往中大学生的主体意识充分彰显，他们有自己独特的网名和个性签名，创造、传播和认同网络流行语与流行体，根据自己的喜好加入不同的网络交往群体。但是，大学生的心理尚未成熟，社会化的任务还没有完成，他们社会阅历不足，价值观多元而多变，在世界观、人生观、价值观等方面还存在不少困惑。因此，在网络交往中，面对多元的海量信息和形形色色的交往对象，大学生很容易迷失自我，他们不知道真假，是否该给予信任而疑虑重重，不敢轻易作出抉择。正如本次调查结果显示，大学生在网络交往中绝大多数是"静静聆听者"，只有少数是"积极发言者"，极少数是"讨论发起者"；将近80%的大学生在网络交往中有过被信息困扰；大学生网络参与意识较强，但真正参加由网络组织的实践活动的人数很少。

2.大学生独生子女身份的影响

大学生的网络交往呈现封闭倾向，这与当代大学生多数为独生子女有关。作为独生子女的大学生由于缺少兄弟姐妹的关爱、支持和帮助，同学圈子、现实中的朋友、亲戚这些自然就形成了大学生依赖程度最高的"熟人社会"的人际交往结构。"熟人社会"是费孝通对中国传统社会的定义，它描述了传统社会中人际关系社会结构的特点，即人与人之间的私人关系。调查结果显示，大学生网络交往的主要对象依次为同学、现实中的朋友、亲戚，这说明大学生的网络交往根植于现实交往，这是"熟人社会"结构在大学生网络交往中的进一步巩固和发展。这种"熟人社会"结构的网络社会依托先进的网络交往工具在大学生中进一步延续和发展。大学生通过网络交往加强了与同学、现实中的朋友及亲戚的联系，进而满足他们对归属和关爱的基本需求。大学生的网络交往呈现"圈子化"和封闭性，是"物以类聚，人以群分"的表现。社会心理学认为，人喜欢和与自己相似的人进行交往。人们在和与自己相似的人进行交往时，更容易获得他人的支持，具有内心的稳定感，更有共同语言，很少发生争辩。与自己相似的人更容易组成一个群体，以增强对外界反应的能力。人们在一个与自己相似的团体中活动会更顺利，阻力会更小。因此，大学生选择的网络交往对象与自己有趋同性，较多选择与自己兴趣爱好相同、年龄相近的人进行交往。而对于老师，大学生一般怀有敬畏的心理，除非有特别的事情，否则一般不会主动和老师进行网络交往。

（二）大学生性别、年级、专业、家庭经济状况的影响

本次调查显示，不同性别、年级、专业、家庭经济状况的大学生在网络交往中的思想和行为有不同的表现。可见，性别、年级、专业、家庭经济状况等这些大学生特殊化的属性会影响其在网络交往中的思想和行为。科学分析不同性别、年级、专业、家庭经济状况大学生思想行为的特点，是解决不同类型大学生群体在网络交往中的思想行为问题以及提高思想政治教育针对性的必要条件。

1. 大学生性别因素的影响

相关研究表明，"男性的自尊程度比女性高，他们在人际交往中更渴望被认可"[①]。网络交往能够使人获得自我肯定的满足感。在网络交往中，男生比女生更活跃、更积极主动反驳错误或虚假信息等，有可能是因为男生更需要获得自尊的体验。所以，男生在网络交往中比女生更容易表现自己的真实想法，更认同网络交往这种开放的交往形态对扩大自身交际圈的作用。

---

① 劳伦斯·斯滕伯格：《青春期：青少年的心理发展和健康成长》，戴俊毅译，上海社会科学出版社，2007，第 400-402 页。

2. 大学生专业因素的影响

不同专业的大学生在网络交往中呈现不同的特点，这与他们的学业压力、思维特点、空余时间等因素相关。比如，艺体类、文史类学生相较于农林类、医药类学生的学业压力较轻，空余时间更多，他们有条件每天在网络交往上花费更多时间。理工类和医药类学生思维比较严谨，而艺体类学生思维发散性较强，所以在处理网络交往中错误或虚假信息方面，理工类和医药类学生比较理性，艺体类学生比较随意。文史类学生大多关注社会热点和焦点问题，喜欢对各种现象发表看法，因此在网络交往中是"积极发言者"角色的人数偏多。

3. 大学生年级因素的影响

不同年级大学生有着不同的特点，由此造成了大学生在网络交往中思想和行为的差异。大一学生从高中升入大学，学业负担减轻，有大量的自由时间，所以每天用于网络交往的时间较多。大四学生面临写毕业论文和就业等问题，他们需要经常上网获取论文写作资源和关注就业信息，所以每天用于网络交往的时间也较多。研究生阶段，网络交往成为必需的学习手段和工作手段，所以研究生每天用于网络交往的时间也较多。大二学生、大三学生的学业压力普遍比较重，因此每天用于网络交往的时间相对较短。大四学生和研究生的知识结构、世界观、人生观、价值观等相对完善，对社会中的各种现象有自己独到的见解，因此在网络交往中作为"积极发言者"和"讨论发起者"的人数较多。大一学生、大二学生在网络交往中相对谨慎，表露自己真实想法"视情况而定"的比重较高，这可能与大一学生和大二学生涉世未深、害怕受骗的特征有关。而研究生年龄相对较大，社会经验更丰富，安全防范意识更强，因此研究生在所有年级的大学生中最不轻易在网络交往中表现自己的真实想法。

4. 大学生家庭经济状况因素的影响

不同家庭经济状况的大学生在网络交往中具有不同的思想和行为特点，这与大学生的家境所形成的个人性格特征和处事方式有关。经济富裕的大学生普遍更自信，性格外向，因此在网络交往中更活跃，也更放纵自我、忽视网络道德。经济一般和贫困的大学生性格内向偏多，不善言谈，在人际交往中有时会因为自己的家境产生自卑感和压抑感，因此在网络交往中相比经济富裕的学生较沉寂，也更为严格约束自身的言行，网络道德水平相对较高。由于网络交往的虚拟性，贫困学生可以掩盖自己的真实状况，更加轻松自信地结交朋友，因此贫困学生对网络交往扩大自身交际圈的认可度较高。

（三）高校对网络思想政治教育重视不够

高校是承担大学生网络交往相关内容教育的重要主体。大学生在网络交往中出现的思想和行为问题，与高校对大学生网络思想政治教育的成效密切相关。当前，高校对大学生网络思想政治教育的重视程度不够、效果不佳，主要表现在以下几个方面。

1. 教育者和大学生的网络交流欠缺

调查显示，大部分大学生愿意和教师进行网络交往，也愿意关注教师在网络中（如 QQ 群、微信朋友圈、博客等）发布的消息。但通过与大学生进一步访谈，很多大学生表示教师根本没有把自己的 QQ 号、微信号、博客号等公布出来，所以自己虽然愿意但无法与老师进行网络交往。另一部分大学生表示，自己虽然与教师结成了网络好友，但"如果老师不主动说话，我也不去找老师"，"我只关注老师发出的有关班级活动的通知，其他的交流很少"。这表明一些高校教师对运用网络交往工具与大学生进行思想政治教育的主动意识不强，更没有落实到实际行动上，这样就失去了通过网络交往来把握大学生思想动态和引导大学生形成正确的世界观、人生观和价值观的教育途径。

2. 高校重网络技能教育轻网络人文教育

目前高校对计算机基础知识和网络应用知识都开设有必修课程，但没有专门的网络人文课程，没有系统地向大学生传授网络道德规范和网络法律知识。网络人文教育的缺位会使大学生不能正确地认识网络交往与现实交往的关系，在网络交往中不能树立正确的世界观、人生观和价值观，容易做出一些违背网络道德和法律的行为。

3. 高校对大学生网络交往的监管不够

在网络社会，大学生只要拥有一部智能手机和缴纳一定的网络流量费用，就可以随时随地与他人进行网络交往。如果说在课堂上教师对大学生使用手机进行网络交往还有一定的监管力和约束力，那么在课堂以外的场所和时间，高校对大学生网络交往监管力和约束力显然就很微弱。而大部分高校没有形成安全有效的大学生网络交往监管体系，也就无法及时发现和引导一些沉溺于网络交往以及在网络交往中有道德失范问题的大学生。

4.高校思想政治教育的校园网络文化建设不足

高校思想政治教育的校园网络文化是校园文化的重要组成部分，对大学生正确的网络世界观、人生观和价值观的形成以及大学生良好的网络交往行为习惯的养成有着潜移默化的作用。当前，绝大多数高校都重视建设校园网络文化，开发具有校园特色的主题网站、微信公众号、易班平台、App 等，唱响网上思想文化的主旋律。然而，也有部分高校思想政治教育的校园网络文化建设不尽如人意。调查显示，有部分大学生表示不知道学校有专门的思想政治教育的微信公众号，对此也不感兴趣，易班上的板块对解决自己的实际问题没有太大帮助等。这些现象说明要加强高校思想政治教育的校园网络文化建设。

（四）家庭欠缺对大学生网络交往方面的教育

家庭也是对大学生进行网络交往方面教育的主体之一。然而，当前很多家庭在孩子进入大学之前和之后，都欠缺对孩子进行正确的网络交往方面的教育。

1.大学生入校前的家庭教育影响

当代大学生绝大多数是独生子女，家庭成员对他们寄予了较多的关爱和期望。良好的物质条件和家庭环境能够为孩子的全面发展创造条件，但关心过度又会部分剥夺孩子自我管理、自我教育、自我磨炼的机会。在独生子女家庭，家长多对孩子采取保护和宠爱、严格管教和约束的教育方式，导致孩子遇到困难时习惯性地求助父母，没有父母的帮助往往一筹莫展；遇到选择时迟疑不决、畏首畏尾，常常以自我为中心，不顾他人感受。家长的这种教育方式，在一定程度上影响了孩子独立人格的形成和发展。此外，很多家长对孩子的关注重心在学习上，期望孩子考上一所理想的大学，而对孩子思想品德的发展关注不够，在如何引导孩子对待网络及网络交往等问题上缺乏教育。一些家长害怕孩子上网耽误学习，干脆采取强制断网的措施，没有引导孩子正确处理网络与学习、生活关系的问题。

2.大学生入校后的家庭教育影响

大学生进入大学后，家庭对大学生的影响力和控制力十分有限，主要有以下几种情况。第一，由于大部分大学离家较远，家庭对孩子的约束和教育鞭长莫及，家长对孩子上网及网络交往的监管力度也很小，更谈不上对孩子进行有效的网络交往方面的教育和引导。第二，一些家长认为孩子已经考上大学，学习生活相对放松，上网这些事情可以由孩子自己做主，不需要干涉。第三，一些家长根本不懂上网，也不懂使用网络交往工具，无法与孩子沟通交流网络方面的事情，更谈不上教育和引导孩子。第四，家长在孩子心目中的权威地位弱化。上大学前，孩子对家长依赖性很强，家长是孩子心中的权威和依靠；上大学后，随着孩子交际圈的扩大，孩子遇到困难不一定第一时间求助家长，他们可以求助于同学、老乡、网友等，从这些人身上也许能获得比家长更及时有效的帮助。第五，家长和孩子的亲子互动减少。上大学后，多数孩子与家长的联系依靠电话和短信，也有一些家长会使用网络交往工具与孩子交流。孩子和父母简短的通话交流，常常不能使家长了解孩子学习和生活的全貌，解决孩子思想上的困扰。因此，大学生常常把对父母的情感寄托转移到网络交往中，以满足情感慰藉和情感交流的需求。

（五）网络交往环境的负面影响及信息传播特点的影响

社会网络交往环境是现实社会环境和网络社会环境相互交织、相互作用的共同体，它对大学生思想和行为产生潜移默化的影响。社会网络交往环境的负面影响，网络道德、网络法制及网络参与机制的不健全，网络交往中信息传播的特点等，与大学生在网络交往中出现的思想和行为问题有关。

1. 社会网络交往环境的负面影响

随着社会主义市场经济的发展和改革开放的推进，我国经济得到快速发展，人们的自主意识和竞争意识不断增强，同时有少数人产生拜金主义、享乐主义、极端个人主义等错误思想意识，导致诚信缺失、损公肥私、以权谋私等行为的发生。社会上的这些不良思想和行为为网络中一些负面的思想和言论提供了现实依据，加大了网络中不良思想和言论对大学生思想和行为的影响。与此同时，大众传媒、新媒体、自媒体的发展不断挤压主导性社会舆论的生存空间和传播渠道，使主流媒体舆论的主导功能弱化。而社会上一些负面事件的报道和公众对其讨论，也会使大学生出现价值观难辨和迷失正确的方向。此外，西方国家利用网络的技术优势和传播优势对我国进行意识形态渗透，也会影响大学生在网络交往中正确的世界观、人生观和价值观的形成。可以说，大学生在网络交往中的自我迷失正是复杂的社会环境和舆论氛围影响的结果，是社会上多元的思想价值观念辐射和影响大学生内心价值观念冲突和博弈的表现。在大学生社会阅历较浅、思想价值观念还不够成熟、网络媒介素养相对欠缺的情况下，社会环境负面的影响作用很容易使大学生产生网络道德失范等现象。

2. 网络道德、网络法制及网络参与机制的不健全

部分大学生在网络交往中道德水平不高，很少参与网络实践活动等，这与网络交往环境的相关制度建设不足有关，主要包括网络道德规范不健全、网络法律法规不完善以及网络参与实践机制不健全。

（1）网络道德规范不健全。道德是软约束，主要靠道德主体的自律。现实社会中道德作用的发挥主要依靠社会舆论、自律自觉等唤起人们的良心、责任感、义务感。在网络交往中，一方面，网络道德规范还不够健全，不能很好地为大学生指明网络交往中的真假善恶美丑，使部分大学生出现道德迷茫和道德困惑。另一方面，网络交往的虚拟性、匿名性、自主性等特点使网络道德规范的约束力比现实道德规范更弱，这使部分大学生失去了正确的价值取向，丧失了在网络交往中的责任意识，不能理性地约束自身的言行。网络道德规范不健全及其弱约束性的现状，要求我们要加强网络道德建设和大学生网络道德教育。

（2）网络法律法规不完善。网络交往虽然以现实交往为基础，但是又区别于现实交往而有其自身的特点。现实中的法律法规在网络交往中不一定适用。"互联网则使这种原先比较明确的边界变得模糊不清，在这种情况下，我们很难区分哪一种法律政策应该适用于哪一种环境。"[①] 当前，适用于网络交往的法律法规仍处于建设滞后性的状态。这种状况使大学生不清楚自己在网络交往中的权利和义务，不知道哪些言行在网络交往中需要承担法律责任。这表明要加强网络法治建设和大学生网络法治教育。

（3）网络参与实践机制不健全。调查显示，在被访的 1093 名大学生中，53% 的大学生没有参与过网络召集的活动，说明网络参与实践机制存在一定缺陷。网络参与实践机制的健全需要网络活动组织规范化，实现社会现实的组织机构和网络组织机构的合作及资源整合，切实为大学生提供网络参与的途径和方法，还要有经费支持和安全保障等，以改善大学生网络参与的效果。此外，要加强正能量的网络参与实践活动的示范效应，成功的正能量的网络参与实践活动能够对大学生网络参与起到激励、引导和示范作用。《2013 年中国大学生微博发展报告》[②] 中有一个"微"案例：2013 年 2 月 4 日，两名大学生通过微博发起，

---

① 安德鲁·查德威克：《互联网政治学：国家、公民与新传播技术》，任孟山译，华夏出版社，2010，第 308 页。
② 《2013 年中国大学生"微博"发展报告》由中科院心理所计算网络心理实验室和新浪微博数据中心于 2013 年 8 月联合发布。

仅用16个小时就筹集募捐了2500元善款，从而使8名环卫工人享受了爱心年夜饭。诸如此类的成功案例如果能够在大学生中广泛宣传，相信大学生网络参与的实际践行比例会得到提高。

3.网络交往中信息传播特点的影响

（1）网络交往工具小圈子化的信息接收模式加深了大学生网络交往封闭化的程度。调查显示，大学生使用最多的网络交往工具是QQ、微信、微博。大学生运用这些网络交往工具关注的信息都有一定的小圈子性。大学生所加的QQ好友和QQ群、微博中所关注的人群、微信中的朋友圈，大部分来源于大学生现实生活中的同学、朋友和亲戚。大学生的QQ群、微信朋友圈中分享的信息，大多是大学生现实熟人的生活和工作动态，他们在微信中的订阅号也是根据自身喜好和价值取向进行关注。这样的关注模式不可避免地造成了大学生关注的信息长期局限于自身的熟人小圈子，而大学生的熟人又多是与自己年龄相仿、价值观点相似的人。因此，大学生在网络交往中接收到的信息和思想价值观念就会具有雷同性，分析和解决问题也会带有一定的倾向性，不够客观全面。

（2）网络交往中信息传播模式容易使大学生出现责任弱化。网络交往中信息传播的多向性、及时性、裂变性等复杂的特点，都会给大学生带来与现实交往截然不同的责任体验。比如一条虚假和错误的言论在网络匿名发布后，可以迅速在线上和线下实现交互传播，形成强大的网络舆论。在信息传播的过程中，一方面，大学生由于自身的世界观、人生观和价值观不够成熟，对信息的真假对错感到迷茫和困惑，在从众心理、好奇心理、群体传播和暗示心理的作用下，盲目加入了网络谣言传播的队伍，做出违背良心和责任感的事情。另一方面，一些对社会某些现象不满的大学生趁机利用网络交往的匿名平台发泄情绪，发表一些不负责任的言论。因此，网络交往中信息传播模式很容易使大学生出现责任弱化现象。

四、网络交往平台在高校思想政治教育中的应用

习近平总书记在全国高校思想政治工作会议上强调："要运用新媒体新技术使工作活起来，推动思想政治工作传统优势同信息技术高度融合，增强时代感和吸引力。"高校运用网络交往平台开展思想政治教育，既是创新思想政治教育载体的需要，也是提高思想政治教育实效性的途径。本次调查通过问卷发放和实地访谈了解网络交往平台在高校思想政治教育中的运用状况，找出其中的不足

和缺陷，并进行原因剖析，力图促进网络交往平台在高校思想政治教育中的有效运用。

（一）网络交往平台在高校思想政治教育中的应用状况

实证调查研究发现，网络交往平台在高校思想政治教育中的运用既有值得肯定的积极方面，也有需要改进的不足方面，具体情况如下。

1. 应用程度：多数高校已经运用网络交往平台开展思想政治教育，但各高校的运用情况参差不齐，大部分停留在浅层化、普遍化的教育层面

本次实地访谈的高校辅导员、班主任、负责学校思想政治教育网络交往平台的相关教师都表示，学校已经通过形式多样的网络交往平台对大学生进行思想政治教育。一些思想政治理论课教师表示，正尝试运用一些新的网络交往工具，比如利用对分易、雨课堂、智慧树、尔雅等网络教学平台进行思想政治理论课教学，提高思想政治理论课的实效性，这是一种很好的现象，值得鼓励。但各个高校对思想政治教育网络交往平台运用的情况参差不齐，有的刚刚建立，有的已经建设得比较成熟，还有的在全国的影响力排名前列。存在的主要问题是，很多高校的辅导员和班主任通过网络交往平台对大学生进行思想政治教育，只停留在发通知、发文件等浅层化、普遍化的教育层面，真正通过网络交往平台进行深入化的有针对性的教育还比较少。

被访的负责"团学微信"的团委 Y 老师表示："我校的'团学微信'已经建设得比较成熟，微博粉丝数曾在全国排名前列。"另一位负责学校微信公众号的宣传部 Z 老师则表示："我校的微信公众号才建立一个月，处于建设初期，推送文章只有十几期，还在'吸粉'阶段，粉丝有 1000 多人。"

被访的思想政治教育理论课 T 老师说："我最近去上海学习，学到了他们用对分易这个工具来上课，我也在任教的两个班级中实践。对分易平台能在课堂上真正让学生'动'起来，有效地防止学生不听课、不看书的状况，它通过微信实现师生之间、学生之间的交流互动。布置作业、分组、登记成绩等都可以在手机上完成。在课堂上，老师可以把题目直接推送给学生，学生立即作答，然后对分易平台自动统计分析答题结果，得出图形化报表，老师就可以得到最实时的课堂反馈。'亮、考、帮'是它的特色。'亮'即'亮闪闪'，比如我让学生去看一篇文章或一段材料，然后自己总结最欣赏的一句话或者印象最深刻的是什么，为什么。小组讨论时学生就可以互相交流。'考'即'考考你'，比如某个知识点一些学生懂了，但可能其他学生不懂，懂的学生可以专门设置问题去考别人。'帮'即'帮帮我'，学生在学习的过程中有困惑，先自己总结提炼问题，然后讨论的时候再把问题抽出来。采取这样的方式可以丰富讨论内容。在课下，老师和学生也可以通过对分易平台自由交流，答疑解惑。"

2.主体认知：高校教师和学生都认同应用网络交往平台开展思想政治教育的价值，但对目前思想政治教育网络交往平台建设的满意度高低不一

从问卷调查结果和本次对教师、大学生的访谈，以及关注的全国高校名站名栏的情况来看，高校教师都认同运用网络交往平台开展思想政治教育的重要意义，都表示乐于运用网络交往平台来教书育人；大学生也乐于运用网络交往平台来获取各类资讯，与老师和同学进行互动交流、信息分享。

被访的辅导员 S 老师说："大学还是挺依靠网络交往平台的。因为大学不像中学，大学里老师和学生很难见上一面，主要靠网络来联系。像安全卫生检查、天寒加衣……我们都会在 QQ 群里发布，潜移默化地对学生进行教育。我校在这方面做得挺好的，每个班级都有班级群，班主任在自己的班级群里。辅导员也建立有学生干部群、党员群……"

但不同高校的教师和大学生对所在学校的思想政治教育网络交往平台的评价不一，既有满意度很高的评价，也有应用率不高的评价，甚至还有不知晓的评价。被访的大部分大学生表示自己通过 QQ 群和微信来获取学校的通知和自己关心的信息，一部分大学生表示经常关注和浏览学校易班平台和官方微信的内容，并对其中的一些栏目或某一期的内容比较喜欢和印象深刻，受益匪浅。但也有一些大学生表示对这些思想政治教育网络交往平台的内容不太感兴趣。本次研究所关注的高校名站名栏中，从阅读量以及学生在留言区的留言数量和留言表述上看，大学生对其学校的网站或微信公众号的关注度都较高，参与积极性也较强。

被访的大二学生 W 说："我每天时不时都要看看班级 QQ 和微信上的信息，因为通知一般从上面传达。我们也都注册了易班。"被访的大三学生 Y 说："易班是学校要求注册的。我曾经参加过易班上的'易站到底'活动，很有意思，还

得了奖呢！"学校易班工作站的被访大学生 X 说："我们学校的易班成立只有一年半，现在主要通过各种活动让同学们多关注易班。易班上其实有蛮多值得看的内容。我最喜欢易班大学，里面有很多课程资源可以共享，就连怎么样化妆的课程都有！不过很少同学知道这个易班大学，我也是听别人说才知道的。"

本次研究关注的全国高校名站名栏中，大学生对微信公众号的一些评价如："与我们的日常生活息息相关，谢谢 ××（该校微信公众号的昵称），如此贴心！""长知识，关注 ××（该校微信公众号的昵称）没坏处！""好有才华的 ××（该校微信公众号的昵称）！"这些评价表明大学生是非常喜爱该校的微信公众号的。

不同高校的教师和大学生对所在学校的思想政治教育网络交往平台评价不一的原因，在于各个学校思想政治教育网络交往平台的建设状况不同。有的高校这方面的建设已经比较成熟，这类高校的师生对思想政治教育网络交往平台的评价普遍较高；而有的高校这方面的建设才刚刚起步，处于探索阶段，这类高校的师生对思想政治教育网络交往平台的评价则不是很高。

从调研数据看，在 1093 名被访大学生中，知道学校有专门的思想政治教育微信公众号的大学生占 42.1%，认为学校没有专门的思想政治教育微信公众号的大学生占 20.4%，不知道学校有没有专门的思想政治教育微信公众号的大学生占 37.5%。对学校思想政治教育微信公众号的内容，"非常感兴趣"的占 8.9%，"比较感兴趣"的占 31.9%，"不太感兴趣"的占 51.1%，"完全没有兴趣"的占 8.1%。这表明有相当一部分大学生对学校的思想政治教育微信公众号的内容不太感兴趣，大学生思想政治教育网络交往平台的内容建设有待加强。

3. 教育内容：网络交往平台提供了丰富的思想政治教育内容，但大学生认为内容不够贴近实际需要

思想政治教育网络交往平台提供了包括校园新闻、校园活动、校园名人、美文美图、课程资源等丰富的内容。调查结果表明，无论教师还是大学生，选择使用思想政治教育网络交往平台主要基于两点：一是在内容上要满足自身需求；二是在使用上要易用和便捷。这两点缺一不可，否则，高校师生在繁忙的学习工作之余，是不会选择去关注或参与可有可无的思想政治教育网络交往平台的。存在的主要问题是部分学校的思想政治教育网络交往平台的建设还不能满足师生的实际需求。访谈中很多大学生表示自己学校有思想政治教育课程网站，涵盖了课

程 PPT、教师的授课录像、教学大纲、课后习题等内容，但很多内容和素材与课本的表述相似度很高，不够生动形象，大学生通过平台学习的兴趣不高，学习效果也不理想。而对于思想政治教育网络交往平台的其他形式，包括官方微信、微博、易班等，大学生在访谈中也提出希望平台的内容和功能贴近学生实际的建议。

在"你认为学校的思想政治教育微信公众号或易班有什么要改进的地方吗？"的访谈中，大二学生 Z 认为："希望建设一个交流平台，回复读者信息。当有思想问题时，可以有人工回答。"大三学生 P 认为："需要更接地气，增加互动性和娱乐性，并且能开拓视野，毕竟这是为学生服务的平台。"大三学生 H 说："要尽可能地方便，推送消息的速度加快，多推送些符合我们当前学生身份的消息。"学校易班工作站的大学生 T 说："我认为易班只有满足同学们更多的需求，才会有同学去经常关注它。比如增加一些查课表、查成绩、校园卡充值等功能。"

4. 教育载体：思想政治教育网络交往平台形式多样，但师生反映功能欠强大、使用欠便捷

调查显示，思想政治教育网络交往平台形式多样，包括 QQ、微信、微博、手机报、易班、论坛、主题网站等。但一些思想政治教育网络交往平台功能不够强大，使用也不够方便，这就导致高校师生的使用率不高。以全国大学生最多的网络社区易班为例，许多高校负责学生工作的教师都反映其使用上的缺陷，因此教师和学生对易班的满意度不是很高。

被访辅导员 P 说："虽然从上到下都在大力推广易班，在各个二级学院建立了易班工作站，但是学生的兴趣不是很浓。虽然他们形式上接受了，但是实质上他们觉得 QQ、微信等工具很实用。易班相对于其他工具来说，有其特点，但自身优势不明显。有学生反映在易班上传图片和视频很慢，但在 QQ 上很快。学校领导也解释了，易班在技术上还不那么成熟，视频在 QQ 上是以压缩文件的形式来传送的，速度比较快，而在易班上是以原文件的形式来传送的，所以速度就比较慢。可见易班还是有些弊端的。"

负责易班管理的 G 老师说："易班的优势在于，一是它的面向对象为大学生群体，因为大学生群体具有一定的思想政治素质基础，所以在思想政治教育的推行上能够取得很好的效果；二是易班实行校方实名验证制，能够解决网络交流的

信用问题。劣势在于，一是使用率不高，学生对易班的认知度不够；二是操作麻烦，板块设立不够人性化，样式也不够美观；三是流量消耗大；四是互动性不够强。"

5. 主体作用：学生干部在教师和大学生网络交往中的桥梁纽带作用得到充分发挥，但教师特别是辅导员的作用有待加强

调查反映，许多辅导员和班主任并不直接对每个大学生进行思想政治教育，他们主要依靠学生干部或班级助理（基本由高年级的学生担任）来对大学生进行网络间接管理和教育。学生干部或班级助理成为教师进行网络思想政治教育的得力助手。

辅导员 Y 说："我们辅导员没有在各个班级群里，因为一个学院有几百名学生，我们不可能和学生一一交流，平时主要依靠班主任和学生干部在群里对学生进行教育。"

一名大二学生 J 说："辅导员很少和我们见面，我们最熟悉的是班级助理，平时有什么活动都由班级助理来组织，辅导员有什么通知也都通过班级助理传达给我们。班级助理由上一届的学长和学姐来担任。"另一名大二学生 D 说："班级助理就在班级群里，我们和他们什么都可以聊，吃的、玩的、学习、工作……他们就像我们的同龄人。"

（二）网络交往平台在高校思想政治教育应用中存在问题

网络交往平台在高校思想政治教育运用中存在的问题，既与教育者和受教育者有关网络交往的思想认识和能力水平上的缺陷有关，也与网络交往平台的建设主体力量薄弱有关，还与平台建设的软硬件环境不理想有关，具体分析如下。

1. 思想认识上：教育者和受教育者缺乏运用网络交往平台相互学习和互利共赢的意识

思想政治教育者和受教育者都缺乏运用网络交往平台互动学习的意识，致使他们之间的网络交往存在诸多问题。

（1）教育者运用网络交往平台进行思想政治教育的意识不足。部分教育者没有运用网络进行思想政治教育的意识或意识不强，他们没有深刻认识到网络时

代的到来，运用网络技术进行思想政治教育的重要性和必要性，仍然囿于传统思想政治教育的思维方式，有师道尊严的优越感，不顾网络交往中大学生思想行为的新特点，用传统的单向灌输方式去教育学生。面对网络上复杂多元的信息对大学生思想的侵蚀渗透，仍然采用"堵""删"这些收效甚微而且引起学生反感的抵制方法。在访谈中，一些教师也表示，自己工作比较忙，不可能经常与个别学生进行网络交往，如果学生不主动要求加为好友，自己也不会主动交流。

本次问卷设置了"大学生是否愿意与老师进行网络交往呢？"的问题。在1093名被访大学生中，表示"非常愿意"的占11.3%，表示"愿意"的占50.0%，表示"无所谓"的占30.8%，表示"不愿意"的占7.9%。这表明绝大多数大学生愿意与教师进行网络交往，只有很少的大学生表示不愿意与教师进行网络交往。对大学生的访谈结果也表明，大学生一般都愿意和教师在网上进行交流，但很多大学生苦于没有教师网上的联系方式或教师没有同意大学生加为网上的"好友"，所以大学生没法和教师进行网络交往。网络交往是交往主体双方共同的行为，如果只有学生单方面的交往意愿，教师不给予回应，那么师生间的网络交往也就无从进行。

被访的大一学生G说："我愿意和老师进行网络交往，和老师什么都可以谈，随便聊。"大二学生W说："我都没有老师的QQ号，想加也加不了。"大一学生L说："我想加老师微信，但是没有他的联系方式，想关注也关注不了。"大三学生Y说："有的老师的QQ好友人数已经达到上限，加不了。"

（2）受教育者没有意识到自己和教育者是主体间性的共在。师生之间的活动是主体间性的交往活动，师生在网络交往中可以平等交流、相互学习。但是相当一部分受教育者没有意识到自己和教育者是主体间性的共在。访谈中，一部分大学生表示，自己虽然与教师结成了网络好友，但是一般处于被动接收消息的状态，不会主动找教师交流。受教育者有的慑于师道尊严不敢主动与教育者进行网络交往，有的在与教育者的网络交往中显得消极、被动，甚至拒绝与教育者进行网络交往。一些受教育者利用网络的虚拟性、匿名性特点故意不添加教育者为网络好友，对教育者发送的信息视而不见，对教育者在网上发起的教育活动置之不理，甚至故意做出与教育者传递的思想价值观截然相反的举动以示"抗议"。本次问卷设置了"大学生不愿意和老师进行网络交往的原因是什么呢？"的问题，在 1093 名被访大学生中，"不想被老师看到我的状态"占 39.7%，"和老师没有什么话可聊"占 31.4%，"不愿意和老师交流"占 13.3%，"不愿意被老师教育"占 7.7%，"其他"占 7.9%。可见，大学生和教师之间没有形成主体间和谐的网络交往关系，这就影响了网络交往中思想政治教育的顺利开展。

2. 能力水平上：思想政治教育者和受教育者的网络交往能力不足

网络交往能力是思想政治教育者和受教育者实现网络交往的必要条件，然而，目前思想政治教育者和受教育者的网络交往能力都不够强大。

教育者的网络交往能力不足突出表现在网络技术运用能力不足，不能熟练运用大学生使用率很高的 QQ、微信、微博等开展思想政治教育。许多教育者不愿主动学习网络技术，也耻于向学生请教网络运用的知识，不愿与学生进行网络交往，网络交往能力远远落后于网络社会的要求。访谈中，一些教师表示，运用网络交往平台开展教育（比如运用思想政治理论课教学软件开展课堂教学）需要对传统的教育方式进行变革，就必然要投入大量的时间和精力，鉴于个人时间、精力和网络技术运用能力不足等，还不能完全胜任网络教育的变革要求。此外，教育者还缺乏网络信息传播基本规律、网络舆情演变规律的相关知识，欠缺在网络交往中捕捉大学生的思想动态、处理高校网络舆论突发事件等能力。

受教育者虽然在网络技术的学习和应用方面有优势，但是仍然有网络交往能力不足的问题，主要表现在网络交往中不能正确分辨真伪信息，不能筛选出自己所需要的信息，不能和交往对象和谐交流，不能保护自身的合法权益等。在面对良莠不齐的网络交往对象和复杂多元的海量信息时，大学生的网络交往能力必须加强。

3. 教育环境上：保障思想政治教育网络交往平台顺利运行的软硬件环境欠佳

保障思想政治教育网络交往平台顺利运行需要有良好的硬件环境和软件环境。硬件环境主要指开展思想政治教育网络交往的计算机和网络设备；软件环境包括高校中激励教育者运用网络交往开展教育的相关措施、校园网络文化建设、高校网络规章管理制度等。目前，部分高校运用网络交往平台开展思想政治教育的软硬件环境还不够理想。在访谈中，有学生反映校园网络在大学生活动的重要场所没有实现全覆盖，而学生不可能花费大量的手机流量来进入思想政治教育网络交往平台进行学习和交流。也有教师反映，教室里没有开通网络，这种状况制约了运用网络交往软件开展思想政治理论课的教学改革。还有教师指出，开通微博、微信账号，通过微博、微信与大学生进行思想交流，这些都是个人的行为，学校没有强制要求，也很少有相应的激励机制，平时自己工作量就比较大，很难有精力和时间通过网络交往平台开展思想政治教育。

访谈中，一些学生表示网络流量问题和 Wi-Fi 在校园内的非全覆盖问题会制约大学生的网络交往。一名大一学生 F 说："现在很多同学都没有电脑，都是通过手机上网，而流量太少太贵不够用！如果有 Wi-Fi 就可以上网，没有 Wi-Fi，整天靠手机的流量是不行的！"另一名大一学生 L 说："我们每个宿舍都需要自己拉网线，自己交网费，学校没有提供这些设施。只有在宿舍才能用 Wi-Fi，在外面就不能用了。"还有一名大一学生 G 说："流量都不够用！自从 4G 出来后，我再也不想用 2G、3G 了！4G 出来后，电话费都交不起了！"

被访的辅导员 Z 说："开通微博、微信账号这些都是老师个人的行为，学校没有文件要求老师开通。据我了解，我们学校还没有比较热门的老师的微博、微信号。"

4. 建设主体上：思想政治教育网络交往平台内容和技术方面的建设主体力量薄弱

思想政治教育网络交往平台建设主体的水平直接关系到平台的质量，也直接关系到平台使用者对平台的使用率和满意度。根据本次对高校中负责思想政治教育网络交往平台（包括学校主题网站、官方微信、官方微博、易班等）的教师和学生的访谈得知，目前学校的思想政治教育网络交往平台的运行主要由学校的宣传部、团委、学工部门负责。这些部门中有专门的指导教师，而平台日常运行的具体工作都是由大学生负责。

负责学校团委微信公众号的 Y 老师说："我们团委的微信公众号，它有一个组织叫'团学新媒体中心'。这个'团学新媒体中心'由团委的老师来指导，但所有的运营都是学生自己来做。它采取像学生组织一样的结构，有中心的负责人，有主任，也有副主任。底下有各个部门，如新闻部、运营部、宣传部、秘书处。然后每个部门都会有部长、副部长。微信公众号的每一篇推文从选题、采访、拍摄、撰写、编辑到推送等一系列工作都是由大学生来完成，老师只是在其中起把关和指导的作用。"

学校思想政治教育网络交往平台的主要建设主体是大学生。这种状况一方面有利于大学生在实践中锻炼和成长，促进其自我教育；但另一方面，由于大学生知识结构不够完善、理论功底不够深厚、分析和解决问题的视野不够开阔等缺陷，导致了思想政治教育网络交往平台的内容缺乏深度，从而出现了师生对思想政治教育网络交往平台中的内容阅读率不高和互动性不强的问题。访谈中，负责学校思想政治教育网络交往平台的教师还指出，除了几名专门的指导教师，其他教师对学校思想政治教育网络交往平台的关注不多，几乎没有主动投稿的现象。如果校内的教师能够积极主动地给平台投稿，那么平台的内容一定会更加丰富和深刻，也更能受广大师生欢迎。在平台的技术建设上存在同样的问题。由于平台的主要建设主体是大学生，如果大学生熟练掌握网络开发、传媒技术的相关知识，平台在技术建设上就更为成熟。在本次调查中发现，高校思想政治教育网络交往平台的建设状况还与学校的类型相关。综合性大学和以理工科专业为主体的大学，在高校思想政治教育网络交往平台的建设上比其他类型的大学更为成熟和受广大师生的欢迎。因为这些大学有电子信息类、传媒类、美术类等相关专业，在校园 App 开发、网络游戏开发、网络安全维护、网络视频编辑、网站设计与应用等方面比其他一般大学更具有优势。

学校易班工作站的被访大学生 T 说："易班的应用设计需要一定的技术，像××科技大学在易班软件的设计方面就厉害些，我们学校没有软件开发、计算机这些相关专业，所以这方面就比较差。"

总之，思想政治教育网络交往平台的建设单靠大学生和几名指导教师是远远不够的，它需要全体教师的关注和建设。高校还需要从社会中引进相关的技术力量对思想政治教育网络交往平台的主要建设者进行培训，提高平台建设者的素质和能力。只有这样，思想政治教育网络交往平台才能充分发挥积极的作用。

第五章

网络交往视域大学生思想政治教育者和受教育者的发展

如何抓住网络交往给大学生思想政治教育者和受教育者带来的机遇，如何应对网络交往给大学生思想政治教育者和受教育者带来的挑战，如何解决网络交往平台在高校思想政治教育运用中存在的建设主体力量薄弱、教育者和受教育者网络交往意识和能力不足等问题，是大学生思想政治教育需要关注的主要问题。网络交往视域中的大学生思想政治教育者和受教育者的发展，主要包括以下几个方面。

一、培养思想政治教育者和受教育者正确的网络交往意识

思想政治教育者和受教育者要通过网络交往实现相互学习、取长补短、共同进步，双方都必须具备正确的网络交往意识。思想政治教育者和受教育者都应该树立的网络交往意识主要包括三个：平等对话、相互理解、共建共享。

（一）平等对话

平等对话，即思想政治教育者和受教育者在网络交往中是地位平等的关系，他们通过对话来达成共识。

1. 思想政治教育者和受教育者之间是地位平等的关系

思想政治教育者和受教育者之间是地位平等的关系，这是构建思想政治教育主体间和谐的网络交往关系的基础。在网络交往中，思想政治教育者和受教育者之间应该是"我"和"你"的平等关系，而不是"我"与"它"的支配性与占有性的关系。这种平等关系的构建需要思想政治教育者和受教育者的共同努力。一方面，教育者要淡化自身在知识和阅历上的优越感，认识到后喻时代已经到来，增强向受教育者学习的意识。只有这样，教育者才有可能与受教育者趋向平等。另一方面，受教育者要意识到自身在法律和人格上与教育者是平等的，在网络交往的环境中，自身的参与权和话语表达权更能够得到充分彰显。只有这样，才能激活受教育者的主体意识，促使受教育者积极主动地与教育者沟通交流，努力提升自身的思想政治素质。也只有在教育者和受教育者双方的共同努力下，两者的地位才能实现真正的平等。

值得注意的是，在网络交往中，受教育者的主体地位得到充分彰显，教育者和受教育者是平等的交往关系，但这种平等并不意味着教育者与受教育者完全相同，而是和而不同。教育者和受教育者在思想政治教育过程中展现的特点和发

挥的作用是不同的。相对于受教育者而言，思想政治教育者是思想比较成熟的主体，并且肩负着按照我们党和国家的要求来提高受教育者的思想品德，促进受教育者成长成才的使命。在思想政治教育活动过程中，教育者起着组织、引导、促进和管理的作用。受教育者思想政治水平的提高和理想人格的塑造离不开教育者的引导。受教育者在网络交往中，面对海量繁杂的信息，难免会出现价值困惑，这时候就需要教育者指点迷津。教育者引导受教育者，不能采取传统的"我讲你听"的直线型灌输方式，把受教育者变成任由教育者灌输的"容器"。教育者应该只是"一个顾问，一位交换意见的参与者，一位帮助发现矛盾而不是拿出真理的人"[1]。教育者的角色应当转变为受教育者形成正确思想价值观念的"把关者"和"引导者"。面对海量信息，教育者作为"把关者"，应当坚决批判反人类、反科学和反社会主义的信息；作为"引导者"，应当引导受教育者认清思想价值取向的主导性和多样性的辩证关系，尊重受教育者多元的精神文化需求，把社会主义核心价值观转化为受教育者的自觉追求。

相对于思想政治教育者而言，受教育者是思想不够成熟的主体，是在思想上具有巨大发展潜能和可塑性的主体，他们的思想政治素质与社会的要求还存在一定的差距，并且这种差距在一定时间内会长期存在，这就需要教育者的正确引导。同时，受教育者思想政治水平的提高和理想人格的塑造离不开受教育者自觉主动地生成和建构精神世界。教育者的引导是否有效，取决于受教育者能否接受教育者传播的教育信息，受教育者是根据自身的知识背景和已有经验来取舍教育信息的。网络交往能使教育者和受教育者之间的对话和沟通更为便捷和流畅，从而使受教育者更乐于接受教育者的教育信息。

总之，虽然教育者和受教育者在思想政治教育中扮演的角色和展现的特点有所不同，但他们都是地位平等的思想政治教育的主体和参与者，只有充分发挥双方参与思想政治教育活动的主观能动性，才能实现思想政治教育的目的。

2. 思想政治教育者和受教育者之间通过对话来达成共识

"人与人的交往是双方（你与我）的对话和敞亮。"[2] 对话意味着思想政治教育者和受教育者双方的互动交流。教育者和受教育者的角色在对话中不停地转

---

[1] 联合国教科文组织国际教育发展委员会：《学会生存：教育世界的今天和明天》，华东师范大学比较教育研究所译，教育科学出版社，1996，第108页。
[2] 雅思贝尔斯：《什么是教育》，邹进译，生活·读书·新知三联书店，1991，第11页。

换，两者在互动中表达自身对教育内容的看法和理解，进行探讨和切磋，进而形成彼此都认同的正确且成熟的观点，这样形成的观点才能最终转换成为教育者和受教育者思想和行为的自觉要求。哈贝马斯提出的实现"交往行为"合理化的四项规定性前提，能够为实现思想政治教育主体间的平等对话提供启示。实现"交往行为"合理化的四项规定性前提是：话语的可理解性、说话主体的真诚性、语言表述形式的真理性、言述应为听者和读者所共同承认的规范性语境确立的一种正当性。话语的可理解性启示教育者的语言要符合受教育者的认知水平，贴近受教育者的语言风格和思想实际，要易于被受教育者所接受。说话主体的真诚性启示教育者和受教育者都要坦诚相待，真心交流，在交往中融入积极的情感因素。语言表述形式的真理性启示教育者向受教育者呈现的教育内容要具有客观性和真实性，一方面教育者要向受教育者展现国家和社会进步的积极的美好面貌，用高尚的道德情操鼓舞受教育者，用祖国发展的伟大成就增强受教育者的民族自尊心和自信心；另一方面，教育者也要向受教育者揭露社会中存在的丑恶现象，指明国家发展中的短板和不足，培养受教育者维护社会良好道德风尚和实现中华民族伟大复兴的责任感。言述应为听者和读者所共同承认的规范性语境确立的一种正当性，启示教育者对受教育者不是控制和说教，而是要彼此协商和沟通，比如校纪校规，应该是教育者和受教育者双方共同协商的结果，而不是单方制定来强制另一方无条件服从。

（二）相互理解

相互理解，即思想政治教育者和受教育者在网络交往中要学会换位思考，相互关心和体谅，相互包容和欣赏。孔子说的"己所不欲，勿施于人"正是强调要设身处地理解他人。首先，网络交往中思想政治教育者和受教育者的相互理解，要求教育者和受教育者对网络思想政治教育形成前提性的认同：网络思想政治教育是大学生思想政治教育的重要组成部分，其根本目标是促进人的全面发展。教育者只有在这个认同的基础上，才会积极地学习网络交往技能和使用网络交往工具，主动地向受教育者公开自己的 QQ 号、微信号、微博号等，与受教育者互相加为好友或"互粉"，充分利用网络交往平台来进行网络思想政治教育。受教育者只有在这个认同的基础上，才会在网络交往中和教育者结为网络好友，接受教育者进行的思想政治教育，才能够把网络交往中的思想政治教育作为提升自身素质的重要途径，主动参与到网络思想政治教育活动中去。其次，网络交往过程中的教育者和受教育者的相互理解，对教育者和受教育者有不同的要求：一方面，教育者要以开放包容的心态来对待受教育者。对于受教育者在知识、经验、阅历等方面的暂时不足，教育者应当理解和包容，引导受教育者朝正确的方向发展。对于受教育者不同的观点和意见，教育者不能简单粗暴地批评训斥，而是应当以理服人、以情感人，求同存异、和而不同。对于受教育者在网络技术方面的优势，教育者应当虚心学习，及时更新自身的网络技术知识结构并提高能力水平。另一方面，受教育者要尊重和承认教育者在思想政治教育中的地位和作用，认识到自身在思想、政治、道德等方面与社会的要求存在的差距，理解教育者的良苦用心，主动自觉地参与到思想政治教育活动中，在教育者的引导下提高自身的思想道德水平。

（三）共建共享

共建共享，即在思想政治教育中，教育者和受教育者相互学习和相互帮助，以实现双方的思想品德都能得到完善的目标。共建共享的思想是网络思维的重要表现，这是一种集群智能（collective intelligence），强调合作与协同。网络交往中的维基百科、社会搜索、个性化推荐、文件共享等都体现了这种共建共享的思想。网络交往中的共建共享可以在交往者中产生"1+1＞2"的效果，即共享群体的智慧。"《纽约客》专栏作家詹姆斯·索罗维奇在其《群体智慧》一书中，指出形成智慧人群的四大必要条件。一是意见的多元化：每个人都应当拥有私人化的信息；二是意见的独立性：人们的观点不被周围的人所左右；三是去中心化：每个人都术业有专攻，从自己的领域内吸取和贡献知识；四是聚合：存在一些机制来让私人判断汇聚成集体决策。"[①] 这对思想政治教育者和受教育者如何在网络交往中结成智慧人群有所启示。首先，教育者和受教育者都有在网络交往中发表自身看法的权利，要创造宽松自由的网络交往环境，营造网络交往中"百花齐放，百家争鸣"的良好交往氛围；其次，教育者和受教育者应该"不唯书不唯上"，不随波逐流，有自己的观点和看法；再次，教育者和受教育者要尊重彼此的特点和优势，每个人都要充分发挥自身的特长，为他人的全面发展贡献力量；最后，教育者和受教育者应通过平等协商的方式将不同的看法和意见汇聚成集体决策，达成共识。在这个过程中，教育者要引导受教育者摒弃错误思想，培养正

---

① 何威：《网众传播：一种关于数字媒体、网络化用户和中国社会的新范式》，清华大学出版社，2011，第 108 页。

确的思想价值观念。这样，教育者和受教育者就能够在网络交往中共同建设和共同享有集体智慧，通过相互学习和结伴成长，最终促进整个社会的进步和每一个人的发展。

二、增强思想政治教育者和受教育者的网络交往能力

思想政治教育者和受教育者网络交往能力的不足，直接影响到网络思想政治教育的开展。因此，要努力增强思想政治教育者和受教育者的网络交往能力。

（一）思想政治教育者网络交往能力的主要内容

一支政治可靠、身体力行、诲人不倦、熟练掌握网络技术、熟悉大学生在网络交往中思想行为习惯的思想政治教育者队伍，是开展网络交往环境中大学生思想政治教育的有力保障。思想政治教育者需要具备的网络交往能力主要包括政治素养、网络技能、交流能力、信息掌控能力。

1. 政治素养

政治素养主要是指思想政治教育者要有坚定的马克思主义信念和扎实的马克思主义理论功底。在网络交往中，各种信息真假难辨，不同的思想文化和价值观念共生共存，西方国家借机对我国进行意识形态渗透。资本主义社会的拜金主义、享乐主义、个人主义等腐朽思想，新自由主义、历史虚无主义等西方社会思潮在网络上大行其道。在这种环境下，思想政治教育者尤其要旗帜鲜明地坚持和传播马克思主义，响应中共中央、国务院《关于加强和改进新形势下高校思想政治工作的意见》中"牢固树立政治意识、大局意识、核心意识、看齐意识，坚定不移维护党中央权威和党中央集中统一领导"的要求。思想政治教育者要善于运用马克思主义基本原理和方法，科学认识和辩证分析各种网络文化，对反映时代发展要求的先进文化要善于借鉴和吸收，对违背社会发展规律的，反人类、反科学、反社会主义的思想要坚决地批判和摒弃。

2. 网络技能

思想政治教育者要具备基本的网络和计算机应用能力，熟练运用在大学生中使用率很高的 QQ、微信、微博等网络交往工具，养成良好的使用网络交往工具的习惯。思想政治教育者只有把自身的理论优势、经验优势与网络技能紧密结合，才能有效解决在网络时代"有理论无技术，有技术无理论"的现实难题，也才能

实现在网络交往中进行大学生思想政治教育。

3. 交流能力

思想政治教育者不仅要具备基本的网络技能，还应该主动运用网络交往工具进行思想政治教育，善用网络交往工具融入大学生的世界。思想政治教育者应当通过主动关注等形式成为大学生的"圈内好友"，融入大学生的网络交往中。思想政治教育者在成为大学生的网络好友后，不能仅仅满足于"隐身"或"潜水"式的静静倾听，而应该成为大学生网络交往平台上的活跃用户。思想政治教育者一方面要就大学生关心的社会热点、焦点问题进行评论交流，对大学生的思想困惑给予及时的答疑解惑，对大学生的所需所求尽力去帮助和满足；另一方面也要经常性地在网络交往平台上发布和分享个人的思路历程和感悟观点，增强自身对大学生的吸引力，从而使大学生愿意和自己建立亲密友好的双向互动关系。思想政治教育者在网络平台与大学生进行交往时，要关心和尊重大学生，以平等的姿态与之交流，相信其可塑性，要竭尽全力去挖掘其发展潜能，促进其全面发展。同时，思想政治教育者的价值观念、人格魅力、言行举止等对大学生有着潜移默化的影响。思想政治教育者只有坚持内在信仰与外在言行的统一，才能赢得大学生的信任和崇敬。

4. 信息掌控能力

思想政治教育者要具备成熟的信息掌控能力，包括对信息的搜集、识别、选择、整理、评估、传递、创造和生产的能力。思想政治教育者不仅应当具备一般的信息掌控能力，而且还必须对信息保持高度的政治敏感性。思想政治教育者要熟悉网络信息传播的基本规律，把握网络舆情演变的规律，能够从海量的网络信息中发现和提炼思想政治教育资源，具备从网络交往信息中捕捉大学生思想动态，发现问题苗头能够及时有效地引导和处理的能力。思想政治教育者尤其要善于处理在大学生中流传的网络流言的问题。有调查显示，在2003—2011年被媒体公开报道的219起司法介入的造谣传谣案中，共提到91名涉案人员的职业，其中25%是大学生，占据最高比例。[①] 网络谣言借助网络技术所赋予的特点，能够在网络中引发巨大的"蝴蝶效应"。而大学生网络化的生存方式以及自身思想行为的年龄阶段性特征，使得网络谣言能够在大学生中迅速传播，大学生自觉或不自

---

① 周裕琼：《当代中国社会的网络谣言研究》，商务印书馆，2012，第248-250页。

觉地充当起网络谣言的传播者。这种现象必须引起思想政治教育者的重视。思想政治教育者要有高度的敏锐性，善于识别在大学生中流传的网络谣言，善于分析网络谣言的根基和发展脉络，采取有效措施控制网络谣言的蔓延。同时，思想政治教育者还要建立健全网络舆论引导机制，通过监控和分析网络舆论，有效把握大学生实时的思想动态，及时干预和处置具有负面影响的网络舆论，避免其影响蔓延和危害扩大，并以此为契机，对大学生进行针对性的答疑解惑，引导其形成正确的价值取向，培养其正确辨别、运用和传播网络信息的能力[①]。

（二）大学生网络交往能力的主要内容

根据实证调研分析，当前大学生需要培养的网络交往能力主要包括网络交往的信息辨识能力、网络交往的理性参与能力、网络交往的安全保护能力、网络交往的心理调节能力、网络交往的道德自律能力。

1. 网络交往的信息辨识能力

网络交往的信息辨识能力，是指大学生面对海量的网络信息，能够分辨其真伪和价值，筛选和甄别出自己所需要的信息的能力。本次实证调查结果显示，大学生在网络交往中的困扰，既有对网络交往中传播的信息以及交往对象的不信任问题，也有在海量信息中无从选择的信息焦虑问题。这些困扰实质反映了大学生对网络信息的辨识能力还有所欠缺。因此，教育者必须增强大学生在网络交往中的信息辨识能力。

2. 网络交往的理性参与能力

网络交往的理性参与能力，是指大学生在网络交往中能够与网络交往对象积极主动、平等和谐地对话交流，通过对问题的理性探讨达成共识，从而使网络交往双方都能共同进步的一种能力。本次实证调查结果显示，在1093名被访大学生中，将近50%的大学生在网络交往中扮演的角色是"静静聆听者"，积极发言者不到20%，讨论发起者不到10%。这表明大学生在网络交往中的参与积极性还不高。教育者应当增强大学生网络交往的理性参与能力，使大学生认识到网络交往是促进个人全面发展的一种有效途径，大学生应当主动地、合理地运用网络交往促进自身的全面发展。在网络交往中，大学生要努力学会耐心倾听和思考，以开放包容的心态对待多元的思想价值观念，在与他人平等的对话交流中发展自

---

① 黄静婧、梁彩花：《构建高校网络舆论引导机制》，《大学教育》2015年第1期。

身的质疑批判能力、公共推理能力、理性辩论能力，不断完善自身的认知和评价体系，与网络交往对象共同成长。

3.网络交往的安全保护能力

网络交往的安全保护能力，是指大学生能够对网络交往中潜在的威胁和伤害保持高度的警觉，并具备正确避开和处理伤害，使自身免受侵害和损失的能力。本次调查结果显示，绝大部分大学生对网络交往结成的关系和网络中传播的信息持理性分辨的态度，对于陌生人一般不会表露自己的真实身份，具有一定的自我安全保护能力。但仍有少部分大学生自我保护意识不强，警惕性不高，在网络交往中轻信他人，轻易表露自己的真实身份，这极易给网络犯罪分子可乘之机。大学生在网络交往中容易遇到的安全问题包括网络购物诈骗、网络交友诈骗、网络中奖诈骗、网络盗号诈骗等。比如，近年来网络贷款在大学生中迅速"走红"，一些不良的网贷平台通过虚假宣传和降低贷款门槛等手段，诱导大学生非理性消费，甚至导致"欠款跳楼""裸条借贷""暴力催收"等悲剧上演。高校要培养大学生勤俭节约和合理消费的行为习惯，开展校园网贷风险防范工作，增强大学生网络交往的安全保护能力。在访谈中，几所高校负责学生工作的辅导员和教师都表示，学校非常重视大学生网络安全教育工作。比如网贷安全教育工作，会通过线下的主题班会，线上的易班平台、校园微博话题帖、校园案例宣传等方式，来引导大学生学习网贷知识，最大限度地减少因网贷知识不足而上当受骗的大学生人数。在本次研究所关注的全国高校优秀微信公众号中发现，许多高校也都针对大学生网络安全问题发表了文章。

某高校微信公众号的一篇文章《宝宝不是你想骗，想骗就能骗！》，把电信诈骗的方式用生动形象的四格漫画来呈现，让学生选择选项来测试自己的"宝宝指数"。把得分 0～10 划分为三段，分别对应的是"幼稚园""小学生""18+的宝宝"，最后提出"骗子在升级，我们也要成长。不做'待宰的宝宝'！"，号召学生增强网络安全保护意识。从留言区可看出学生对这篇文章的反映较好。

4.网络交往的心理调节能力

网络交往的心理调节能力，是指大学生能够在网络交往中调适自身的情绪、思维、意志等心理因素，纠正错误的心理状态，形成有利于自身健康的心理状态的能力。本次实证调查结果显示，部分大学生在网络交往中不会进行正确的心理调节，沉溺于网络交往而忽视现实交往，有网络社交焦虑、网络交往成瘾、网络认知倦怠、网络自我认同危机的倾向和问题。因此，教育者必须增强大学生网络交往的心理调节能力。

在访谈中，Y老师指出："现在网络交往虽然便捷了人与人的交流，但是也疏远了人与人之间的关系。像我们老师的办公室在一楼，以前学生会上楼来跟老师面谈，现在就很少。只要微信交流能解决的事，学生连电话都懒得打。比如有些学生不愿意面对老师，怕老师批评，可能就会选择发微信或者短信的形式进行沟通。就我个人来说，我希望学生有什么事情都能直接来说。微信可以掩盖个人的情感，不能真实地表达出个人的想法和态度，也说不清楚事情。"由此可见，高校应该教育大学生正确运用网络交往，使网络交往成为人与人之间真情交融的有力工具。

5. 网络交往的道德自律能力

网络交往的道德自律能力，是指大学生在网络交往中能够自觉地遵守网络的伦理道德和法律规范，在没有人监管的情况下也能够规范自己网络交往行为的能力。本次实证调查结果显示，少部分大学生在网络交往中出现网络道德缺失和网络法律意识淡薄，出现了在网络交往中骂人、制造和传播网络谣言、侵犯他人知识产权、侵犯他人隐私等违背网络道德规范和法律法规的行为。因此，教育者要增强大学生网络交往的道德自律能力。

（三）增强思想政治教育者和受教育者网络交往能力的途径

增强思想政治教育者和受教育者网络交往能力的途径，包括教育培训、自我学习、制度保障三个方面。

1. 系统化的教育培训

高校要针对思想政治教育者教书育人的要求和大学生成长成才的要求，通过各种形式，有组织地分别对教育者和受教育者进行网络交往能力的培养和训练。通过设置相关的课程和教育培训，培养教育者和受教育者平等对话、相互理解、共建共享的网络交往意识，培养教育者和受教育者在网络交往中应具备的基本素质和能力。教育和培训需要根据学校教师和学生的实际情况，制订合理可行的培训计划，选择实用有效的培训内容，采用师生喜闻乐见的培训形式，配备责任心强、政治素养高、专业技术水平高的教师和专家，构建完整的培训体系，并且对培训后的结果进行跟踪反馈，不断在实践中总结经验教训，从而为今后的培训提供改进的依据。

2. 自我学习

思想政治教育者和受教育者都要自觉主动地进行学习，增强自身思想政治教育网络交往意识和网络交往能力。首先，教育者和受教育者都要根据社会发展的要求和自身发展的定位，对目前自身网络交往意识和能力存在的缺陷和不足有客观正确的认识，进而确定自身在网络交往素质方面的提升目标和计划。其次，教育者和受教育者都要树立终身学习和不怕困难的信念。这一点对于教育者来说尤为重要。网络技能是网络时代思想政治教育者应该掌握的一项重要的教育能力。网络技术日新月异，思想政治教育者的网络技能也必须与时俱进。思想政治教育者学习、掌握、熟练运用网络技能是一个长期的过程，尤其对于那些网络基础知识比较薄弱、年龄较长的教育者来说，这个过程需要花费大量的时间和精力。每当一个新的网络交往软件在大学生中普遍运用，思想政治教育者就必须重新开始学习新的网络技能。只有这样，思想政治教育者才能够运用网络交往平台广泛地了解大学生的思想动态，进行针对性的思想教育。在访谈中，很多思想政治教育者表示，运用网络交往平台进行思想政治理论课改革，或者开设个人微博、微信对大学生进行思想政治教育，是一项耗费大量时间和精力的工作，在精力有限的情况下，就没有积极主动地运用网络交往平台开展教育。这种情况需要思想政治教育者具有不怕吃苦、不畏困难、服务学生的改革奉献精神。只有坚持以大学生的成长成才为中心，思想政治教育者才能克服时间精力不足、网络技能基础薄弱等现实困难，充分发挥甘为人梯的奉献精神，不断学习和运用新的网络技能，提升网络交往能力。再次，教育者和受教育者要加强实践锻炼，通过网络交往中开展的丰富多彩的实践活动，进行教师和学生之间、教师和教师之间、学生和学生之间的相互交流和相互学习，在网络思想政治教育的实践过程中，不断学习、检验和增强自身的网络交往能力。

3. 制度保障

优秀的思想政治教育队伍不会自发形成，它的形成有赖于良好的激励制度和素质提升制度。在本次调查中，很多教师和辅导员表示，开通微博、微信账号和学生进行网络交往，这些都是教师个人的行为，学校没有强制要求，也没有相关的政策鼓励。因此，很多教师认为平时工作已经比较繁重，不会主动和学生进行网络交往。鉴于这种状况，高校应当探索网络交往背景下大学生思想政治教育的工作制度，通过相应的政策肯定和鼓励教育者运用网络交往进行思想政治教育，通过系统的网络思想政治教育工作业绩考核体系、评优评奖标准、选拔提任标准、竞争激励标准、宣传报道先进典型等来营造良好的氛围，激励广大思想政治教育工作者勤于和善于运用网络交往平台来开展大学生思想政治教育工作，提高思想政治教育的实效性。

受教育者网络交往能力的增强也需要相关的制度保障。针对大学生在网络交往中思想活动的自主性、多变性和差异性日益增强的现状，为了应对网络舆论复杂的形势，用主流意识形态文化和正确的价值导向占领高校网络阵地，高校必须重视网络舆论引导方面的制度建设，包括网络舆论引导的领导机制、监测预警机制、干预引导机制、网络舆论引导的反馈机制、网络舆论引导的内驱机制等相关机制。① 此外，高校吸收大学生参与网络思想政治教育交往平台的建设工作，也应该制定相关的激励制度、竞争制度、管理制度、保障制度、工作效果评估制度等，以此来培养大学生的主体感和责任感，激发大学生的创新活力，规范大学生的行为。

三、培养"红色网络意见领袖"

调查显示，大学生面对网络交往中的海量信息，会不同程度地出现对信息的价值迷茫和价值困扰。在这种情况下，"红色网络意见领袖"可以引导大学生正确地取舍和利用网络信息来促进自身的全面发展，防止大学生被不良思想蒙蔽和侵害。因此，培养"红色网络意见领袖"是网络交往视域中的大学生思想政治教育主客体建设的关键。

（一）"红色网络意见领袖"的内涵和作用

1. "红色网络意见领袖"的内涵

意见领袖理论起源于拉扎斯菲尔德和伊莱休·卡茨的两级传播论。"意见领袖"，是指在人际传播中充当传播中介的"活跃分子"，这些"活跃分子"会经

---

① 黄静婧、梁彩花：《构建高校网络舆论引导机制》，《大学教育》2015年第1期。

常给受众提供信息或者施加影响,具有加速信息传播和扩大信息传播影响的作用。在"意见领袖"的信息传播模式中,信息不是从传播者直接到达受众,而是经历传播者—"意见领袖"—受众的过程,所以是"两级传播"。"网络意见领袖"一般是在网络中威望较高,文字功底好,分析问题深刻精辟,能够让广大网友信服并且采纳其观点的人。所谓"红色网络意见领袖",是指在网络信息传播中能够弘扬和维护社会主流意识形态的"网络意见领袖"。

2."红色网络意见领袖"的作用

在网络中,"意见领袖"的影响力很大,有时甚至能够主导网络舆论传播的走向。"意见领袖"的言论如果能够坚持社会主义核心价值观的正确方向,就能把网民的舆论引领到积极且正确的方向上。反之,"意见领袖"如果在网上制造和传播谣言,很容易引起社会混乱,对社会的安定团结造成威胁。习近平总书记强调,"宣传思想工作必须坚持巩固壮大主流思想舆论,必须牢牢把握正确舆论导向"。"红色网络意见领袖"在引领正确的网络舆论导向上有着举足轻重的作用。引领正确的网络舆论导向,有助于保证网络交往环境的风清气正,保障党和国家的安定团结,强化主流意识形态在网络中的话语权。"红色网络意见领袖"可以及时地为广大网民(尤其是大学生网民)答疑解惑,解决各种在网络交往中出现的价值困惑和价值迷茫问题,并对广大网民的错误思想及时进行引导和纠正,帮助广大网民形成正确的思想价值观念。

(二)培养"红色网络意见领袖"的途径

1.思想政治教育者要努力把自身锻造为"红色网络意见领袖"

思想政治教育者应当积极主动地在网络中担任"红色网络意见领袖"的角色。思想政治教育者要以高尚的人格魅力、深厚的理论功底、高超的网络技术水平、亲切的交谈方式、精辟的文字分析、"接地气"的语言风格征服大学生,使大学生在潜移默化中接受思想政治教育话语。[①]在本次研究所关注的全国高校优秀微信公众号中发现,有一些辅导员作为"红色网络意见领袖"在官方微信中开辟专栏,例如"××导有话说""××碎碎念"等,通过推送原创文章、分享哲理小故事和播放辅导员录制的60秒语音等方式,围绕大学生的思想、学习和生活,对大学生进行教育和引导,深受大学生的喜爱。

---

① 黄静婧:《微传播时代思想政治教育话语权的重塑》,《教育评论》2015年第6期。

在访谈中，针对"在易班中，有没有一些成为'网络达人'的学生或者老师？"的问题，负责易班工作的 Z 老师说："有。L 老师从 2014 年 8 月至今担任辅导员，同年 10 月开始负责易班的建设工作。在易班微社区对校内大型活动进行报道，所发话题帖数量达 223 篇，多次登上易班'今日头条'。他利用易班平台，推广了一系列线下活动，如新闻传播学院开放式读书教学活动，以'从习近平总书记讲话中理解新闻舆论''马克思主义新闻观'等为主题的诵读活动。此外，L 老师还发布了'纪念红军长征胜利 80 周年'、'读书好声音'演讲比赛、'两学一做——深度解读'等共计 20 个轻应用。参与人数众多，为丰富学生校园生活、开展党员精神文化建设提供了良好的平台。他被评为 2016 年全国易班优秀辅导员。"L 老师就是一个典型的"红色网络意见领袖"。

2. 思想政治教育者要有意识地把大学生培养为"红色网络意见领袖"

思想政治教育者要充分发挥受教育者的主观能动性，可以让有能力的受教育者参与、协助网络思想政治教育工作。例如，负责网络思想政治教育网站和网页的建立、更新、管理，进行网络信息的监控、引导，担任栏目主管、版块版主等。要让受教育者在实践中进一步内化思想意识，实现自我教育，提升更多网民和网络群体的思想政治水平和网络素质。本次访谈的几所高校基本都组建了大学生网络宣传员队伍，并邀请新浪、猫扑等网络企业对其进行培训，使这些大学生网络宣传员能够熟练掌握网络技术，在网络中发出正面的声音，引导正面的网络舆论。对在网络中比较活跃、支持国家主流意识形态的有一定影响力的大学生，教育者要善于挖掘和培养其成为"红色网络意见领袖"，增强其坚定的政治意识和责任意识，使其在网络中发表维护国家和人民利益的正确的言论；要夯实其理论功底，使其在网络中发表的言论更有信服力；要增强其文字表达能力，使其在网络中发表的言论更具有感召力。在本次调查中发现，文史类学生在网络交往中较为活跃，教育者可以从中挑选能人进行重点培养。

3. 挖掘和培养现实生活中的公众人物成为"红色网络意见领袖"

思想政治教育者可以鼓励现实生活中具有较高社会地位的知名专家学者、成功人士、政府官员等进入网络，运用自身的知识储备、人格魅力、信息资源等发表主流意识形态的言论，成为"红色网络意见领袖"。对于在现实生活中有较大影响力的公众人物，国家和相关部门要加强引导和监督其在网络上的言论，注意观察其动态，了解其真实的诉求和想法，对其价值观进行正确引导，使其及时准确地了解党和国家的方针政策，提高其思想政治水平，鼓励其在网络中宣传和弘扬社会主义核心价值观，给网民树立正确的舆论导向；同时也要防止其被不法分子利用，在网络上制造和散布反社会和反主流意识形态的言论。

四、依托网络交往实现大学生思想政治教育的全员育人

把高校、社会、家庭、大学生都纳入大学生思想政治教育的教育主体范畴，形成教育合力，实现全员育人。这是破解网络交往中大学生思想政治教育困境的现实要求和必要途径。

（一）大学生思想政治教育全员育人的内涵

大学生思想政治教育全员育人，是指大学生思想政治教育不仅是高校专职思想政治教育者的工作和职责，也是高校教学、科研、管理、后勤服务等各岗位的重要任务，还是全社会和家庭的共同责任，同时要充分调动大学生自我教育的积极性。高校、家庭、全社会成员以及大学生自身都应该发挥各自在思想政治教育中的特点和优势，关心和参与大学生思想政治教育，并相互配合，从不同角度和不同层面对大学生思想政治素质的提升发挥育人功能。全员育人的实施主体，也就是大学生思想政治教育者，有广义和狭义两种划分。广义的全员育人的实施主体，包含高校全体教师和工作人员、家庭、社会、大学生自身。狭义的全员育人的实施主体，一般指高校专职的思想政治教育人员、高校专业教师、高校管理人员、高校后勤服务人员。通常讲的"大学生思想政治教育全员育人"是取狭义的划分，在此取广义的划分，因为所研究的大学生思想政治教育是在网络交往的视域中进行。网络交往视域中的大学生思想政治教育是一种开放的教育形态，不是只局限于高校自身的封闭的教育形态。大学生除了受到高校思想政治教育者的教育影响，还受到网络、社会、家庭、同辈群体中出现的多元化思想的影响。因此，除狭义的几种高校思想政治教育者外，社会、家庭、大学生自身都应该纳入网络交往视域中的大学生思想政治教育全员育人的实施主体的范围。

（二）大学生思想政治教育全员育人的依据

1.理论依据：系统理论

系统是相互作用的诸要素所构成的整体。[①]"系统论认为，整体性，层次性，开放性，目的性，稳定性，突变性，自组织性和相似性等是所有系统的共同的基本特征。"[②] 系统思维是一种从整体出发看问题的思维方式，它把事物看作由部分组成的整体，但不是各部分的简单相加，而是整体大于部分之和的复杂的有机体。系统内部各要素之间、内部与外部之间、系统与系统之间都是相互联系的，即一事物与其他事物之间都是相互联系和相互影响的关系。大学生思想政治教育的全员育人观念，是运用系统思维的分析方法，把大学生思想政治教育看成一个系统，这个系统与周围的事物又构成一个更大的系统。大学生思想政治教育的效果既与大学生思想政治教育内部的各要素有关，也与大学生思想政治教育周围的事物有关。因此，优化大学生思想政治教育必须优化系统内外各要素，使各要素相互协调，朝着积极的方向共同发挥作用，形成合力育人。

2.实践依据：破解网络交往中大学生思想政治教育困境的现实要求

实现大学生思想政治教育全员育人，既是应对网络交往对大学生思想政治教育提出的挑战，也是解决思想政治教育网络交往平台运用中存在问题的要求。具体来说，大学生思想政治教育全员育人是解决以下问题的需要。

（1）解决网络交往中教育者权威弱化的需要。在网络时代，大学生获取信息资源的途径多样化，他们可以通过网络交往随时随地与专家学者、社会名流、网络好友、亲戚等进行互动交流和问题探讨。高校的教育者不再是大学生心中唯一的权威。本次实证调查结果也显示，大学生在网络交往中一般相信的信息源的排名中，政府官员的说法和主流媒体的说法并列第一，网络公众人物的言论位居第二，教师的说法只排于第三位。在被访的1093名大学生中，只有35.1%的大学生在网络交往中相信教师的说法。这说明在网络交往中教育者权威地位在下降。这种情况下，要培养大学生正确的思想价值观念，单靠高校教师的力量显然不够，而且信服力不强。如果大学生信任的政府官员、主流媒体、网络公众人物能够成

---

① 李秀林、王于、李淮春主编《辩证唯物主义和历史唯物主义原理》，中国人民大学出版社，1995，第226页。
② 范小凤：《论新时期高校"三全育人"德育模式及其运作机制》，华东师范大学硕士论文，2011。

为思想政治教育全员育人的教育主体,并和高校的思想政治教育者形成教育合力,必将有效地解决教育者权威弱化的问题,提高思想政治教育的实效性。

（2）把握网络交往中受教育者复杂化的思想状况的需要。在网络交往中,大学生受多元的网络交往对象的影响,思想表现为复杂化;大学生借助网络交往的匿名性和角色的自主建构性,可以在网络中呈现多种角色,真实角色和虚拟角色相互交织,身份表现为复杂化;大学生借助网络交往工具的功能自主设定"上线""隐身""离线"等多种状态,状态表现为复杂化。网络交往中大学生的思想复杂化、身份复杂化和状态复杂化使思想政治教育者的教育难度增加,思想政治教育者很难把握大学生真实的思想状态,进而开展针对性的教育。本次实证调查结果显示,大学生网络交往对象排序前三位的分别是同学（84.1%）、现实中的朋友（64.9%）、亲戚（49.2%）。大学生在熟悉的人群（即同学、现实中的朋友、亲戚）中常常会表露自己的真实想法和状态。大学生的同学、朋友、亲戚成为思想政治教育全员育人的教育主体,将会有助于及时、准确和全面地把握大学生真实的思想状态。

（3）解决思想政治教育网络交往平台建设主体力量薄弱问题的需要。当前高校思想政治教育网络交往平台存在着建设主体力量薄弱的问题。高校思想政治教育网络交往平台的建设力量主要是大学生和为数不多的几位指导教师,高校中的其他教师和工作人员很少参与校园网络交往平台的建设。这种状况制约了思想政治教育网络交往平台内容的深度和广度以及技术开发、功能拓展等。思想政治教育全员育人能够集合校内和校外各种优势资源和力量,共同强化高校思想政治教育网络交往平台建设的主体力量。校内的专业课教师、管理者、后勤服务者,校外的政府官员、专家学者、社会名流、网络名人、网络企业的技术人员等都可以纳入思想政治教育网络交往平台建设的主体,这样就能极大地增强思想政治教育网络交往平台的建设力量。

（三）大学生思想政治教育全员育人的实现

大学生思想政治教育全员育人的实现,应该围绕育人主体进行具体的构建。高校、社会、家庭、大学生都是思想政治教育的主体,这四者要紧密结合起来,共同组成思想政治教育的育人队伍,形成教育合力,实现大学生思想政治教育的全员育人。而网络交往为实现大学生思想政治教育全员育人提供了条件。

1. 高校

高校是大学生系统地接受思想政治教育的最主要场所。中共教育部党组印发的《高校思想政治工作质量提升工程实施纲要》指出，充分发挥课程、科研、实践、文化、网络、心理、管理、服务、资助、组织等方面工作的育人功能，挖掘育人要素，完善育人机制，优化评价激励，强化实施保障，切实构建"十大"育人体系。在此意见的指导下，高校的专职思想政治教育者、专业课教师、科研人员、管理人员、后勤服务人员等应该积极主动地参与大学生思想政治教育，充分利用学校和社会的各种平台和途径。专职的思想政治教育工作者，包括团委部门人员、辅导员、班主任、思想政治理论课教师，要有目的、有计划、有组织地向大学生普及网络道德规则和网络法律法规，对大学生进行信息素养教育，通过组织丰富多彩的网络主题活动和线下社会实践来开展思想政治教育，引导大学生正确取舍、利用并创造和谐的网络交往关系来促进自身的全面发展，指导大学生在网络多元文化中维护好国家安全和坚持民族文化特性；通过网络交往平台把握大学生的思想动态，引导大学生树立正确的世界观、人生观和价值观。专业课教师除了从事日常的教育、教学和科研工作，还要主动通过网络交往平台了解和引导学生，不仅要向学生传授专业知识，更要注重提高学生的思想政治素质，真正做到教书育人。学校的行政管理人员和后勤服务人员要在管理和服务的过程中，为大学生办实事、办好事，使大学生在优质的服务和管理中受到感染和教育，要通过规范便捷的网络交往平台与大学生进行沟通交流，解决大学生的所需所求。高校的思想政治教育者要以身作则，以人格魅力和榜样示范影响教育大学生。此外，高校还要健全校园管理的各项规章制度，营造优秀的教风和学风，培育健康向上的校园文化，通过线上线下、有形无形的文化氛围和丰富多彩的实践活动，陶冶大学生的情操，锻炼大学生的意志，塑造大学生的人格，培养大学生的才能，让大学生潜移默化地接受教育。

本次研究所关注的全国高校优秀网站和优秀微信公众号就体现了高校思想政治教育的全员育人理念，是高校思想政治教育全员育人的结晶。这些高校优秀网站和优秀微信公众号基本上汇集了全校各职能部门的力量，为大学生开展新闻宣传、思想教育、信息交流、科研服务、成果展示、校园文化活动等提供帮助，突出集思想性、专业性、互动性、服务性，融文字、图片、音频、视频等为一体，使大学生从录取报到、入学适应、课堂学习、校园活动、社会实践到实习就业都能够享受网上校园的服务，高校从而实现了寓教于乐、寓教于美、服务育人、文化育人和管理育人。比如大学生普遍关注的学习生活信息：学习中的校历、学费、勤工俭学岗位、奖学金要求、学术报告、自习空教室查询、成绩查询等信息，生活中的宿舍维修、购电、校医院、住宿费、学生证使用、校园卡充值、校车运营等信息，都能够在校园网站或微信公众号中通过一目了然的网页导航或者"关键词回复"等途径快速地获得。

在访谈中，S老师说："我们学校团委的微信公众号会和学校各职能部门联合，包括后勤、教务、保卫、财务等。因为这些部门可能不会直接面对学生，那部门和学生之间就可以通过微信平台进行沟通，为大学生提供有温度的'微服务'。比如，我们和后勤基建处合作推出的'食堂后厨的秘密'栏目。我们会去学校食堂的厨房拍视频，通过微信向同学们揭秘食堂后厨。同时，我们线下结合'品尝明星菜'的活动，就是学校的每个食堂都会推出一两款菜，让同学们去品尝和投票，然后评出'十大明星菜'。再比如，部分大学生会有一个欠缴学费的问题。同学们会有很多疑问，到了期末为什么要补交这个学费？我应该补多少？怎么补？……这些问题同学们非常关心，而他们不可能都去财务处问，财务处也不可能一一回答。这时候，我们就会针对这些问题，对财务处处长做一个专访，然后把这些问题在公众号上一一列出来，该怎么做，为什么这样做。把这样的信息一推送，同学们的反响很强烈，他们一看，'哦，原来是这样！'"

J老师说："我们学校的微信公众号开发了方便快捷的师生互动平台，可以实现老师在手机移动端和PC端随时发布通知消息并对消息接收情况和回复情况进行统计。老师和学生都可以在微信版面进行微信交流或者直接的电话联系，系统直接生成老师和学生的联系方式，弥补了师生缺乏彼此联系方式、联系号码维护难、师生交流成本高等现实缺陷。"

2. 社会

社会也是大学生思想政治教育的教育主体。社会履行大学生思想政治教育职能的具体做法包括：政府在社会管理中完善网络道德规范和加大网络立法与执法的力度，加强网络技术创新和攻关，通过技术手段调控网民的违法违规行为。政府相关部门加强对网站、网络社区、网吧的监督和管理，对遵守网络道德规范和网络法律法规的行为给予奖励和树立榜样，对违反网络道德规范和网络法律法规的行为依照法律和相关规定进行惩处，形成人人自觉维护与遵守网络道德规范和网络法律法规的良好社会风气。社会各界包括传统传媒和网络传媒、网络运营商、网络"大V"、公众人物等，一方面应该自觉学习和遵守网络道德规范和网络法律法规，强化网络道德意识和网络道德责任，在网络中发表和传播积极健康的信息，共同维护和构建一个健康向上的网络环境；另一方面应该加强与高校协作，共建高校网络思想政治教育网络交往平台，为高校网络思想政治教育提供丰富的信息资源、技术资源和人力资源。同时，社会中相关的部门和社区应该积极地为大学生提供社会实践的场所，让大学生在丰富多彩的社会实践中锻造服务社会的本领，学习与他人建立友好合作的关系，养成关爱他人的良好品质，逐渐解决因为网络交往带来的社交焦虑、认知倦怠、自我认同危机、价值错位、道德情感冷漠等问题。

3. 家庭

家庭是个人出生后的第一所学校，家长是孩子的第一任老师，家长的思想素质和行为规范对孩子的思想品德的形成和发展有着深刻而持久的影响，家庭对孩子的思想政治教育也非常重要。根据问卷调查结果分析，大学生网络交往根植于现实交往，大学生网络交往对象排序第三位的是亲戚，这说明虽然大学生进入大学后远离家庭，但是大学生仍然与家庭成员保持着密切的联系，家庭成员对大学生的影响作用依旧重要。因此，家长应该担负起科学引导孩子正确进行网络交往的思想政治教育职责，关心孩子上网的时间、频率、网络交往的对象、网络交往的内容以及在网络交往中的安全保护问题。高校大学生大多是"00后"，他们的家长基本是"70后"，平时亲子之间的沟通通常使用QQ、微信等方式。家长应努力运用孩子喜爱的网络交往工具平等地与孩子交流，倾听孩子的心声，为孩子排忧解难。在网络技术的运用和掌握方面，家长多数不如孩子，家长要积极主动地向孩子学习网络的相关知识，和孩子共同学习成长，这有利于形成和谐的亲子关系，对于塑造孩子良好的思想道德品质也有积极的影响。家长和学校还应该运用网络交往工具加强家校联系，使家庭教育和学校教育有机结合。此外，为了增强家长运用网络交往工具与孩子及学校沟通的能力，社会和学校应整合相关力量，为家长开办诸如"家长学校"的网络交往技能培训机构，提高家长的信息素养。华中师范大学的辅导员徐芬，8年来用微博、家委会微信群、QQ群等网络交往平台和家长"联手"做学生的思想政治教育工作。她不仅每天推送学生在校的各类信息，让家长及时了解孩子的情况，还定期在线上开办"家长空中课堂"，邀请家庭教育成绩突出的家长在线分享。家长们也可以利用该平台交流经验。这一举措受到家长的热捧，有效地实现了亲子、家校之间的沟通联系。这就是一个家校联合育人的好例子[①]。

在本次研究所关注的获评"全国高校优秀网络栏目"的微信公众号中，也有特邀学生家长发出推文进行思想政治教育的，例如一位家长的文章《写给即将上大学的儿子》，内容是和儿子在临行前探讨关于在大学期间的时间、锻炼、学习、处世、爱情、安全六个问题，以此来代表所有家长表达对儿女的期望和要求。文章无论是在校学生还是家长读后都反响强烈。

在访谈中，负责易班的 Z 老师也介绍了该校易班平台在加强家校联系上的新举措："我们易班最近推出的请假功能，若学生请假离校，会有短信通知其父母，这样就能使家长和学校一起监督学生，保障学生的安全，也能够防止学生逃课去做别的事情。"

4. 大学生

唯物辩证法认为，外因通过内因起作用。学校、家庭、社会的教育都属于外因，这些外因只有通过大学生自身的内化和外化才能真正成为大学生的思想政治教育品质和行为习惯。因此，只有包含了大学生自我教育的教育才能称得上真正的教育。从这个意义上说，大学生是最重要的思想政治教育主体。

（1）自我教育的内涵和作用。自我教育是指受教育者自己教育自己，即通过自我学习、自我修养、自我反省、自我批评、自我改造等方式，主动提高自身的思想道德修养水平和自觉纠正自己错误思想言行的实践活动。自我教育有利于充分发挥受教育者的主观能动性，有利于增强受教育者的自身免疫力，加强受教育者自我发现问题、分析问题和解决问题的能力，即使在独处的情况下也能够做到"慎独"。网络交往是一种虚拟、匿名、开放、个性化的交往方式，传统的舆论监督和评价在网络交往中难以实现，传统的道德约束在网络交往中难以奏效，在这种情况下，大学生的自我教育就成为网络交往背景中思想政治教育实现的最根本途径。

（2）网络交往视域中的大学生自我教育的基本要求。第一，高校教育者要

---

① 余梅、王小占：《博士辅导员 8 年 3200 封家书》，荆楚网，http：//edu.cnhubei.com/xwtt/tt/201603/t20160315_96432.s html。

引导大学生明确在网络交往中自我教育的目标和要求，充分调动大学生自我教育的积极性，善于激发大学生自我教育的动机，帮助大学生树立正确的网络道德理想。第二，高校、家庭和社会要协调教育资源和教育力量，为大学生营造良好的自我教育环境，在线上和线下都要有意识地组织丰富多彩的实践活动，让大学生在实践活动中增强自我监督、自我约束、自我反思、自我控制等能力。第三，要坚持个体自我教育和群体自我教育相结合。自我教育分为个体自我教育和群体自我教育两种类型。一方面，要发挥大学生的现实集体和网络交往群体的内部成员互帮互教对大学生个体的教育影响作用。在大学生的现实集体和网络交往群体中，群体成员相互交流思想观点，获得知识经验和习得社会行为规范。这实质是一种群体性自我教育的表现。大学生思想政治教育要充分发挥这种群体性自我教育的功能，激发受教育者自我教育的主动性和自觉性，巩固思想政治教育的效果，扩大思想政治教育的影响力和覆盖面。具体可以开展网络主题讨论、网络主题辩论、网络传递正能量活动、现实参观访问、现实社会服务等。另一方面，要发挥大学生个体自我教育对群体自我教育的积极影响作用，如大学生通过自我教育把自身培养成为"红色网络意见领袖"，进而在大学生网络群体中进行正面的舆论引导和榜样示范，潜移默化地感染和教育网络群体成员，提高网络群体成员的思想政治水平，从而达到"教是为了不教"。

（3）网络交往视域中的大学生自我教育的具体做法。

第一，选拔和培养大学生成为思想政治教育网络交往平台的建设主体。大学生成为高校思想政治教育网络交往平台的建设主体，既能够准确地把握自身的真实需求，又能够在实践过程中实现自我教育能力的增长。本次对大学生进行问卷调查和访谈的结果表明，绝大多数大学生喜欢和与自己兴趣爱好相同、价值观相同的同龄群体进行网络交往，这说明大学生喜好的东西有一定的趋同性。而只有大学生自己才知道作为学生最需要什么，最想看什么。因此，让大学生成为思想政治教育网络交往平台的建设主体，能够提供真正符合大学生需要的内容。从本次访谈的几所高校来看，高校思想政治教育微博、微信、易班、主题网站等网络交往平台的具体运营工作普遍由大学生负责，教师在其中起把握方向和指导作用。大学生成立自己的工作团队，设有记者部、摄影部、宣传部、设计部、编辑部等部门协同开展工作。网络交往平台上每篇文章、每个活动的推出，从选题、采访、拍摄、撰写、编辑到推送等一系列环节的工作都是由大学生来完成。大学生运营思想政治教育网络交往平台，他们自己首先要认可和接受思想政治教育的内容，才能把这些教育信息推送出去。大学生认可、接受和推送思想政治教育内容的过程，实际上就是一个个体自我教育的过程。大学生在选择、编辑和推送思想政治教育信息的过程中必然会有相互讨论和相互协作，这又是一个群体自我教育的过程。负责思想政治教育网络交往平台的大学生可以看作是"红色网络意见领袖"，他们把思想政治教育信息推送给更多的学生，这是大学生个体自我教育对群体自我教育推动和促进的表现。大学生在浏览完相关的推文后，在留言板进行留言、评论和点赞的过程，又是大学生群体自我教育的过程。也就是说，大学生实质上是利用微博、微信、易班等喜闻乐见的网络交往平台，用自己的话语体系，选取自己感兴趣的内容，自己做自己的思想政治教育。这就是一种大学生的自我教育，而且是能够长期做下去并对大学生真正产生教育效果的方式。

第二，在思想政治教育网络交往平台上给大学生树立榜样。发挥师德楷模、名师大家、学术带头人等的示范引领作用，发挥同辈群体中优秀分子的带头作用，也是促使大学生自我教育的好方法。从本次研究所关注的全国高校优秀网站和优秀网络栏目，以及对高校教师实地访谈的结果来看，高校在校园官网和官方微信中普遍都会开辟一个人物专栏，挖掘各类优秀师生榜样，宣传先进典型事迹，传播校园正能量。这些榜样来源于大学生身边的人物，具有真实性和可信性；这些榜样既有无私奉献、严谨治学的好教师，也有科研成绩突出的名师大家，还有品学兼优、全面发展的优秀学生，以及在事业中取得骄人成绩的成功校友等，具有层次性和代表性；这些榜样都是经过自身主观努力奋斗才取得了今天的优异成就，具有可学习性。这些优秀的师生榜样，使大学生见贤思齐，不断完善自身。

在访谈中，C老师说："我们的微信公众号会通过'微人物'来给学生立标杆。这些'微人物'既有在学校教学一线工作的教授和普通老师，也有青年学生。学校每年都会评'我心目中的好老师'，我们会选取其中一两个作为代表进行采访。同时，我们也会对学校一些院士级别的高端人才做一些专访。这样让同学们拿起手机看微信，就会感觉'呀，我们学校还有这么厉害的人物！'。这些优秀人物今天能有如此光辉的成就，他的学习、工作和家庭状况是怎样的？同学们会很好奇，就会去点击阅读，读后感悟也很多，很多学生开始立志成为像老师那样的人。在学生榜样方面，我们写过'学霸情侣'。这对'学霸情侣'被分别保送到北京大学和北京外国语大学。'学霸情侣'一经推出，在大学生中乃至整个社会的反响都很大。我们就通过'学霸情侣'来告诉同学们，谈恋爱是为了双方的共同成长和进步！"

第三，鼓励大学生在思想政治教育网络交往平台上交流互动。大学生阅读和浏览思想政治教育网络交往平台上的内容，参与平台上的讨论活动，在平台上留言和评论，都属于大学生在网络交往中自我教育的重要形式。思想政治教育网络交往平台（包括官方微信、微博、易班、思想政治教育课程网站等）一般都设置有留言板块和讨论专区，会不定时地推出一些大学生感兴趣的讨论话题。大学生浏览和阅读完思想政治教育网络交往平台上的文章，能够在留言区发表看法，这实质上已经完成了大学生的自我教育。具体来说，大学生浏览和阅读思想政治教育网络交往平台的内容，这属于自我学习；大学生写下留言和评论，说明大学生在阅读文章的过程中经过了自我反省、自我批评和自我总结；大学生在留言区和讨论区对其他同学的评论进行点赞或者发表自己的意见和看法，这实质上是大学生在网络交往中互帮互教的群体自我教育过程。因此，思想政治教育者应当鼓励大学生经常浏览思想政治教育网络交往平台上的内容，参与思想政治教育网络交往平台上的讨论活动，在留言区和讨论区表达自身的真实想法，分享自己的收获和感受，积极与其他同学互动和交流，从而实现大学生的个体自我教育和群体自我教育。

第六章

网络交往视域大学生思想政治教育内容和方法的发展创新

网络交往视域中的大学生思想政治教育内容和方法的发展创新，既要以网络时代对大学生思想政治教育的目的和任务为客观依据，又要以大学生在网络交往中的思想品德状况为现实依据；既要充分利用网络交往给大学生思想政治教育带来的发展机遇，又要改革和创新教育内容和方式来应对网络交往对大学生思想政治教育提出的挑战。

一、网络交往视域大学生思想政治教育内容的发展创新

网络交往视域中的大学生思想政治教育内容的发展创新，需要契合网络交往这个特殊又复杂的环境，通过拓展大学生思想政治教育的内容，巩固和完善主流意识形态在网络交往中的引领作用，解决大学生在网络交往中遇到的各种思想困惑和思想问题。

（一）大学生思想政治教育内容发展创新的基本要求

1.巩固和完善主流意识形态的引领作用

网络交往对大学生思想政治教育内容造成的突出挑战之一，就是网络交往中多元化的海量碎片信息冲击国家的主流意识形态。在网络交往环境中，网络信息自由流动，信息把关难以实现，多元的思想价值观念相互交流、交融、交锋。网络交往环境成为意识形态交锋的主要阵地、社会情绪的发泄口和网络谣言的滋生蔓延地。在如此复杂的环境中，世界观、人生观和价值观尚未完全成熟的大学生很容易产生价值迷茫和价值困惑，也很容易受到蓄意"西化"和"分化"中国的敌对分子的欺骗和侵害，导致他们在思想上偏离国家的主流意识形态，在行为上做出有损国家和人民利益的事情。此外，大学生在网络交往中使用超媒体方式来组织和呈现信息，所获得的信息是"碎片化"的表现形式，这样的信息很容易弱化大学生的价值判断。大学生在网络交往中表现出的感性化价值观念，会让他们对宏大叙事的主流意识形态教育内容产生反感。可以说，复杂的网络交往环境改变了大学生对主流意识形态的认识和接受程度。网络交往视域中的大学生思想政治教育的内容建设必须应对以上挑战，巩固和完善主流意识形态在大学生思想上的引领作用。

2. 密切关注大学生的思想困惑和问题

网络交往视域中的大学生思想政治教育的内容必须密切关注大学生在网络交往中遇到的各种思想困惑和思想问题，旨在帮助大学生解决问题。只有这样的教育内容，才能真正符合大学生的实际需求。根据实证调研分析，大学生在网络交往中遇到的困惑和问题主要有以下几个方面：一是不能正确地运用网络交往，一些大学生沉溺于网络交往，不能正确认识网络交往与现实交往的关系，有网络成瘾的倾向，不能合理地运用网络交往发展自我。二是网络交往中的道德失范问题和网络犯罪问题，一些大学生不知道在网络交往中应该遵循哪些法律法规和道德规范，是否需要负法律责任。三是网络交往中的信息焦虑问题，一些大学生面对海量的网络信息无从选择，面对网络交往中多元的思想价值观念出现价值困惑的问题。尤其是一些社会热点和焦点问题在网络中常常会引起网友们激烈的争论，大学生在面对不同的观点时常常会产生迷茫。四是一些大学生在网络交往中做出损害国家和民族利益的事情，很多大学生的安全防范意识不强、信息辨别能力较差，在不知情的情况下做出了卖国的行为。五是一些大学生在网络交往中受到伤害和欺骗的问题。

网络交往视域中的大学生思想政治教育的内容应该密切关注以上问题，有针对性地科学地设置包括网络世界观教育、网络人生观教育、网络价值观教育、网络信息选择教育、网络法律法规教育、网络道德教育、网络爱国主义教育、网络安全防范教育等内容，并且用科学的世界观和方法论对大学生在网络交往中遇到的社会热点焦点问题进行及时分析，引导大学生正确地看待社会中的各类问题。

3. 注意教育内容的差异性和层次性

大学生由于受先天遗传、家庭环境、成长教育、社会环境等多种因素的影响，在性格特征、能力素养和思想价值观念等方面会有差异。本次调研显示，不同性别、年级、专业、家庭经济状况的大学生在网络交往中的思想行为有显著差异。网络交往中的思想政治教育内容的设置要关注不同层级、不同类别大学生群体的特点和需求，体现差异性和层次性，从而提高教育的有效性。

本次调研发现，女大学生用于网络交往的时间较多，在网络上受到欺骗的概率也更大。因此，对女大学生，思想政治教育者应加强关心和安全防范教育；针对男大学生在网络交往中更爱彰显自我和传播一些负面信息的状况，思想政治教育者应对男大学生加强网络道德教育。艺体类、文史类学生相对于农林类、医药类学生的学业压力较轻，空余时间更多，因此他们有条件每天在网络交往上花费更多时间。思想政治教育者一方面要引导艺体类、文史类学生正确处理网络交往和现实交往的关系，鼓励他们充分利用网络交往的有利条件发展自身，避免沉溺于网络交往而带来危害；另一方面也要鼓励他们走出网络，多在现实的实践活动中结朋交友和增长才干。文史类学生大多喜欢对各种现象发表看法，因此在网络交往中是"积极发言者"角色的人数也偏多。针对文史类学生的这种特点，思想政治教育者应创设宽松自由的网络交往平台，使其畅所欲言，教育者从而能够及时准确地把握学生的思想动态并进行教育引导。同时，思想政治教育者还可以重点培养文史类学生为"红色网络意见领袖"，让他们成为营造健康向上的校园网络舆论氛围的主力军。对于社会经验不足的大一和大二学生，要特别加强网络安全教育，提醒他们在网络交往中保护自身的合法权益，维护国家的网络安全；对于经常运用网络交往获取求职信息的毕业生，要引导其正确筛选网络中的信息，增强明辨是非的能力，同时要加强对其职业发展及未来规划的指导。对于经济一般或困难的大学生，思想政治教育者要引导他们学会正确地自我评价，坦然接受现实中的自我，避免沉溺于网络交往中的虚拟角色而迷失真实的自我，产生无法认清现实自我和网络自我的社会化问题。思想政治教育者要帮助经济一般或困难的大学生调适心理，引导他们从充实和发展自身各项技能中增强自信，防止产生单纯依赖网络交往来摆脱现实的自卑感，从而导致他们更加疏远现实交往关系等不良后果。对于部分经济富裕的大学生存在的在网络交往中放纵自我的情况，思想政治教育者要对其加强网络道德教育。

值得注意的是，大学生的思想状况是不断发展变化的，不同时期、不同地域、不同学校的大学生具有不同的特点，思想政治教育者应当有计划地通过实证调研掌握大学生不断变化的思想实际，实事求是地制定出有差异性和层次性的教育内容。

（二）网络交往视域大学生思想政治教育的新内容

大学生思想政治教育的内容要随着形势的变化不断地更新，才能保证思想政治教育任务的完成。网络交往中大学生呈现出新的思想品德状态，这就要求拓展思想政治教育的内容。在网络时代，除了传统的教育内容，大学生思想政治教育还应该包括网络世界观教育、网络人生观教育、网络价值观教育、网络爱国主义教育、网络道德教育、网络心理健康教育、网络法制教育。

1. 网络世界观教育

网络世界观是人们对整个网络世界的总体和根本的观点。它是人们对网络世界本质、人与网络世界的关系等一系列基本观点的总和。马克思主义世界观是传统思想政治教育的核心内容，它科学地揭示了自然界、人类社会和人类思维发展的客观规律，指导人们正确地分析问题和解决问题。在网络时代，由于网络的虚拟性、开放性、匿名性，一些大学生的世界观发生了偏差，他们错误地认为在网络世界中人可以根据自身的主观意愿去实现在现实世界中无法实现的事情，比如，可以随心所欲地发表言论，可以自由自在地在各种虚拟角色中穿梭转化，可以不受法律和道德的约束，等等。本次调研结果也显示，在1093名被访大学生中，认为不需要为网络交往中的言行负责的占15.3%，表示不清楚的占15.6%；有9.2%的大学生认为在网络交往中不需要负法律责任，有8.1%的大学生表示不清楚。在错误的网络世界观的指导下，一些大学生出现了网络道德失范现象，有的大学生甚至走上了网络犯罪的道路。因此，加强大学生的网络世界观教育，是网络时代思想政治教育的必要任务。

网络世界观教育要使大学生科学地认识网络世界和现实世界的关系。网络世界和现实世界不是相互独立、互不干涉的两个世界，相反，网络世界和现实世界相互关联、相互影响，共同促进人类社会的发展。从网络世界的产生看，网络是现实世界中的人们对科学技术的研发和创新而出现的产物，人们有了网络才能进入网络世界。因此，网络世界的出现是现实世界发展到一定生产力水平和科技水平的结果，现实世界是网络世界的前提和基础。"网络不具有独立的存在……它必须与国家制度、文化及语言差异和有形的基础设施建设共存。"[1]网络世界不能代替现实世界而存在，人们在网络世界的一切理想都必须通过现实世界中的实践活动才能实现。网络世界也不是一个完全独立的社会，其良性运行也需要运用现实世界的法律、规范、警察等进行约束。

网络世界观教育要使大学生科学地认识人与网络世界的关系。网络世界是人运用数字化技术、网络技术、通信技术等构建的一个虚拟的实践活动空间，是对现实世界的拓展和延伸。在网络世界里，人们可以抛开年龄、身份、地位、性别等限制，以虚拟的身份与他人进行平等的交往，人的主体性得到充分发展，个性

---

[1] 埃瑟·戴森：《2.0版：数字化时代的生活设计》，胡泳等译，海南出版社，1998，第17页。

得到自由彰显，社会关系得到丰富。但是，人们在网络世界中并非拥有绝对的自由，并非可以随心所欲地做任何事情。人们只有遵循网络法律和道德规范，才能维护网络世界的安定有序，人们在网络世界中的正当合法利益也才能得到维护和实现。如果人们在网络世界违法犯罪，一样会受到法律的严惩。

2. 网络人生观教育

人生观是对人生目的和意义的总的看法和根本态度。在网络交往实践中，大学生可以进行网络交友、网络游戏、网络聊天、网络旅游等，身心获得愉悦，人生因为网络交往而变得丰富多彩。但也有部分大学生在网络交往中滋生了享乐主义人生观，把人生追求仅仅看成是满足感官的快乐和享受，沉溺在网络交往中不能自拔，出现了网络成瘾的情况，他们的人生理想和斗志丧失在网络交往的娱乐享受中，迷失了人生的真正意义和价值。一些大学生将虚拟当成现实，忽略了对理想的现实追求，消解了理想的崇高性，更加丧失了为人民服务和为社会贡献力量的正确人生价值追求。因此，思想政治教育要对大学生进行网络人生观教育，使大学生懂得，网络交往实践虽然拓展了大学生生存的空间和时间，使大学生的人生变得丰富多彩，但人生的意义不在于虚拟的网络世界，人生的真正意义是在服务社会和人民中实现个人价值。大学生应确立建设中国特色社会主义的共同理想，正确地认识和处理个人与社会、贡献和索取的关系问题，以正确的人生态度对待人生道路上的得与失、苦与乐，使自己的人生道路与现实社会实践紧密结合，与人民群众紧密相连，为祖国和人民贡献自己的力量，而网络交往应该成为大学生实现人生价值的有利途径。从本次访谈和网络观察的结果来看，很多高校都利用校园微博、微信、易班等对大学生进行形式多样的网络人生观教育。比如，在网络上对研究生支教团的工作进行跟踪报道，发布支教团成员的支教日记，从而让更多学生了解支教工作，鼓励他们服务基层；组织大学生通过网络平台向社会呼吁，为贫困山区的留守儿童募捐物质，等等，使大学生在帮助他人、服务社会中实现人生价值。

3. 网络价值观教育

价值是一种关系范畴，体现的是主体人的需要与客体物满足这种需要的关系。网络价值观教育就是要帮助大学生解决网络对人的价值以及人在网络中如何实现自身价值的问题。有了正确的网络价值观，大学生才能确立正确的网络交往目的，才能在网络交往中进行自我约束和控制，才能充分利用网络交往平台实现自身的价值。然而，当前一些大学生缺乏正确的网络价值观，本次调查结果显示，在 1093 名被访大学生中，将近 40% 的大学生网络交往的目的是"无聊，打发时间"，可见部分大学生把网络交往当成了消磨时间的工具，而不是充实和发展自我的手段，这不得不引起思想政治教育者的重视。大学生的网络价值观教育主要包括以下两方面内容。

第一，网络价值观教育要使大学生懂得网络对于自身的双重影响。从积极影响上看，网络能够使大学生的自主性、自由性、创造性得到提高，让他们实现在现实中难以实现的梦想，精神需求得到极大的满足；从消极影响上看，网络也很容易使大学生出现网络依赖或者网络沉溺的现象，由此导致一系列身心问题。如果大学生在网络中不能很好地约束自我，就很容易出现网络道德失范甚至是网络犯罪。网络是人类创造的工具和手段，大学生应该正确地驾驭网络，利用网络来促进自身的发展，而不能沉溺于网络，变成被网络奴役的对象。从本次访谈和网络观察的结果来看，很多高校运用网络交往平台开展了丰富多彩的网络价值观教育，比如，引导大学生"走下网络、走出宿舍、走向操场"系列活动，有校园"寻宝"、校园有奖跑步比赛等，目的就是引导大学生多锻炼、多实践，不要整天"宅"在宿舍上网、沉迷于网络游戏，正确地利用网络来发展自身。

访谈中，K 老师谈到："我们曾经在微信上做了一个类似于'寻宝'的活动。就是学生拿着手机按照上面的寻宝图走到校园的某个地方，点击一下手机，就会有个小礼品什么的。这个活动的目的就是让学生走出去，即'三走'——走下网络，走出宿舍，走向操场。"C 老师说："我们在微信上开展了'三走'约跑活动，即'你运动，我买单'，鼓励同学们踊跃跑步，根据跑步公里数进行'周排名'和'月排名'，排名在前的人能获取大奖。同学们非常积极地参与这个活动。"

在本研究所关注的某高校微信公众号中有一篇文章《那些一望即穿的朋友圈"套路"！》，归纳了朋友圈中常见的美食类、自拍类、心灵鸡汤类、养生类、微商代购类等内容的套路，告诉同学们如何理性对待各类微信信息，如何发挥朋友圈的积极作用，最后启示同学们"所谓朋友圈，其实朋友们的心真正圈在一起才是最重要的"。也就是让同学们正确地认识网络"朋友圈"对自身的价值。这篇推文实质就是对大学生进行网络价值观教育，文章的教育效果从同学们的留言和点赞中表现出来。E 同学说："说的不能再对，神总结。"J 同学说："满世界都是套路。"Z 同学说："自古情深留不住，总是套路得人心。"

第二，网络价值观教育要引导大学生形成集体主义价值观，反对个人主义价值观。集体主义价值观强调集体利益高于个人利益，在个人利益与集体利益发生矛盾时，个人利益服从于集体利益。集体主义价值观要求人的思想行为必须合乎最广大人民的根本利益。在网络交往中，大学生可以抛开现实中的"集体人"的身份，自主地从事实践活动，人的独立性和独立意识得到提升和增强。这会使一些大学生产生认识误区：个人可以脱离集体而独立存在和发展。这些大学生由此产生了个人主义价值观，在网上说话做事以个人为中心，以个人利益为出发点，以个人主观感受作为评价是非善恶的价值标准。网络价值观教育要纠正大学生的这种错误认识，引导大学生认识到在网络交往中集体主义价值观仍旧适用。网络空间是一个全球人类共建共享的虚拟空间，只有每个网民各尽所能地为他人贡献自己的力量，为他人提供有价值的信息，网民才能够各取所需地得到满足。在这个过程中，信息提供者的行为满足了他人信息获取的需求，为网络社会贡献了有益的信息，得到了他人的肯定和网络社会的好评，这在一定程度上也是在为人民服务的过程中实现了自我价值。从这个意义上看，网络为个人价值与集体价值的统一，为个人价值的实现提供了一个新的途径。同时，在网络空间中，只有每个人都遵守网络法律法规和道德规范，才能使网络世界安定有序，个人才能在网络空间中获得自身自由而全面发展的条件。可见，在网络空间，集体利益与个人利益也是紧密相连、不可分割的关系。

4.网络爱国主义教育

爱国主义是一个历史范畴，在当代中国，爱国主义体现了人民群众对祖国强烈而执着的爱国情感和神圣信念。网络时代赋予了大学生爱国主义教育新的教育内容，网络爱国主义教育的主要内容包括以下三个方面。

第一，民族自尊心、自信心、自豪感教育。网络的开放性、无国界性和超时空性使世界人民联结在一起，大学生在网络交往中很容易淡化自己的国家意识和民族意识。同时，由于西方发达国家在网络技术方面拥有绝对的优势，英语也是网络信息传播使用最广泛的语言，凭借着技术优势和语言载体优势，西方国家通过网络对我国进行意识形态的输出，对我国民众尤其是大学生的思想进行和平演变。在网络强权面前，一些大学生对我国的民族文化产生了怀疑，甚至持否定的态度，民族自尊心、民族自信心、民族自豪感受到严重削弱。在这种情况下，思想政治教育者要帮助大学生了解中华民族悠久的历史和灿烂的文明，了解近代以来我国无数仁人志士为改变旧中国的面貌而进行的艰苦卓绝的旧民主主义革命，了解中国共产党领导中国人民进行的新民主主义革命、社会主义革命、社会主义建设的伟大历程，了解改革开放以来中国取得的伟大成就，了解中国在国际社会的地位和作用日益提升，等等，用历史和现实教育大学生，增强大学生的民族自尊心、自信心和自豪感。

第二，国家网络安全教育。当前，网络意识形态斗争呈现复杂化、隐蔽化和激烈化的态势。传统的斗争形式在网络上获得了新的发展和新的机遇，而大学生也成为境外敌对分子策反的对象。国内外反动势力在网络交往时发布大量反动庸俗的不良信息，一些大学生由于安全防范意识不强、社会阅历较浅、信息辨别能力较弱等原因，很容易受到反动分子的欺骗和伤害，甚至走上叛国投敌的道路。《环球日报》曾报道过境外间谍通过网络交往以金钱诱使涉世未深的大学生甚至中学生参与情报搜集、分析和传递的事件。[①]大学生在不知情的情况下实施了卖国行为。因此，思想政治教育要加强对大学生的国家网络安全教育，使大学生清楚地认识到网络时代并没有消除意识形态的差异性，社会主义制度与资本主义制度仍然在较量，和平与发展依旧是当今时代的主题，霸权主义和强权政治仍旧存在。大学生要有忧患意识和保卫国家安全的意识，在网络交往中不仅要注意维护国家的国防安全、军事安全、信息安全、生态安全、经济安全等，还要加强自律，不做危害国家安全和扰乱社会秩序的事情。在2016年的国家网络安全宣传周中，高校、电信运营商、网络企业、网站联盟、专家学者、网络警察等形成教育合力，围绕"网络安全为人民，网络安全靠人民"主题对广大青少年开展了形式多样的网络安全教育活动，包括网络安全公益广告展播、大学生网络安全知识竞赛、网络安全创意作品展、邀请网络警察和网络安全专家进行网络安全讲座、组织学生参观打击网络犯罪成果图片展和网络安全技术体验展，等等。通过这些活动，广大青少年维护国家网络安全的意识和素养得到增强和提高[②]。

第三，民族振兴教育。大学生是祖国的未来和希望，肩负着民族振兴的重任。网络上多元的文化和价值观念相互交织，其中不乏一些消极的价值观，比如享乐主义价值观、个人主义价值观、悲观主义价值观等，这些价值观侵蚀了部分大学

---

① 刘畅：《境外间谍策反大陆学生　借助互联网威逼利诱》，环球时报，https://world.huanqiu.com/article/9CaKrnJEVRz，访问日期：2022年5月7日。

② 教育部：《教育系统积极开展2016年国家网络安全宣传周教育日活动》，中华人民共和国教育部，http://www.moe.gov.cn/jyb_xwfb/gzdt_gzdt/s5987/201609/t20160920_281723.html，访问日期：2022年11月1日。

生的头脑，使他们失去了为国家奋斗、使民族振兴的斗志和决心，丧失了艰苦奋斗和坚忍不拔的品质和精神，转而追求享乐，追求奢华的生活，在个人利益和国家利益之间，他们更偏向于个人利益，一切以个人利益为出发点。面对这种情况，思想政治教育者要加强对大学生的民族振兴教育，培养大学生的民族责任感和社会责任感，要使大学生认识到自己身上肩负着实现中华民族伟大复兴的重要使命，个人只有报效祖国和服务社会才能够实现自我的最大价值。国家富强与每一个公民息息相关，只有国家富强，人民才能幸福安康，才能实现个人的美好梦想。

5. 网络道德教育

大学生网络道德教育是指思想政治教育者系统地向大学生传授网络道德规范，并通过培养大学生的网络道德情感、磨炼大学生的网络道德意志，外化为大学生的网络道德行为，最终使大学生养成网络道德习惯的教育实践活动。大学生由于世界观、人生观、价值观正处在形成阶段，社会阅历不足，很容易受到网络上不良思想的影响和诱惑，从而出现一些道德失范行为，比如，制造和传播网络谣言、作为黑客破坏他人的计算机系统、对他人进行"人肉搜索"、剽窃他人的学术成果，等等，这些现状要求思想政治教育者要加强对大学生的网络道德教育，使他们成为文明有礼的网络人。2001年11月，共青团中央、教育部、文化部、中国青少年网络协会等部门向社会发布《全国青少年网络文明公约》。公约规定："要善于网上学习，不浏览不良信息；要诚实友好交流，不辱骂欺诈他人；要增强自护意识，不随意约会网友；要维护网络安全，不破坏网络秩序；要有益身心健康，不沉溺虚拟时空；要树立良好榜样，不违反行为准则。"[1]这个公约应该成为大学生网络道德教育的指导性文件。网络文明主要包括网络语言文明和网络行为文明两个方面。在网络语言文明方面，思想政治教育者要引导大学生文明使用网络语言，不使用粗俗化、低俗化、暴力化的语言，自觉保护汉语言的纯洁和健康。在网络行为文明方面，思想政治教育者要引导大学生自觉地遵守网络法律法规和道德规范，自觉维护网络的健康秩序，尊重他人的隐私，不做危害国家、集体和他人正当合法利益的事情；讲究网络诚信，不侵犯他人的知识产权，不制造和发布虚假信息，不搞网络欺诈。从本次对高校教师的实地访谈和研究观察的高校网站、微信公众号和易班的情况来看，许多高校都利用网络开展了丰富多彩

---

① 团中央等发布《全国青少年网络文明公约》，央广网，https://www.cctv.com/special/279/0/25287.html，访问日期：2022年5月23日。

146

的网络道德教育活动。

访谈中，Y老师介绍道："我们曾响应团中央的号召，组织学生进行'网络志愿者'的注册，让大学生作为网络志愿者来共同打造网络的清朗空间，提倡大家文明上网。"

在研究关注的全国高校优秀微信公众号中，某高校微信公众号的文章《同学，我们来一场两情相悦的聊天吧》针对QQ和微信的网络交流现状，告诉同学们如何遵守"微德"，如何使用语音，如何使用语气词、表情包等。同学们阅读后深受启发。E同学留言："说的蛮对的，聊天也是一门艺术。" P同学留言："微信里也有许多礼仪呀！"H同学留言："礼仪之美，体现在每一个细节！"

6. 网络心理健康教育

大学生的网络心理问题主要是大学生花费大量的时间和精力沉溺于网络，造成认知过程障碍、情感过程障碍、意志行为障碍、人格障碍等，在生理上表现为厌食、失眠、健忘、情感冷漠、孤僻、思维迟钝等，情况严重的还有可能出现自杀念头和行为。这些问题严重影响了大学生正常的学习和生活。因此，高校要加强大学生网络心理健康教育，解决大学生的心理问题，提高大学生的心理健康水平。大学生网络心理健康教育的途径有：通过对大学生进行专业的心理测评，建立健全网络心理健康档案，记录大学生的心理健康状况和个性特征，有针对性地对大学生进行心理健康教育；通过心理健康教育课程、心理知识讲座、优秀心理电影的播放、优秀心理书籍的荐读等方式，使大学生掌握心理健康知识，提高大学生的心理自我调适能力；由专业的心理咨询师通过现实的心理咨询室或心理咨询网站、QQ、微信、E-mail、BBS等网络交往工具，对大学生开展心理咨询工作，及时发现和解决大学生的网络心理问题。从本次对高校教师的实地访谈和研究观察的高校网站、微信公众号和易班的情况来看，许多高校都围绕大学生的心理健康教育在校园网站、微信公众号、易班进行心理专栏的开辟、心理文章和影片的推荐、心理话题的讨论、心理知识竞赛等。

访谈中，Z老师说："我们在'5·25——我爱我'大学生心理健康教育日活动中通过易班将线上与线下结合，推出'易站到底——心理知识比比看'竞赛。活动形式为类似于'一站到底'的答题竞技，通过易班手机App的同步互动，做到真正的'线上线下一体化'，在活动互动中宣传大学生心理健康知识，促进大学生自我教育。"

在研究关注的全国高校优秀微信公众号中，某高校微信公众号的文章《你有"病"吗？》用简明扼要和生动形象的语言介绍了大学生的一些"现代病"（如拖延症、强迫症、"懒癌"、节后综合征、选择恐惧症等）的症状、危害、治疗方法，帮助大学生正确调节心理。大学生读后表示深有同感。Q同学留言说："感觉每个病都有，是不是没救了。"文章作者回复："不治治看怎么知道，加油你可以的！"R同学留言说："我们应该合理规划时间，制定可行目标；应该学会放松，多参加社交活动；应该端正心态，相信自己，相信真善美。如此一来，生活更美好！" 文章作者回复："表示十分赞同（鼓掌）。"

7.网络法制教育

大学生网络法制教育是规范大学生网络行为，防止大学生出现网络道德失范和网络犯罪行为的重要手段。大学生网络法制教育要教育大学生"知法、守法、护法"。首先，要教育大学生"知法"。只有"知法"，才能"守法"和"护法"。高校要通过课堂教育、法律知识讲座、法律知识竞赛等形式，向大学生普及我国宪法和网络相关法律法规，使大学生了解公民在网络上应该享有的权利和应该履行的义务，使大学生懂得在网络上违法犯罪一样会受到法律的制裁。例如，2016年通过的《中华人民共和国网络安全法》规定，任何个人和组织不得从事非法侵入他人网络、干扰他人网络正常功能、窃取网络数据等危害网络安全的活动；不得提供专门用于从事侵入网络、干扰网络正常功能及防护措施、窃取网络数据等危害网络安全活动的程序、工具；明知他人从事危害网络安全的活动的，不得为其提供技术支持、广告推广、支付结算等帮助。[①]教育者要及时对大学生宣传和教育有关互联网的新法律法规，避免大学生因为不知法而犯法。其次，要教育大学生"守法"。高校要教育大学生在网络交往实践中严格遵守法律，按照法律的规定正确行使公民的权利和履行公民的义务，不得做任何违反法律法规的事情，同时也要学会依法维护自身的合法权益。最后，要教育大学生"护法"。高校要教育大学生法律的地位至高无上，任何人都没有逾越法律的特权，大学生要维护

---

① 《中华人民共和国网络安全法》，国家市场管理监督总局，https://gkml.samr.gov.cn/nsjg/bgt/202106/t20210608_330399.html，访问日期：2022年8月1日。

法律的权威，要敢于和善于与违法犯罪的行为作斗争。例如，发现微信虚假广告可以向工商部门举报，配合工商部门依法调查。

8.算法技术的素养教育

算法技术是人工智能时代推进思想政治教育创新发展的核心技术，也是导致思想政治教育难度增加和教育环境复杂化的主要推手。要有效规避算法技术变为人类的异化力量，就必须加强对受教育者进行有关算法技术的素养教育。算法技术的素养教育主要包括三个方面的内容。

第一，算法技术的认知教育。算法技术的认知教育主要是让教育对象了解算法技术的定义、算法技术的工作原理、算法技术的优势和劣势、算法技术的利益关系、算法技术使用的规则、算法技术风险的种类和规避等基本问题，目的是让受教育者认清算法技术的本质。在发展和应用算法技术时，必须全面客观地考虑算法正、负两方面的效应，尽可能地减少算法技术的负面效应，最大限度地发挥算法技术的正面效应，使算法技术成为促进人与人、人与社会、人与自然之间和谐发展的重要力量。

第二，算法技术的权责教育。算法技术的权利和义务是相辅相成的统一整体。公司、机构和个人有算法技术的开发权、设计权、专利权、使用权等算法权利，同时也应该承担算法技术的伦理义务和法律义务。算法模型的设计关系着算法的价值导向，在运用过程中会潜移默化地影响整个社会的价值导向和安定团结。算法建模人员和算法开发的技术公司尤其要遵循国家法律法规和社会伦理道德规范，要以社会主义核心价值观作为自身和企业行为的价值导向，不能任由经济利益驱使而做出违背国家法律和社会良俗、破坏国家安全和社会稳定的行为。对于个体而言，个体拥有数据隐私权、算法告知权、算法选择权等算法权利，算法技术的权责教育要让教育对象明确个体享有的算法权利，避免遭受隐私侵权、算法歧视、算法黑箱等侵害。同时，个体也要履行一定的算法义务，比如配合国家安全部门进行数据提取和数据使用等。

第三，算法技术的批判教育。算法技术的批判教育是让教育对象不迷信、不盲从于算法推荐，能够理性地审视和甄别算法推荐信息的真假优劣以及其中隐藏的价值取向，进而"取其精华，去其糟粕"。算法技术的批判教育"既服务于个人决策，避免大型技术平台操纵社会价值观念，也是着眼于人类思维的独立性考量，保持人类在价值维度的超越感和尊严感。"① 算法技术的批判教育主要从两方面入手：一是要培养教育对象的信息鉴别能力。教育者要引导教育对象运用马克思主义立场、观点和方法对鱼龙混杂的各类信息进行辨别，学会从海量的信息中透过现象看本质，学会识别有益信息、祛除错误与"噪音"信息，尤其要对与社会主流意识形态相悖的信息保持警惕性和敏感性，坚决抵制和反对错误信息。教育者可以引入"美团外卖算法""大数据杀熟""人脸识别的隐私侵犯"等实际生活中的鲜活案例，通过讨论提高受教育者的认识。二是要培养教育对象的深度阅读能力。碎微化传播使人们习惯于浅层化阅读和思维，制约了人们思想的深刻性，削弱了人们的理性思辨能力。教育者要引导教育对象克服跳跃式、浅表式、功利性、娱乐性的网络浏览阅读方式，加强系统信息构建训练，将所获的信息进行思考理解和交流运用，在与实际相结合的过程中发现问题、解决问题，进行创造性的发展。

二、网络交往视域大学生思想政治教育方法的发展创新

思想政治教育方法是指为了完成教育任务，传递教育内容，保证教育效果，由教育者对受教育者施行的思想方法和工作方法。网络交往视域中的大学生思想政治教育方法的发展创新主要包括：运用网络思维变革大学生思想政治教育，善用网络资源和网络语言弘扬主旋律，借助大数据读懂大学生，优化大学生思想政治教育网络交往平台，实施立体化的大学生思想政治教育。

（一）运用网络思维变革大学生思想政治教育

1. 运用网络思维变革大学生思想政治教育的必要性

"思维方式是一定时代人们的理性认识方式，是按一定结构、方法和程序把思维诸要素结合起来的相对稳定的思维运行样式。"② 思维方式来源于人类实践活动的方式。可以说，一定时代的人类实践活动是怎样的，人的思维方式也大体是怎样的。人的思维是对社会存在和周围世界的反映。思维方式是一定时代的社会实践活动在人脑中的内化。正确的思维方式是思想政治教育的重要精神介体。

---

① 陈联俊：《算法技术的新挑战与网络思想政治教育的新举措》，《思想理论教育导刊》2021年第4期。

② 李秀林、王于、李淮春：《辩证唯物主义和历史唯物主义原理》，中国人民大学出版社，1995，第398页。

大学生思想政治教育作为引领大学生形成科学世界观、人生观和价值观的基本学科和重要途径，必须恰当地反映社会存在。今天，我们处在网络社会，曼纽尔·卡斯特在《网络社会的崛起》中指出，网络社会"作为一种历史趋势，信息时代支配性功能与过程日益以网络组织起来。网络构建了我们社会的新社会形态，而网络化逻辑的扩散实质地改变了生产、经验、权力与文化过程中的操作和结果。"①网络是网络社会的基本结构。曼纽尔·卡斯特在《网络社会的崛起》中引用凯文·凯利（Kevin Kelly）对网络的描述："原子是过去式了。下个世纪的科学象征是动态的网络……原子代表了干净的简单特质，网络则引导了复杂的散乱力量……网络是唯一能够没有偏见而发展，不经引导而学习的组织。其他的形态均限制了可能性……网络是开放的。事实上，网络能够称得上是具有结构的组织里最不具有结构性的组织……"②网络具有动态、复杂、开放、不确定性等形态结构特征，而人们在网络社会的实践活动也具有相应的网络化思维逻辑。同样，大学生思想政治教育也要变革思维方式，用网络化思维逻辑指导实践，以适应网络时代发展的要求。

2. 网络思维的典型特征——非线性

非线性是网络思维最典型的特征，表现为三方面：一是时空的非线性。在计算机网络中，时间和空间都被压缩为零，人们的思维不再遵循常规的线性时间顺序，而是通过超链接技术，突破时间和空间的线性轨道，灵活自如地在网络中翱翔，穿越古今中外。二是结构的非线性。在计算机网络中，信息传递是没有等级的网状结构。这样的结果，对集体而言，决策不是单一中心，而是多中心，集体内部不是上级和下级的等级关系，而是共同协商的平等关系。对个人而言，个体在网上的机会均等，构成多元的中心。因此，网络思维呈现多元立体结构，思维各要素的联系具有全方位、多层次、多领域的特点，思维各要素的不同联系方式形成了不同的分析问题和解决问题的方法，思维的发散性从而得到充分的体现。三是交流的非线性。在网络中，信息没有固定的流动方向，也没有固定的起点和终点，信息处在不断流动的开放状态。任何人都可以成为信息的源头，对信息进行发送、选择和传播。网络思维立足于多个节点，向多个维面、多重时空辐射和

---

① 曼纽尔·卡斯特：《网络社会的崛起》，夏铸九、王志弘等译，社会科学文献出版社，2001，第569页。
② 同①，第83页。

伸展，具有无限多种可能性的变化。[①]

3.非线性思维对大学生思想政治教育的变革要求

（1）变革的总体要求。传统的大学生思想政治教育往往采用线性思维模式。线性思维是指在认识事物以及分析解决问题时，只针对事物或问题本身，从一点出发，沿着单一的固定的方向发展的静态思维方式。传统的大学生思想政治教育的线性思维表现在，教育者在规定的时间和地点把教育内容自上而下地，如上级向下级传达政令一样地"灌输"给受教育者。思想政治教育的线性思维在计划经济年代曾经取得巨大的成就，因为当时人们是处于单纯的一元化的意识形态环境中。但今天，大学生处在多元思想文化相互激荡的复杂环境中，教育者如果再用线性思维去"灌输"教育内容，去解决大学生的思想问题，势必会引起大学生的反感，达不到教育效果。因此，网络交往中大学生思想政治教育要重视实现由线性思维向非线性思维的转变。

非线性思维是指在认识事物以及分析解决问题时，针对事物或问题本身，从多点出发，沿着多种方向发散性地发展的动态思维方式。非线性思维通过广泛地考察事物与周围其他事物网状的立体的联系来寻求解决问题的方法。非线性思维反映在大学生思想政治教育中，就是要发散地考察教育过程、教育内容、教育时空以及教育对象思想变化各部分之间的非对称关系，运用系统方法探讨如何充分利用这种关系来提高大学生思想政治教育的实效性。值得注意的是，重视发展非线性思维，并不是对线性思维的完全抛弃和否定。从某种意义上说，现实社会非线性思维是普遍的、绝对的，线性思维是非线性思维的特例，是特殊的、相对的。为保证思想政治教育任务的完成，对大学生实行自上而下的线性思维教育是必要和必须的。

（2）变革的具体要求。首先，大学生思想政治教育要进行时序拓展，实现继往开来。网络具有超时空性，它可以把古今中外的信息资源汇聚一堂。在网络交往中，我们可以和先贤交流，和当今大师沟通，和未来世界交汇。网络的超时空性为大学生思想政治教育的继往开来提供了重要的条件。大学生思想政治教育的继往开来表现为三点：一是传承过去，对传统思想政治教育资源进行继承和开发，建构大学生思想政治教育的内源性资源；二是立足当前，广泛借鉴各学科包

---

① 庄朝兰：《网络思维对辩证思维的继承与发展》，《厦门理工学院学报》2007年第4期。

括传播学、舆论学、信息学、心理学、社会学等知识，学习吸取国外思想政治教育的有益经验；三是面向未来，大学生思想政治教育要有前瞻性，要站在时代发展的制高点上，探索适用于未来领域的理论和方法，促进社会和人的健康发展。

其次，大学生思想政治教育要有全球意识。网络交往使世界成为"地球村"，世界人民相互联结，你中有我，我中有你。思想政治教育要有全球意识、人类命运共同体意识，引导大学生不仅要有民族关怀、国家关怀，也要有世界关怀、人类关怀，要站在服务全人类发展和进步的高度去分析问题和解决问题。既要充分借鉴发达国家的文明成果，又要抵御全球化进程中的不良思想对大学生的侵蚀。

最后，大学生思想政治教育要坚持一元主导与多样发展的价值取向。网络交往的环境自由而开放，不同国家、民族、地域的人们在网络中共存，由于人人都具有平等的交流权和发言权，从而造成不同的思想价值观念相互激荡、相互交流的局面，这对大学生思想品德的形成和发展造成非常复杂的影响。思想政治教育的一元主导与多样发展的价值取向，即要坚持社会主义主流意识形态在意识形态领域中的主导地位，同时主张思想文化多样化。一方面，大学生思想政治教育要始终坚持社会主义主流意识形态的"一元主导"地位不动摇，这是由大学生思想政治教育的性质和任务所决定的。马克思、恩格斯明确地指出，"统治阶级的思想在每个时代都是占统治地位的物质力量，同时也是社会上占统治地位的精神力量"①。思想政治教育具有鲜明的意识形态性，它的重要任务在于弘扬和维护主流意识形态。只有坚持社会主义主流意识形态的"一元主导"地位不动摇，才能保证中国特色社会主义的性质和方向，才能规范大学生的行为，才能实现中华民族的伟大复兴和繁荣富强。另一方面，大学生思想政治教育要有包容意识。面对网络交往中多元的思想文化价值观念，思想政治教育应当有海纳百川的胸怀和兼容并包的态度，应当充分认识到多元的思想文化和价值观念可以满足不同大学生的文化需求，也为我国主流意识形态的改革创新提供了机遇。思想政治教育应向网络交往中出现的一切思想文化开放，尊重大学生多样性和个性化的精神文化需求，尊重大学生价值取向的差异，以保持和凸显主流价值体系应有的张力和包容性。网络交往中的大学生思想政治教育，要将思想政治教育的主导原则融入多元思想文化的整合之中，让大学生在面对诸多价值并存甚至互相冲突的局面时，在

---

① 中共中央马克思恩格斯列宁斯大林著作编译局编译《马克思恩格斯选集（第一卷）》，人民出版社，1995，第98页。

比较、鉴别中自觉地认同主流意识形态。同时，思想政治教育要引导大学生清除个体多元精神文化需求的误区，促进多元精神文化需求的健康发展。[①]

（二）善用网络资源和网络语言弘扬主旋律

针对在网络交往中海量碎片信息冲击主流意识形态，感性化的价值观念挑战宏大叙事的理论内容的现状，大学生思想政治教育要旗帜鲜明地弘扬主旋律。大学生思想政治教育的内容既不能为了盲目取悦大学生而丧失其理性、客观和深刻的特点，也不能采取一贯的严肃刻板的形式，使得大学生难以接受。大学生思想政治教育应该充分挖掘网络中丰富的思想政治教育资源，丰富大学生思想政治教育的话语内容，改进大学生思想政治教育的话语输出方式，增强大学生思想政治教育的吸引力和感染力。

1.善用网络资源弘扬主旋律

思想政治教育要整合网络资源，丰富思想政治教育的话语内容，实现思想政治教育话语内容的"生活叙事化"。网络中的思想政治教育资源包括：体现社会正能量的人物和事件，专家学者、社会名流、网络名人的理性观点和智慧言论，蕴含思想政治教育内容的资讯、图片、视频、音频、文献材料等。思想政治教育要善于搜索、选择、整合网络资源，充实思想政治教育话语的素材储备，促进思想政治教育话语的资源开发。从本次访谈调研和网络观察中可以看出，一些高校在校园网页、微信、易班等平台中使用了丰富的网络思想政治教育资源。同时，思想政治教育话语内容要从宏大叙事向生活叙事转换，要体现对网络时代大学生"个性化""小众化"的关切，从大学生的生活实际出发，把握大学生的兴趣爱好和多元需求，抓住大学生关注的，与大学生利益密切相关的学习、工作、日常管理服务等热点焦点问题，引导其积极健康地生活，促进其全面发展。[②]

某些高校对一些优秀的网站资源进行了转载。例如，转载人民网关于"六个一律""八个凡是""48种电信诈骗手段"的图片对大学生进行网络安全教育；转载中国量子通信之父潘建伟的演讲视频《神话、哲学、互联网与人类未来》对大学生进行网络世界观教育；转载来源于中国新闻网的动画短片《In the Fall》

---

① 黄静婧：《谈在思想政治教育中培养大学生的文化自觉》，《教育探索》2013年第4期。
② 黄静婧：《微传播时代思想政治教育话语权的重塑》，《教育评论》2015年第6期。

来教育大学生珍惜人生、热爱生活等。

2.善用网络语言弘扬主旋律

思想政治教育者要善于运用网络语言来弘扬主旋律。网络语言的形式多样，包括评论体、段子体、语录体等，文体风格生动形象、幽默诙谐、简洁明了，深受广大受教育者的喜爱。同时，通过微博、微信等网络交往工具，思想政治教育话语能够集成运用文字、图片、音频、视频、超链接等形式表达出来，很好地避免了受教育者反感的大话、空话、套话的语言表达方式，极大地增强了话语的立体感和时代感，很容易引起受教育者的接受兴趣和思想共鸣。现任南京航空航天大学马克思主义学院党委书记的徐川曾是一名辅导员，他在个人微信公众号中的一篇文章《我为什么加入中国共产党？》，阅读量突破"10万+"，还被300多个公众号转载。徐川在网上的文章和讲课风格都受到大学生的广泛喜爱。总结原因，徐川说："三分之二的核心理论永远不变，但怎么通过三分之一的佐料——语言与形式来包装它，很重要。"[1]徐川所说的"佐料"就是他从网络中获取的生动形象的教育资源，即网络热点和网络热词。每当一个网络热点和网络热词出现，徐川就思考如何把它运用到思想政治教育中去。比如，网络热词"蓝瘦香菇"出来的第一天，徐川就把它用在了课堂上。

需要注意的是，"微传播时代传媒艺术和话语呈现'亚消费化'，即越来越倚重于对'宅、基、腐、萌'等各种亚文化趣味的引征"。[2]思想政治教育者在运用网络语言时，应避免因取悦受教育者的亚文化趣味而偏离了主导价值方向，在话语内容和价值导向上弘扬主旋律，保持鲜明的政治性和意识形态性，在话语表达方式上提倡多样化，吸收借鉴网络语言的长处"为我所用"，将主流意识形态巧妙地嵌入活泼生动的网络语言中，提升网络语言的内涵和品位。[3]华中科技大学校长李培根在大学生毕业典礼上对学生说："也许你会选择'胶囊公寓'，或者不得不'蜗居'，成为'蚁族'之一员。没关系，成功更容易光顾磨难和艰辛，正如只有经过泥泞的道路才会留下脚印……我知道，你们不喜欢'被就

---

① 万玉凤：《"网红辅导员"徐川给大学生讲党课 网络流行语对上学生"胃口"》，中华人民共和国教育部，http://www.moe.gov.cn/jyb_xwfb/s5147/201611/t20161108_288131.html，访问日期：2022年11月8日。
② 盖琪：《后福特主义时代的话语表达机制》，《探索与争鸣》2014年第7期。
③ 黄静婧：《微传播时代思想政治教育话语权的重塑》，《教育评论》2015年第6期。

业''被坚强'，那就挺直你们的脊梁，挺起你们的胸膛，自己去就业，坚强而勇敢地到社会中去闯荡。""根叔"巧妙地将"蜗居""蚁族""被就业"等网络用语融入到对学生毕业的祝福和要求的致辞中，引发了大学生的强烈共鸣，取得了良好的教育效果。

（三）借助大数据读懂大学生

1.大数据的含义和特征

当前，随着网络技术的高速发展，大数据时代已经来临。《大数据时代：生活工作与思维的大变革》的作者维克·托迈尔－舍恩伯格认为，"大数据是人们在大规模数据的基础上可以做到的事情，而这些事情在小规模数据的基础上是无法完成的。大数据是人们获得新的认知、创造新的价值的源泉；大数据还是改变市场、组织机构，以及政府与公民关系的方法。"[①]"国际数据中心 IDC 是研究大数据及其影响的先驱，在 2011 年的报告中定义了大数据：大数据技术描述了一个技术和体系的新时代，被设计于从大规模多样化的数据中通过高速捕获、发现和分析技术提取数据的价值。"[②] 大数据具有 4V 特征：Volume（大数据有巨大而完整的数据量）、Variety（大数据种类繁多）、Velocity（大数据高速运转，时效性高）、Value（大数据蕴含的价值意义）。

2.大学生思想政治教育运用大数据的必要性

大学生的生活和学习与网络紧密相连。大学生每天的消费、购物、上网、图书馆借阅、通信通话、公交出行、在监控摄像区域的进出等一系列行为都被记录成为数据。可以说，大学生生活和学习的方方面面都在制造、传播和共享着大数据。大学生已经深度融入了大数据时代。当大学生现实行为各方面的数据和网络交往所产生的数据积累到一定的量时，就可以利用大数据进行大学生思想和行为特征的分析。从宏观上看，分析大学生群体的大数据有利于把握大学生群体的思想品德的形成和发展规律，把握大学生群体对某一事件的整体价值取向和反应程度，把握大学生群体对国家某一大政方针的支持和拥护程度等，从而扩大和提高大学生思想政治教育的群体覆盖面和有效性。从微观上看，分析大学生个体的大

---

① 维克托·迈尔－舍恩伯格、肯尼思·库克耶：《大数据时代：生活工作与思维的大变革》，盛杨燕、周涛译，浙江人民出版社，2013，第 8-9 页。
② 李学龙、龚海刚：《大数据系统综述》，《中国科学：信息科学》2015 年第 1 期。

数据可以让思想政治教育者把握教育对象的特殊性，因人而异地开展思想政治教育。总之，大数据蕴含的巨大价值给大学生思想政治教育带来了机遇，思想政治教育者要充分挖掘大数据这座富矿，借力大数据读懂大学生。

3.大学生思想政治教育运用大数据的具体做法

首先，高校思想政治教育者要树立大数据意识，充分了解大数据给大学生思想政治教育带来的机遇和挑战，认清大数据是大学生思想政治教育的宝贵资源，要积极主动地对大学生的大数据进行收集、整理和分析，为大学生思想政治教育提供强有力的数据支撑，使思想政治教育活动开展得"有理有据"。

其次，高校要与拥有丰富的大学生大数据资源的政府相关部门、企业、媒体等加强沟通联系，借助他们的数据，按照法律规定来收集整理大学生的相关信息。此外，对"校园一卡通"、大学生思想政治教育微信平台、校园网等思想政治教育大数据平台的运用，也可以为思想政治教育者掌握大学生在校园内的活动信息数据提供便利。以某高校为例，大学生思想政治教育微信平台推送的信息中，"教学教务""国家大事"的阅读量比较高，"就业信息""校园新闻"的阅读量比较低，这就反映了该校的大学生对就业的积极性不高，或者是思想政治教育微信平台提供的就业信息不符合大学生的就业意向。据此，思想政治教育者应当抓紧做好大学生的就业指导工作，为大学生提供更加贴近其需求的就业信息。综合大学生校园内外的活动信息，思想政治教育者就可以对大学生的大数据做比较全面的整合和分析，从而把握大学生的思想行为特征，挖掘大学生的兴趣爱好、关注焦点和利益诉求。

最后，培养大学生思想政治教育大数据分析的人才。目前，全世界的大数据分析人才都处于紧缺状态，高校思想政治教育应开始着手大学生思想政治教育信息大数据分析人才的培养、引进和储备工作。在访谈中，针对"学校的微信、微博、易班等网络交往平台与大数据是否有关？"的问题，几位负责运营校园微博、微信公众号的老师都肯定了大数据的作用和发展前景，但同时表示学校目前在技术上还没有达到研究微信公众号、微博大数据的水平。从对全国高校优秀网站和网络栏目的观察结果看，一些高校能够推出运用大数据来服务大学生的栏目或者文章，但是总体上数量不多。由此可见，高校收集、整理和运用大学生的大数据开展工作的能力和水平还有待提高。

访谈中，Z 老师介绍了该校易班运用大数据的情况："每次举办活动后我们都会通过后台统计数据并形成文件，研究数据特点，分析此次活动情况，同时也通过后台数据了解易班的推广程度和实时活跃度。"

在笔者关注的全国高校优秀微信公众号中，某高校公众号运用大数据帮助大学生对期末考试的成绩进行全面分析，大学生输入自己的学号后就可以看到自己"专业最好和最差"的排名、自己的成绩在班级中的分析、自己的成绩在校内的分析，甚至可以输入本学院另一名同学的学号，与他进行成绩 PK。通过这样的大数据分析，大学生就能客观地了解自身的学习状况，从而确立切实可行的学习目标。此外，该高校还专为新生定制迎新"大数据"，大学生可以看到所在学校的同乡比例、男女比例、和自己同年同月生的同学的比例、各学院学生心目中最难的科目、毕业生的毕业去向比重分析等。该校大学生看后不禁留言评价："太贴心了，没有想到的问题竟然也有解答，感动！"

（四）优化大学生思想政治教育网络交往平台

高校的思想政治教育网络交往平台，如思想政治教育网站、思想政治教育微信公众号、易班平台等，要提高内容的点击率、浏览量和用户黏合度，就必须以大学生为本，着力优化大学生在思想政治教育网络交往平台的用户体验。从本次对大学生的访谈调研结果中得知，大学生选择使用思想政治教育网络交往平台主要基于两点：一是在内容上要满足自身需求，二是在使用上要便捷，这两点缺一不可。因此，优化大学生思想政治教育网络交往平台必须依照大学生网络思想政治教育信息的接受过程，从内容和形式两方面着手。

1. 大学生网络思想政治教育的接受过程

网络思想政治教育的接受过程，包含了接受主体确立接受目的、对客体信息的反映和选择、整合和内化、行为外化等几个主要阶段。

（1）确立接受目的阶段。接受目的是指接受的原因。接受目的的确立实质是接受主体在对自我需要、客体信息以及两者之间需要与满足的关系有一定认识的基础上所做出的决定，是对客体信息满足自我需要的一种价值上的预测和向往。

（2）对客体信息的反映和选择阶段。大学生在网络交往的过程中，会接触到纷繁复杂的信息（包括思想政治教育的信息），他们在确立接受目的的基础上，要运用感官系统（听觉、视觉、触觉、感觉）对客体信息（语义、概念、观点、形象）有选择地注意，并在大脑中进行反映，形成对应的观念和形象。此时，客体信息对大学生的刺激强度、频率和覆盖面能够直接影响大学生的注意和反映。大学生反映客体信息的过程，也是其依据自身的接受目的和接受图式（即认知模式、价值衡量标准、情感倾向、兴趣爱好等），选择性地解读和筛选客体信息的过程。这个过程主要包括两方面内容：一是探索客体信息中内含的信息传导者的意图，二是评价客体信息与自身内在需要的契合度。①

（3）整合和内化阶段。在反映和选择的基础上，大学生进入整合和内化阶段。整合和内化阶段是大学生经过思维加工，把经过反映和筛选的思想政治教育信息与自身原有的思想品德结构中的观念体系进行判断、推理和关联，进而对思想政治教育信息基于自身理解的意义进行诠释和建构的过程。根据费斯汀格的认知失调理论，当客体信息与接受主体原有的思想品德结构相契合时，接受主体就会主动将其纳入自身系统，进行同化性建构；当客体信息与接受主体原有的思想品德结构相冲突时，接受主体会有两种反应：一是排斥客体信息，进一步强化原有的思想品德结构；二是打破原有的思想品德结构，纳入新质的客体信息，进行顺应性建构。一般来说，当客体信息能够满足大学生当下瞬时的感觉需要时，大学生很容易肯定其价值。但一些能够满足大学生长远需要和根本需要的客体信息，往往是与大学生当下瞬时的感觉需要相冲突的，是超越感觉需要的理性抽象的观念产物。大学生对这类客体信息进行整合内化时，就会面临情感与理智的冲突。这就需要大学生用理性的思维和坚强的意志，将眼光放长远，最终实现接受。由此可见，选择是内化过程中最困难的环节。只有经过大学生自觉选择和整合的思想价值观念才能真正地扎根在他们思想的土壤中。

（4）行为外化阶段。大学生把经过内化整合的网络思想道德观念通过行为表现出来，并在实践中养成行为习惯，即完成外化和践行阶段。②

2. 从内容上优化大学生思想政治教育网络交往平台

从本次实地访谈以及网络观察的全国高校优秀网站和优秀微信公众号的建设情况来看，优秀的思想政治教育网络交往平台具有契合大学生的实际需求和内容与时俱进的特点，这也是从内容上优化大学生思想政治教育网络交往平台需要努力的方向。

---

① 黄静婧：《论网络思想政治教育接受》，《教育探索》2015 年第 5 期。
② 同①。

（1）内容要契合大学生的实际需求。需要是主体对客体的欲望和需求，是人类一切认识活动的出发点，大学生思想政治教育也不例外。大学生的内在需要是接受思想政治教育信息的驱动力和导航器。网络交往为大学生提供了大量的有关思想、政治、道德的信息，大学生接受哪些信息全凭大学生自身自主的选择。本次调查对"老师在网络交往中（如 QQ 群、微信朋友圈、博客等）发布的信息，大学生是否会关注"的结果显示，将近 40% 的大学生选择"与自己相关的信息就关注"。可见，在信息的海洋中，大学生只关注与自己相关的、感兴趣的信息，其他信息很难引起大学生的注意和反应，更谈不上选择和整合了。要想在网络上拓展大学生思想政治教育空间，不能只是简单地开设思想政治教育网页、微信公众号或者其他网络平台，把思想政治教育的内容搬到网络平台上，只有提高思想政治教育网络交往平台与大学生内在需要的契合度，才能引起大学生的接受兴趣。若思想政治教育网络交往平台的内容与大学生的内在需要差距甚大，则会让大学生对思想政治教育网络交往平台上的信息反应冷漠，甚至产生抗拒心理。

因此，从内容上优化思想政治教育网络交往平台，必须遵循"一切为了学生，为了学生的一切"的宗旨，从大学生的角度出发，以大学生的需求为导向，以服务凝聚大学生，努力在大学生思想政治教育网络交往平台上为大学生提供"一站式"服务和针对性的服务，不断提升大学生在思想政治教育网络交往平台中接受服务和参与活动的用户体验，争取做到"大学生有什么思想困惑，在学校的思想政治教育网络交往平台上都可以找到答案""有困难就上思想政治教育网络交往平台"。大学生的需求是多种多样的，有交流思想、获取信息的需要，有发泄情感、缓解压力的需要，有展现自我的需要，有休闲娱乐的需要，等等。思想政治教育者要善于观察和分析大学生的需要，既要重视大学生的普遍社会需要，又要顾及大学生的特殊个体需要，针对大学生不同层次和种类的需要来优化思想政治教育网络交往平台的内容设计。比如，针对大学生"求真知"的需要，思想政治教育者应该保证网络交往平台上教育信息的客观性、真实性和权威性；针对大学生"释疑惑"的需要，思想政治教育者应该夯实网络交往平台中教育信息的储备基础，建立强大的"超链接"和"数据检索"功能，增加对教育信息的深度分析和评价；针对大学生"享娱乐"的需要，思想政治教育者应该利用数字娱乐的情景感化和思想渗透寓教于乐；针对大学生"抒发情感"的需要，思想政治教育者应该采取在线交流等方式对大学生进行心理疏导，帮助其打开心结，培养其阳光健康的心态。总之，思想政治教育者要尊重大学生的正当需要，提高其需要的层次和水平，善于激发和肯定其积极需要，矫正和节制其错误需要。[①]

本次网络观察的全国高校优秀网站和优秀微信公众号基本都能够为大学生提供方便快捷的学习生活信息，建立大学生问题咨询和反馈机制，及时解决包括校园资讯、爱心资助、权益保护、创业就业在内的各种问题，同时也能够根据大学生不同阶段的学习生活需要推出相应内容。比如，新生入学时，平台一般都会开设"新生专栏"，内容包括校园攻略、军训宝典、用大数据展示校园等，对新生进行入学适应性教育。临近毕业时，会有类似于"面试宝典""创业谷""考研听我说"等栏目，对毕业生进行就业指导和职业规划教育。快期末考试时，会有"学霸在线为你答疑，快来傍学霸"等网络咨询活动，充分发挥同辈群体的互助功能；也会有鼓励同学们勤奋复习的，"早起签到，送礼品，吃免费早餐"等活动。在准备放寒假时，会有诸如《快乐假期安全提示，不要被'套路'了》等推文对大学生进行安全教育，也会有"假期微分享"活动，让同学们围绕"家乡美、晒年味、寒假生活秀"等主题，通过照片和美文来展现自己的假期生活，也让其他同学感受祖国的大好河山和传统民俗。在开学初，为了让同学们及时摆脱"开学综合征"的困扰，会有类似《本学期已过去 1/20，你还不在状态？》的推文，号召同学们立下自己的"Flag"，努力学习！

（2）内容要与时俱进。优秀的思想政治教育网络交往平台所呈现的教育内容是与时俱进的，这就要求教育者善于抓住教育时机在网络交往平台上推出相关的教育信息，提高教育的时效性。教育内容与时俱进表现在两点：其一，依托重要的节日、纪念日来弘扬社会主义核心价值观。比如，在农历二月初二时谈民俗，弘扬和传承中华民族传统文化；在三八妇女节时谈母爱，激发同学们对父母的感恩之情；在周总理诞辰 119 周年的日子，谈总理外交，让同学们领略周总理的外交风采，不忘初心，为中华民族的腾飞而努力奋斗。其二，关注社会热点，为同学们答疑解惑。例如，针对朋友圈广为流传的"八年抗战"改为"十四年抗战"的消息，及时推出相关的文章为同学们答疑解惑，介绍修改的原因、历史依据和重大意义，让同学们了解历史、铭记历史。在全国两会召开之时，及时推出"两会小知识"，向同学们介绍两会是什么，人大代表和政协委员的产生、名额分配、分组情况、人员组成、界别情况，两会将怎样影响我们的生活等知识，让同学们了解国情。

---

① 黄静婧：《论网络思想政治教育接受》，《教育探索》2015 年第 5 期。

3.从形式上优化大学生思想政治教育网络交往平台

结合本次实地访谈以及网络观察的全国高校优秀网站和优秀微信公众号的建设经验,从形式上优化大学生思想政治教育网络交往平台,需要注意以下两点。

(1)交互界面使用便捷且美观大方。"从形式上看,要借鉴网络传播学、心理学、生理学等多学科的知识深入研究大学生的感知规律,以此来优化大学生思想政治教育网络交往平台的传受交互界面。一般来说,使用便捷、美观大方的交互界面更容易为接受主体所选择和注意。首先,大学生思想政治教育网络交往平台的交互界面的导航系统要清晰,以便接受主体能够明确自身所处方位并能迅速根据意愿选择相关教育信息;其次,网络思想政治教育信息的呈现要遵循'视觉中心原则',即'受众接触版面时,首先感知的是两方面内容:一是版面中最具有刺激强度的部分,如图片、标题、色彩等;二是版面的整体外貌。'要遵循接受主体的阅读习惯,把最重要的教育信息放在网页的左上角,以此吸引接受主体更多的注意力;最后,大学生思想政治教育网络交往平台的交互界面要满足接受主体高效浏览信息的需要。交互界面设计一方面要充分利用编辑符号(比如'题花、线条、色彩'等)帮助接受主体提高浏览教育信息的效率;另一方面,要避免因多媒体、动画技术的使用不当造成网页载入时间过长,使接受主体失去耐性而放弃对教育信息的选择和搜索的问题。"[①]

(2)内容的表现形式富于时尚性、互动性和趣味性。优秀的思想政治教育网络交往平台所呈现的教育形式一般不会只有传统的图片和文字,往往还有音频、视频、动漫、网络游戏等多种表现形式。教育信息推送者会结合当前受大学生欢迎的电影、电视剧、歌曲、网络用语等,对思想政治教育内容做形式上的包装,从而提高信息对大学生的吸引力和教育实效性。比如,《成都》是一首热门的歌曲,曲风深受大学生的喜爱。一些教育信息推送者(大学生)就结合学校的景点、标志性建筑、校园精神等内容,对《成都》进行重新填词和改编,自己拍MV、自己演唱。这种校园版的《成都》受到大学生的追捧,大学生在点击观看时就潜移默化地接受了爱校荣校的教育。在对全国高校优秀微信公众号的网络观察中发现,好几所学校都结合自身的教育内容对歌曲《成都》进行了改编,于是各个学校都有了自己版本的《成都》。此外,从网络观察的结果看,诸如网络点歌台、网络小游戏、网络投票、网络心理测试、"树洞"等互动性和趣味性强的栏目和

---

① 黄静婧:《论网络思想政治教育接受》,《教育探索》2015年第5期。

内容，大学生的阅读量、参与度和点赞数都是非常高的，这就启示教育者要善于开发和运用这些大学生喜闻乐见的教育形式。在全国高校优秀微信公众号中，一些高校公众号利用专业优势开发了系列思想政治教育性质的微信互动游戏。

某高校配合"两学一做"学习教育开发了"我爱学党章"游戏，让同学们掌握党章的基本知识；以《习近平用典》为主要内容，结合大学生成长成才实际进行开发的"学用典，赞习大大"的游戏，让同学们了解习近平治国理政的思路以及对大学生的殷切希望；以红军长征路线图和长征中的重要事件为元素开发的《突出重围》游戏，让同学们了解长征的历史知识，传承长征精神，为中华民族伟大复兴的中国梦努力奋斗。

（五）实施立体化的大学生思想政治教育

网络交往的超时空性增强了大学生思想政治教育的灵活性、时效性，扩大了覆盖面，网络交往的交互性提高了大学生思想政治教育的有效性。教育者应当抓住网络交往给思想政治教育带来的机遇，对大学生实施立体化的教育。立体化的大学生思想政治教育，是指大学生思想政治教育在时间上要实现历时教育和实时教育相结合，在空间上要实现网上教育和网下教育相结合。

1. 实现历时教育与实时教育相结合

（1）历时教育。历时教育是指要把大学生思想政治教育看作一个多因素整体性、有机性、动态性建构的历史过程，是思想政治教育接受主体（主要指大学生）基于自身需要，在环境作用影响下通过某些中介（思想政治教育的媒介），对接受客体（思想政治教育信息）进行反映、选择、整合、内化、外化的实践活动过程。从大学生思想政治教育的接受主体的思想观念系统看，教育者对大学生传输的思想信息不仅会激起大学生对其已有的思想价值观念的记忆，也会将同一时间段的其他来源的思想价值观念纳入其接受视域中，新旧思想观念相互交织、相互作用。大学生根据自身的需要比较和衡量哪些思想信息更有价值，从而选择、确定接受某种思想观念，而这些被接受的思想观念又不断促使大学生调整和建构自身的思想价值体系和精神需要。从接受客体来看，网络交往中传统的、现代的、后现代的多元思想价值观念相互交织影响。从接受介体看，存在着网络、学校、家庭、社会、同辈群体等多方面的影响因素。从大学生思想政治教育的接受过程看，认知、情感、信念、意志、行为相互作用。随着大学生的年龄增长、阅历增加、知识增多，影响大学生思想政治教育的接受因素会越来越多。大学生思想政治教育实现历时教育，要充分考虑思想政治教育接受主体、接受客体、接受介体、思想传导者之间的多向的动态的互动关系。① 正如马克思所说："历史是这样创造的：最终的结果总是从许多单个的意志的相互冲突中产生出来的，而其中每一个意志，又是由于许多特殊的生活条件，才成为它所成为的那样。这样就有无数互相交错的力量，有无数个力的平行四边形，由此就产生出一个合力，即历史结果，而这个结果又可以看作一个作为整体的、不自觉地和不自主地起着作用的力量的产物。"②

（2）实时教育。实时教育是指教育者即时掌握大学生的思想动态和行为趋势，进而提出教育对策的一种时效性较强的教育。网络具有实时性的特点，大学生运用QQ、微博、微信、贴吧等网络工具随时随地展现自我、与他人进行沟通交流，这已经成为他们的一种生活方式。思想政治教育者要充分利用网络实时性的技术优势，从与大学生的网络交往中，从对网络舆情的搜集分析中，及时捕捉大学生的思想情况，有针对性地调整教育策略，从而实现实时教育。不同的网络交往工具在互动性和时效性方面有一定的区别，思想政治教育者应恰当地选择网络交往工具开展工作。比如，微信在互动性和消息推送的时效性上不如微博强，高校若要开展网络舆论引导，就应该选择微博作为工具。

在访谈中，负责校园官方微博和微信公众号的Y老师指出："第一，微信的交流互动性不如微博强。微信公众号的互动主要是通过后台留言或者评论体现，但后台的留言和评论现在是没有办法保存的，因为微信公众号的留言到某一个阶段就会自动删除，所以我们没有办法具体地统计留言和评论数。但一般阅读量特别高的文章，互动或者留言的数量就会相应地多一些。另外，微信公众号后台的留言和评论，要经过审核和筛选才会放出来，你才能看得见，大家看了这篇文章都发表评论，但是彼此之间不能在第一时间直接交流。相比之下，微博的互动性是很强的。消息一推出，任何人的评论你都可以看见，进而不断地互动。第二，

---

① 黄静婧：《接受美学立体思维与思想政治教育》，《胜利油田党校学报》2015年第1期。
② 中共中央马克思恩格斯列宁斯大林著作编译局编译《马克思恩格斯文集（第十卷）》，人民出版社，2009，第592页。

在时效性上，微信也不如微博。微信公众号有推送次数的限制，每天只能推送一次，比如说今天我已经推送过一篇（微信推文）了，但晚上突然发生了一件事情，我就不能再通过微信来推送，只能通过微博。而微博是一发生什么事情就可以马上推送出去，很及时。所以很多新媒体上的舆论大战都是首先在微博上发生的，微信上相对比较难。"

2.实现网上教育和网下教育相结合

调查显示，网络交往已经成为大学生生活和学习中必不可少的组成部分。大学生网络交往不仅是其现实交往关系在网络上的巩固和拓展，他们在网络交往中也发展了新的社会关系，创造出新的生活方式。网络时代，思想政治教育要注意把网上和网下教育相结合，实现优势互补。

（1）网上大学生思想政治教育的优势和劣势。网上思想政治教育是指依托网络技术，以 QQ、微信、微博、电子邮件、网络教学平台等为载体，对大学生在网络上的思想行为进行引导的思想政治教育模式。网上思想政治教育借助网络的开放性、平等性、超时空性、交流的匿名性等特征，在许多方面超越了网下思想政治教育。例如，教育者和受教育者可以突破时空限制，随时随地地进行平等交流；受教育者可以放下思想包袱向教育者倾吐真实心声，教育者由此更真实全面地把握受教育者的思想动态；教育者和受教育者之间、受教育者之间、教育者之间可以实现非线性的网状交互，取长补短，等等。但是，由于网上思想政治教育不能面对面地和受教育者进行交流，受教育者的神态、动作、语言等这些可以一定程度上反映个人思想和心理状态的信息被隐匿，从而增加了教育难度。此外，在网上开展思想政治教育的过程中，受教育者可以借助网络的虚拟性向教育者呈现出非真实的状态，也可以因为对教育活动的不满而随时单方面终结网上思想政治教育的进程。这些情况降低了教育的可控性。

（2）网下大学生思想政治教育的优势和劣势。网下的大学生思想政治教育主要采取传统的思想政治教育模式，即以辅导员、班主任、思想政治理论课教师为组织者，通过课堂教学、社会实践活动、党团活动等形式，对大学生进行集中式的自上而下的教育。由于采取的是面对面的交流方式，教育者能够更直观地把握大学生的思想信息。此外，在社会实践活动、团队活动、体验式教学等方面，网下思想政治教育比网上思想政治教育更具有优势。但是，网下思想政治教育也有其劣势：教育者多数采取的是一对多的教育形式，因此难以把握每个教育对象的特殊性；时空的限制使得教育者只能在固定的时间和地点进行教育，缺乏时空上的灵活性；一些性格偏内向的大学生更喜欢通过隐匿的方式向教育者寻求帮助，网下思想政治教育在这些方面显然不如网上思想政治教育。

（3）实现网上和网下教育的立体互动。大学生在网络交往中反映出来的问题，实质是现实生活中的矛盾和问题在网络上的具象化表现，当然也是网络与现实相互作用的结果。因此，思想政治教育者要解决大学生的思想问题，不仅要在网上和大学生沟通交流，为其答疑解惑，更重要的是在网下找出大学生的思想症结所在，解决其实际问题，这样才能提高教育的实效性。只有网上和网下教育相结合，优势互补、立体互动，才能实现"1+1＞2"的教育效果。

实施网上和网下立体互动的大学生思想政治教育，高校要在校党委的统一领导下，依托学校行政、教辅、学工等部门的力量，充分调动教育教学一线的思想政治理论课教师、辅导员、班主任的积极性，通过构建完善的制度、机制，形成网上网下思想政治教育各个构成要素相互联系、相互制约、相互作用的联结方式，实现网上网下思想政治教育的科学化、制度化、规范化、常态化。以微博为例，在网上，通过整合构建以政府部门权威微博、传媒微博、社会名流微博、专家学者微博、高校思想政治教育工作者微博、学生组织微博等组成的微博联盟，充分利用微博的转发、评论、私信等功能与"粉丝"交流互动，实现思想政治教育话语全天候多层次宽领域的传播。在网下，传统的思想政治教育话语载体，如课堂理论教育、党团的主题活动、校园文化建设等并未过时和失效，教育者要将其与时俱进地发扬光大，使之与网上思想政治教育载体相辅相成。教育者可将网上被受教育者热捧和关注的"经典语录""经典理论""经典案例"定期进行归纳总结，编写成册，运用到网下思想政治教育活动中，增强网下思想政治教育话语传播的吸引力和影响力。[①]目前，除常规的课堂教学外，一些先进学校的思想政治教育理论课教学还同时在使用"爱课堂"（iClass）、慕课（MOOC）、私播课（SPOC）、对分易等网络教学平台。这些网络教学平台能够帮助师生实现教学和学习资源的上传下载、视频播放、布置或提交作业、学生互评、答疑讨论等，实现远程教学、移动学习，利用碎片化时间学习和教学。教师可以通过网络教学平台对学生课内和课外的学习情况进行全程监控，及时评价和反馈学生的学习状况，调整教学内容和方法。学生也可以根据自身的需要自主学习，并随时与老师互动交流，查看

---

① 黄静婧：《微传播时代思想政治教育话语权的重塑》，《教育评论》2015年第6期。

自身的学习投入和回报，鞭策自身更加努力学习。"2016 年 9 月，首批高校思政课慕课正式开课，开课当天即有两万人学习。高校思政课慕课以授课视频、图片、录音、电视纪录片、小测验等资料为主体，进行师生互动和学生互动，着重引导学生自主学习，讲授重点难点专题，既将思政课教学的重点进行简明扼要的梳理，又将针对各校学生实际情况讲授的部分留给各校教师，达到线上课程和线下课堂教学有机结合，兼顾统一和因材施教的目的。"思政课慕课通过课程讨论区、课程 QQ 学习群、课程微信公众号来实现同学之间、师生之间的交互，每门课程每天至少保证有一位教师在讨论区"巡山"，并确保及时答复学生的问题。这种混合式的教学模式有利于探索互联网时代思想政治理论课教学改革的新方法和新途径。

（六）善用智媒技术创新思想政治教育方法

当前，算法驱动、智能传播、人机协同的智媒时代已经来临。智媒技术是计算机技术、通信技术、控制技术等多种技术的集成创新，能够自主感知用户、迎合用户需求、提供针对性的用户服务。思想政治教育要善于运用智媒技术提高教育的实效性。

1. 圈层自我教育法

移动社交网络环境中，大学生的人际交往和信息交流呈现出"趣缘"聚合状态，即因人们兴趣、志趣相同而结成人际关系。"趣缘圈"形成的社交茧房也使思想政治教育信息的传播和接受范围受限。"趣缘"圈层的成员对圈层有很高的认可度、信任度和很强的归属感，而且对异质思想具有排他性，容易形成群体极化。

圈层自我教育法，是指教育者利用算法技术精准地把握受教育者的喜好，"投其所好"地把教育信息推送给受教育者，把有发展潜力的受教育者培养成为其所在圈层的网络意见领袖，使之在圈层中充当教育者的角色，帮助其他圈层成员纠正错误的思想认识和行为，进而提高受教育者自身及圈群成员的思想觉悟和道德品质的方法。圈层自我教育法有助于提高受教育者自教和互教的积极性，增强思想政治教育的辐射力。

2. 虚拟实践锻炼法

虚拟实践锻炼法，是指教育者利用智媒技术创设虚拟仿真的实践场域，联通和调动各方面资源，有目的有计划地组织引导受教育者在网络中参与各种形式的社会实践，培养受教育者的优良品德和行为习惯的方法。VR、AR、MR 等技术的发展能够将虚拟信息应用到现实空间，模拟可视化环境和数字影像，实现人体全方位的反馈和互动，给人身临其境的体验。思想政治教育者可以依托智媒技术开展沉浸式教育，创设历史事件、英雄人物、革命纪念馆等虚拟仿真场景，全方位地刺激和调动教育对象的感官，使之沉浸其中并进行具身认知学习，有效地增强教育过程的现场感和交互性。教育者还可以根据教育目标和教育内容设置挑战情节及闯关游戏，激发受教育者参与教育过程的兴趣和热情。虚拟实践锻炼法突破时空限制，比传统实践锻炼法更具灵活性、在场感和感染力，能有效激发受教育者的主动性和积极性，创造出丰富多彩的虚拟实践成果。

3. 碎微化教育法

碎微化传播是"一种建构在数据画像和精准算法基础上的私人定制的裂变信息分发"。碎微化传播精准"投喂"给教育对象的是微小叙事、言简意赅、生动有趣的信息，收发瞬间完成，能满足教育对象个性化和快捷化的信息获取需求，深受教育对象的欢迎。但这种碎微化传播由于"碎"和"微"的限制，信息内容往往是去语境化、去结构化的孤立信息，无法进行理性论证。在多元社会思潮相互激荡的环境下，一些隐含着非社会主流价值观念的碎微化传播内容很容易误导受教育者。碎微化传播内容具有去中心化的亚文化特征，消解了传统思想政治教育的主题明确、逻辑清晰、结构完整、理论论证的宏大叙事效果。

碎微化教育法，是指教育者把思想政治教育活动分割为若干小阶段、制定若干小任务，让受教育者利用碎片化时间，积少成多地逐步完成思想政治教育活动的方法。碎微化教育法符合智媒时代受教育者乐于接受碎微化传播方式的习惯，也是对碎微化传播弊端的一种反制。[①]

总之，高校要充分开发和利用大学生喜爱的网络载体和网络资源开展思想政治教育，增强和提高思想政治教育的渗透力、感染力和实效性。

---

① 黄静婧：《智媒技术对思想政治教育的影响分析》，《学校党建与思想教育》2022 年第 24 期。

第七章

网络交往视域大学生思想政治教育的环境优化

马克思主义认为，社会存在决定社会意识，社会意识是社会存在的反映。大学生的思想观念属于社会意识的组成部分。因此，作为培养大学生思想政治素质的思想政治教育也必然受到现实环境和网络环境的制约。在网络交往视域中，网络环境的信息洪流影响大学生的思想波动，对大学生接受思想政治教育起到渗透性和自发性的抑制或催化作用。大学生接受思想政治教育信息是要以周围的网络环境作为参考和印证的，因为大学生是网络环境中的个体，或者说其以某个或某些网络群体成员的身份存在。若思想政治教育信息与网络环境信息的价值取向一致，就会提高大学生对教育信息的接受程度；若思想政治教育信息与网络环境信息的价值取向相冲突，就会使大学生出于群体压力、合群倾向、社会相容性等多方面因素的考虑，影响他们对思想政治教育接受的态度和程度。[①] 因此，优化网络交往视域中的大学生思想政治教育，必须努力营造积极健康的思想政治教育网络交往环境。按影响范围划分大学生思想政治教育网络交往环境，可分为社会网络交往环境、高校网络交往环境、大学生网络交往群体环境。网络交往视域大学生思想政治教育环境的优化，可以从优化社会网络交往环境、学校网络交往环境、大学生网络交往群体环境入手。

一、社会网络交往环境的优化

社会网络交往环境是指影响大学生思想行为和思想政治教育的社会网络环境。思想政治教育要努力营造网络秩序安定有序、网络风气健康和谐、网络道德文明良好的社会网络环境，坚决抵制低俗消极的价值观和反动言论在网络中泛滥，反对西方国家的"文化霸权主义"和"思想殖民主义"。社会网络环境优化的措施主要包括四点：一是要加强网络道德建设，二是要加强网络法治建设，三是要加强网络技术控制，四是要加强网络文明语言建设。这四者各有功用，缺一不可，统一于营造健康向上的网络环境的实践中。

（一）加强网络道德建设

网络道德强调对网民的内在约束，侧重于从观念上规范和调整网民的思想和行为。网络道德建设主要从构建网络道德规范体系和提高网民的道德品质两

---

① 黄静婧：《论网络思想政治教育接受》，《教育探索》2015 年第 5 期。

方面入手。

1. 网络道德建设的必要性

（1）网络道德建设是传统伦理道德适应网络社会的需要。网络社会的来临给传统伦理道德带来了前所未有的挑战。很多传统的伦理道德不能适应网络社会发展的要求，具有滞后性，而新的网络伦理道德的建立和完善又是一个永无止境的过程，这表明网络社会对传统伦理道德的冲击是持续性的，只有与时俱进的网络道德建设才能够应对网络对现有伦理规范的挑战。此外，网络的开放性把不同国家、民族和地区的网民联结在一起，各地的基本情况、风俗习惯、价值评价标准等不同，造成了多元的道德评价标准在网上相互交织。面对不同的道德评价标准，网民常常出现道德迷茫和道德困惑的状态，从而造成各种网络行为失范。因此，要冲破网络的伦理困境，必须建构可行有效的网络伦理道德。

（2）网络道德建设是保障网络正常有序运行的需要。《2016 中国网民权益保护调查报告》显示，从 2015 年下半年到 2016 年上半年的一年间，我国网民因垃圾信息、诈骗信息、个人信息泄露等遭受的经济损失高达 915 亿元。[①] 这一数据说明维护和实现清朗的网络环境的迫切性，只有生态良好的网络环境才符合最广大人民群众的根本利益。网络正常有序的运行必须依赖强有力的社会控制机制。在社会控制机制中，法律和道德是相辅相成、紧密联结、缺一不可的。法律强调外在强制，道德强调自我约束。法律是以强制性的手段规定人们的权利和义务，道德是凭借社会舆论、沟通交流等方式唤起人们的良心、责任感、义务感来发挥作用。因此，网络道德建设是解决网络行为失范问题、保障网络正常有序运行的重要手段之一。

2. 构建网络道德规范体系

只有完善的网络道德规范体系，才能为人们的网络道德实践指明方向。网络道德规范体系的构建是一个长期而艰巨的过程。构建网络道德规范体系应遵循的基本原则有以下三个。

（1）立德树人原则。马克思主义认为，道德属于上层建筑，是由一定的经济基础所决定的，是为统治阶级的利益服务的。因此，道德是有阶级性的，那些认为道德具有全民普适性的观点和否认道德具有意识形态性的观点，不论在理论

[①] 新闻观察：《2016 中国网民权益保护调查报告》发布，搜狐网，https：//www.sohu.com/a/86086443_362254，访问日期：2022 年 7 月 3 日。

上还是实践上都是错误的。在网络社会，各个国家、民族和地区的人民可以超越时空紧密相连，但这并不意味着网络道德的意识形态性已经消亡。相反，我们必须清楚地认识到，西方敌对势力利用其在网络技术上的绝对优势和互联网的开放性、虚拟性等特征，对我国网民尤其是青年大学生实施西方意识形态渗透，在网络上和我国进行一场"没有硝烟的战争"。在这种情况下，我国的网络道德规范体系建设更应该坚持立德树人的基本原则，以马克思主义为指导思想，弘扬社会主义核心价值观，以此来规范我国网民的思想行为，使广大网民在网络实践中自觉地保护国家安全，争做社会主义核心价值观的维护者、传播者和践行者。

（2）传承借鉴性原则。构建网络道德规范体系应当从古今中外优秀的道德文化中汲取营养。一方面，要传承中国传统的道德文化。中国传统道德文化中蕴含着许多构建网络道德规范体系时可供借鉴的资源。例如，中国儒家"慎独"的思想修养方法，强调在无人监管的情况下能够自觉地坚持自己的道德信念和履行合乎规范的道德实践，这对于在虚拟、开放的网络环境中提高网民的网络道德自律性有着重要的借鉴意义；"勿以恶小而为之，勿以善小而不为"的传统道德信条，有利于网民规范和约束自身在网络中的细微言行，防止因自身不良的网络言行而破坏健康的网络秩序；"言之有物，言而有信"的传统道德准则，有利于提醒网民不制造和传播虚假的言论，营造诚信文明的网络环境；"克己复礼"的传统思想，有利于网民确立正确的上网动机和目的，面对纷繁复杂的网络信息能够用理性克制消极欲望，抵制不良诱惑等。另一方面，要借鉴国外先进的网络道德规范建设经验。由于网络技术发源于国外，因此，一些发达国家如美国、英国等对于网络道德规范建设的探索也就比我国时间更长、经验更加丰富。例如，美国计算机伦理协会制定的"计算机伦理十诫"就很值得我们借鉴。值得注意的是，不论是传承我国的优秀道德文化，还是借鉴国外先进的网络道德规范建设经验，都应该依据我国的现实国情，以我国网民网络实践为基点，坚持社会主义核心价值观的正确导向，对古今中外的道德文化"取其精华，去其糟粕"，进行适合我国网络道德实践的现代性转化。

（3）层次性原则。网民道德是网民在网络社会实践中通过一定的社会学习方式，将社会的道德要求不断转化为内在的道德品质的过程。"道德内化是一个发展过程，道德内化的发展性使公民道德的发展呈现出自发、自觉和自由三个层次"①。公民网络道德规范体系的建设也应该遵循网民道德发展的渐进性规律，坚持层次性原则。由于网民群体中存在不同层次的思想道德水平和道德觉悟水平，在网络交往实践中所表现出来的网络道德意识也不同，针对处于不同层次网络道德水平的网民，在网络道德规范建设中要注意网络道德规范的层次性。我国网络道德规范可以分为三个层次：一是底线层次的网络道德规范，可从否定层面给予规定，如网民的言论和行动不损害国家利益、不侵害他人的合法权益、不散布网络谣言等；二是一般层次的网络道德规范，属于普通网民应该达到的水平，比如理性表达言论、尊重他人的言论自由、保护他人的知识产权等；三是高层次的网络道德规范，此时遵守网络道德已经成为网民的内在需求，比如以身作则提高网民的整体素质，带头引领网络文明，等等。总之，网络道德规范建设要把先进性要求和广泛性要求结合起来，培养网民从较低层次的网络道德思想向较高层次的网络道德思想发展，促进不同思想层次的网民在自身原有的基础上提高网络道德思想水平和觉悟，完善自身的道德人格。

3. 提高网民的道德品质

道德品质包括道德认知、道德情感、道德意志、道德信念、道德行为和道德习惯等基本要素，这些要素相互联系、相辅相成，共同构成一个有机整体。只有完整地拥有这几个基本要素，才能够说一个人具备了某种道德品质。人的道德品质是道德教育和道德修养的产物。只有通过道德教育和个人的道德修养，才能够提高个人的道德品质，塑造出社会所需要的道德人格，进而在整个社会形成良好的道德风尚。网络道德教育是指依据一定的网络道德准则和要求，对网民有计划有组织地实施影响的一种活动。网络道德教育是提高网民道德品质的重要手段，也是网络道德建设成功的关键环节。

提高网民道德品质的内容包括五个方面：一是提高网络道德主体的道德认知水平。提高网络道德主体的认知水平是网络道德教育的起点。要使网民了解网络道德知识，掌握网络道德行为规范，让网民明辨网络实践中的真假、善恶、美丑，知道哪些行为该做，哪些行为不该做，以此规范和指导自身的网络实践活动。二是培养网络道德主体的道德情感。网络道德主体的道德情感是网络主体运用一定的网络道德规范和原则去理解评价周围环境中的人和事物时产生的一种主观情绪体验。网络道德情感在一个人网络道德品质形成和发展的过程中起催化和强化的

---

① 卢先明：《略论公民道德的层次性》，《道德与文明》2005 年第 4 期。

作用。要使网络道德主体形成和加深与网络道德规范相一致的道德情感，改变与网络道德规范相抵触的道德情感。三是磨炼网络道德主体的道德意志。网络道德意志是网络主体在履行网络道德规范的过程中表现出来的自觉克服困难和障碍的毅力。网络道德意志是调节网络主体道德行为并使之持之以恒的保证。磨炼网络道德主体的道德意志，要帮助网络道德主体树立正确的道德动机，培养坚定的信念和克服困难的坚忍不拔的精神。四是确立网络道德主体的道德信念。网络道德主体的道德信念，是网络主体对网络道德规范的内心信仰。网络道德信念是一个人网络道德行为的强大动力，也是一个人网络道德品质形成的关键。五是养成网络道德主体的道德习惯。网络道德主体的道德习惯，是网络主体在实践活动中履行道德规范的实际行动，通过经常性的锻炼和修养，使之成为自然的行为习惯。只有使网络主体养成恒定的网络道德习惯，网络道德教育的目的才能实现。

提高网民道德品质的方式多种多样，有讨论教育法、说服教育法、榜样教育法、陶冶教育法等。讨论教育法是在教育者的指导下，由受教育者围绕网络生活中的某一问题相互讨论和学习，最后得出正确认识的教育方式。说服教育法是教育者通过深刻地阐释网络道德规范、剖析网络世界中的实例来提高受教育者的网络道德品质的教育方式。榜样教育法是通过某些网民在网络实践中表现优秀的道德品质和模范言行来影响其他网民的思想、情感和行为的教育方式。陶冶教育法是教育者有目的地利用或者创设有利的教育情境，对受教育者进行潜移默化的熏陶，促进其养成良好的网络道德品质的教育方式。以网络媒体中的人民网为例：第一，其从自身做起，倡导文明办网；第二，抓住网民关注的热点和难点通过原创人民时评进行揭露、抨击，如针对网上恶搞雷锋、董存瑞等英雄人物，丑化红色经典的现象，推出文章《肆意为英雄涂红抹绿 网络恶搞歪风卷入信念净土》；第三，运用博客、互动论坛、网上调查等方式让网民参与文明办网、文明上网的讨论和主题征文活动，请普通群众和专家共同评出100种网络美德和网络礼仪，并向社会公布等。通过这些活动，人民网推动网站、网民共同构建和谐的网络环境。[1]

（二）加强网络法治建设

网络法律法规强调对网民的外在约束，侧重于从制度上规范和调节网民的思

---

[1] 官建文：《人民网："让网络文明之风长吹不息"》，中国网，https://www.chinaxwcb.com/info/107634，访问日期：2022年7月5日。

想和行为。网络法治建设主要从完善网络法律法规和强化网络执法队伍建设两方面入手。

1.加强网络法治建设的重要性

马克思认为人的道德自律是从外在他律和强制约束转化而来的。网络环境的健康有序，既要依靠网民的自我约束，也要有网络法治建设来保障和支持网民道德行为的履行。当前，加强网络法治建设迫在眉睫。

（1）加强网络法治建设是维护国家网络安全的需要。"棱镜门"事件的爆发使许多国家开始从国家战略的高度重视网络安全。2016年底，国家互联网信息办公室发布的《国家网络空间安全战略》阐明了中国关于网络空间发展和安全的重大立场和主张，是指导国家网络安全工作的纲领性文件。[1]法制是维护网络安全最有力的武器。目前，黑客和病毒是威胁国际网络安全的主要因素。中国是世界上遭受黑客和病毒攻击的主要国家之一。美国在网络技术上有着绝对的优势，能够利用网络发动信息战争，对他国实施攻击。一旦我国的计算机网络瘫痪，整个国家的安全就会陷入危险的境地。因此，要加强网络法律法规体系的系统性、权威性、可操作性和有效性，对危害我国网络安全的黑客施以法律惩罚。

（2）加强网络法治建设是维护国家、网络运营商和网民利益的需要。我国的网络法治建设要彰显法治精神，将国家对网络的监管纳入法治轨道，协调好国家、网络运营商、网民三者之间的利益关系。我国的网络法律法规首先要维护国家的利益和安全，坚持社会主义的主流意识形态，在此基础上，网络法律法规要鼓励和保障网络运营商之间的公平竞争和合法权益，保障网民关注的虚拟财产权、网络言论自由权、网络交易权等方面的合法权益。"18岁的山东女孩徐玉玉即将开始崭新的大学生活，但因受到电信诈骗，将9900元学费转入对方账号，得知被骗后她伤心致死。"[2]相似的悲剧还有很多。对于此类因个人信息泄露而造成的电信诈骗案件，工业和信息化部、公安部、虚拟运营商以及受害者自身都有一定的责任。只有加强网络法治建设，完善网络立法，严格网络执法，使广大网络运营商和网民学法、懂法、守法、用法，才能维护自身的合法利益不受侵害。

（3）加强网络法治建设是规范网民网络行为的需要。完善的网络法律法规

---

[1] 张岩：《2016年网信工作六大亮点》，中国日报网，http://china.chinadaily.com.cn/2017-01/03/content_27847627.htm，访问日期：2022年7月3日。

[2] 杨昊：《别让悲剧重现，整治电信诈骗需"刮骨疗毒"》，人民日报政文，https://news.ifeng.com/c/7fbxmxiGCgv，访问日期：2022年7月10日。

应当可以告知人们哪些网络行为是正当可行的，在网络活动中如何维护和保障自身、组织以及国家的合法权利，如何防范和避免网络纠纷等，以此来提高人们网络行为的合法合理性。例如，许多网络直播平台为吸引网友的眼球存在有法律风险的操作：色情、暴力等视频的传播涉嫌刑事犯罪；在公众场所进行网络直播，涉嫌侵犯公共安全利益或者他人隐私；不加任何说明地直播他人的作品涉及知识产权保护问题等[①]。这就需要制定与网络直播相关的法律法规来规范网络直播主体的行为。

2.完善网络法律法规

有法可依是加强网络法治建设的前提和基础。当前，我国"网络法体系整体上呈现零散而低位阶的局面，在核心原则和具体内容两方面都存在立法供给的不足。"[②]因此，我国迫切需要完善网络法律法规。加强网络法律法规建设要从我国网络社会实践的客观实际出发，既要维护国家的主权和发展利益，也要切实保障网民、网络运营商的合法权益，有效地维护网络环境的健康。具体来说，加强网络法律法规建设需坚持以下原则：一是现实性与超越性相结合的原则。一方面，网络法律法规建设要着眼于当下人们在网络实践中急需解决的法律问题并作出规定，让网民的行为有法可依。例如，针对"无直播不传播"状态下许多涉黄涉暴违法行为频现的问题，2016年底，国家互联网信息办公室发布的《互联网直播服务管理规定》就有利于激浊扬清，规范网民的行为。另一方面，网络法律法规建设也要增强预见性和超越性，要根据网民的思想行为特点预测其变化，对一些目前还没有明确立法但很有可能发生的状况给予关注，争取用相对稳定的法律法规来适应不断变化的网络实践，避免因立法的周期性而造成立法相对于网络实践的滞后性。二是全球合作原则。网络交往实践具有超时空性，这为网络犯罪分子超越国界实施犯罪提供了可能，而网络犯罪的破坏面也不仅仅局限在某个国家或者区域，常常会波及多个国家甚至全世界。因此，维护网络环境的安定有序需要全球合作，与此对应的网络法律法规建设也需要坚持全球性原则，加强国际间的交流合作，努力使网络法律法规与国际社会接轨，在全球具有普适性。2016年底，习近平总书记在以"创新驱动 造福人类——携手共建网络空间命运共同体"为

---

① 魏哲哲：《"无直播不传播"成为常态 网络直播并非法外之地》人民网，http://media.people.com.cn/GB/n1/2017/0208/c40606-29064645.html，访问日期：2022年7月10日。

② 吴俊：《网络安全的法治保障》，《中国社会科学报》2015年5月20日。

主题的世界互联网大会上指出，中国愿同国际社会一道，坚持以人类共同福祉为根本，坚持网络主权理念，推动全球互联网治理朝着更加公正合理的方向迈进。[①]这表明了中国要参与全球互联网治理的积极趋势。三是保障网民权利和自由的原则。通常网络法律法规强调国家对网络的管制，其目的是整顿网络秩序，净化网络环境。实质上，随着社会主义市场经济的发展和网络的发展，我国的网络法律法规建设也应该协助构建良好的市场机制，充分发挥市场自身的力量，减少政府对网络实践的干预。政府要做的是为市场主体自由有序的竞争提供公平公正的网络环境，不仅要通过法律法规制裁破坏网络秩序的犯罪分子，还要通过法律法规保障网民的权利和自由（如虚拟财产权、网络交易权等合法权益），促进网络运营商合理合法地竞争。

3.强化网络执法队伍建设

网络执法队伍建设是保障网络法律有效实施，维护网络法律权威和生命力的关键环节。网络犯罪的高技术性、隐蔽性、复杂性、广泛性、国际性、高破坏性等特点，对网络执法提出了很高的要求。这就需要大力加强网络执法队伍建设，培养一支德才兼备的网络执法队伍。具体措施包括以下三项：一是加强国家互联网管理部门对网络各执法部门的监督和管理，理清网络各执法部门的执法职责、权限和边界，强化网络各执法部门的沟通与协作，防止因职能交叉和权责不清而出现的推诿责任不执法或执法不严的情况。二是要加大网络科学技术的研发力度和科研经费的投入力度，以高科技作为网络执法的坚强后盾，提高网络执法的现代化水平。上海国际问题研究院副研究员鲁传颖指出，"从事网络空间治理研究的学者，远远少于从事技术研发和应用的人。华为有17万员工，而全世界从事网络空间治理研究的学者总数都远低于这一数字。"[②]这说明需要有更多的学者投入到网络空间治理的研究中。三是全方位提高网络执法人员的素质。要创新网络执法人才培养机制，通过教育培训、人才引进、实战锻炼等方式，提高网络执法人员的思想政治素质水平、职业道德水平、业务技术能力水平，使其能够"召之即来，来之能战，战之必胜"。

---

① 张岩：《2016 年网信工作六大亮点》，中国日报网，http：//china.chinadaily.com.cn/2017-01/03/content_27847627.htm，访问日期：2022 年 7 月 3 日。

② 张春海、饶嘉：《破解困境搭建桥梁　网络空间治理研究走向开放融合》，中国社会科学杂志社，http：//sscp.cssn.cn/xkpd/xszx/gn/201609/t20160909_3195520.html，访问日期：2022 年 7 月 11 日。

（三）加强网络技术控制

网络技术控制是从技术层面去控制网络信息污染和网民不文明行为的发生。"互联网在某种程度上是一种全新的传播技术，它需要一种特别的自我治理模式"①。网络技术控制是依靠技术手段来控制网民不文明现象的发生。从信息技术角度来看，网络技术控制主要包括信息处理技术中的信息传输技术、信息加工技术、信息控制技术、信息应用技术、信息安全技术等。对网络信息传播的技术控制的措施有以下四项：一是对违法、有害信息的防范的技术控制，主要通过使用过滤软件、分级制度、防火墙技术、数据加密技术、数字签名技术、访问控制技术和信息泄漏防护技术等实现。二是对信息污染的防治的技术控制，主要通过信息资源的有效配置、网络跟踪、电子警察、对信息源的优化、防病毒、信息分类等技术完成。三是对数字化信息的筛选、过滤、检查技术，将各类信息污染堵截在信息系统与信息网络之外。四是人工智能技术，实现计算机自动分类和标引，减少因信息激增而造成的信息加工上的繁琐与负荷。②

（四）加强网络文明语言建设

网络交往环境中产生的网络语言是多元文化的杂糅体。社会网络交往环境中存在部分与我国主流意识形态相背离的网络语言，这些低俗网络语言中蕴含的消极思想价值观念会对大学生的思想产生不良影响，加强网络文明语言建设尤为必要。网络文明语言建设是从净化网络语言环境和创造符合社会主义核心价值观的网络语言等方面来提升网民的思想道德素质。加强网络文明语言建设可以从以下四点入手：第一，国家教育部门、互联网管理部门及行业组织要引导大众传媒和网民正确看待、运用和创造网络语言。目前，一些媒体和网民对网络不文明用语的使用具有错误的认识。他们不认为网络低俗语言是一种降低媒体和个人品位、破坏语言环境的事情，反而觉得是一种能够紧跟社会潮流的时尚行为，并在这种认可甚至是欣赏网络低俗语言的心态下毫无顾忌地使用网络不文明语言。国家教育部门、互联网管理部门及行业组织要引导媒体和网民认识到，能否正确使用网

---

① 安德鲁·查德威克：《互联网政治学：国家、公民与新传播技术》，任孟山译，华夏出版社，2010，第316页。
② 刘耀、王锦贵：《网络信息传播的技术控制模式研究》，《情报理论与实践》2007年第2期。

络语言是体现媒体职业道德水平和个人道德素养高低的重要窗口，对于低俗的网络用语应该坚决抵制和批判，净化网络语言环境。同时，相关部门应该引导媒体和网民将社会主义核心价值观融入到网络语言中，提升网络语言的价值内涵，创造思想价值观念积极向上的网络语言，比如"最美××"语体，从中延伸出"最美教师""最美医生""最美警察"等，利用这些网络语言所承载的好人好事，提高全社会的思想道德素质。第二，媒体和网站要加强自律，从自身做起，净化网络语言传播环境。目前，一些媒体在激烈的市场竞争环境下，为了吸引受众的眼球和取悦受众，堂而皇之地使用网络低俗语言。广大媒体应当承担起用主流意识形态的声音引领舆论的社会职能，在媒体平台上对广大受众进行网络文明用语的宣传和教育，积极开发出受众喜闻乐见的彰显社会主义核心价值观的文化产品，增强和扩大社会主义核心价值观在网络和现实生活中的渗透力、感染力和辐射面。第三，网络不文明用语的使用不仅需要媒体和网民的自律，也需要他律。中央相关的领导部门、管理部门及行业组织要对网络环境加强常态化的依法监督和管理，完善相关的法律法规，有效遏制网络不文明用语的肆意蔓延。第四，领导干部要以身作则，充分发挥行为示范和引领的作用，文明使用网络语言，传播社会主义核心价值观，带头使用"接地气"的网络语言传递治国理念。领导干部尤其要避免使用网络低俗语言，以免做出有损党和国家形象，破坏健康文明语言环境的行为。

二、高校网络交往环境的优化

高校网络交往环境是与大学生直接联系的环境，其相对的独立性和可控性比较强，有利于环境的优化。高校要努力增强环境软实力（如网络技术人员力量、网络规章管理制度、网络文化等）和环境硬实力（如网络设备、资金投入等）来优化校园网络交往环境。

（一）完善校园网络规章管理制度

校园网络规章制度是校园网络管理的依据。高校要以国家网络法律法规和相关部门的网络管理条例为基础，根据各个学校不同的特色和校园网络管理的需要，制定相应的校园网络规章管理制度，从法律法规和道德规范两个层面为校园网络环境的净化提供制度方面的保障，从而确保校园网络管理的每项工作都有规可依，提高校园网络管理的水平。校园网络规章管理制度具体包括：校园网络安全管理制度、校园网络应急管理制度、校园网络人员管理制度、校园网络维护管理制度等。这里重点谈校园网络"实名登录＋匿名交流"制度和高校网络舆论引导机制。

1. 校园网络"实名登录＋匿名交流"制度

校园网络"实名登录＋匿名交流"制度是一种大学生以实名信息登录校园网络并进行匿名交流的校园网管理制度。实名登录和匿名交流相得益彰。一方面，校园网络实名制能够在一定程度上防止有人匿名在校园网上发布网络谣言、垃圾广告等垃圾信息，以及防止恶意侵害他人名誉等行为的发生；能够使大学生在网络上接收到更有责任的言论信息，提高个人信息的准确度，避免网络话语权的滥用；能够在校园网络舆论监管中，加快对言论源头的确认，提高校园网络舆论引导的时效性。易班平台的运用就是采取了网络实名制。在实施校园网络实名制的过程中，要处理好大学生个人信息的保护问题，防止不法分子盗取大学生个人信息进行诈骗或发送垃圾信息等现象的出现。另一方面，为了尊重大学生匿名交流的习惯，使大学生在网络交往中敢于讲真话、诉真情，在大学生实名登录校园网络的基础上，可以采取匿名交流的方式。这样更有利于思想政治教育者正确地把握大学生的思想动态。"天津市教委依托'超级校园'App 应用平台，采用'实名登录＋匿名交流'的模式，学生用手机实名验证登录，平台自动生成辅导员通讯录和辅导员信息群"[①]，师生之间、学生之间可以在登录后实现匿名交流。天津市教委的"超级校园"App 应用平台非常值得推广和学习。这个平台既可以解决本次调查访谈中学生反映的想与老师进行网络交流却无法获知老师联系方式的问题，有利于师生随时随地沟通联系，也可以兼顾系统的安全性。

2. 高校网络舆论引导机制

（1）构建高校网络舆论引导机制的意义。构建高校网络舆论引导机制是高校思想政治教育的重要组成部分。高校网络舆论是大学生通过互联网对所关注的"热点""焦点"问题表现出的带有倾向性和影响力的价值取向和观点态度的总和。它既是大学生思想动态的实时报告，也是影响大学生思想走向的重要载体。思想政治教育者要通过监控、分析和引导网络舆论，使大学生形成正确的价值取

---

① 思想政治工作司：《天津市教委依托"超级校园"App 平台打造思想政治教育网络课堂》，中华人民共和国教育部，http://www.moe.gov.cn/s78/A12/gongzuo/moe_2154/201605/t20160505_242131.html，访问日期：2022 年 7 月 11 日。

向。同时，构建高校网络舆论引导机制是高校应对复杂舆论形势的必要手段。国际国内舆论在当前呈现复杂态势。西方国家利用信息网络的非国界性对社会主义国家进行意识形态的渗透，国内改革引发的利益关系调整，很容易让人们产生错误的思想倾向，在网络滥发言论。思想政治教育者要通过网络舆论引导机制，用主流意识文化和正确的价值导向占领高校网络阵地，防范和抵御不良思想对大学生的侵蚀。①

（2）构建高校网络舆论引导机制的依据。高校网络舆论生成与传播的特点是构建高校网络舆论引导机制的依据，具体表现为三点：第一，高校网络舆论参与主体的主导性与从众性。大学生是高校网络舆论生成与传播的主体力量，但他们参与网络舆论的积极度并不均衡，呈现出主导性和从众性两极分化的趋势。少数大学生是校园网络中的"意见领袖"，他们能够主导和左右其余大学生网民的意见，促进网络舆论的形成。而其余大学生出于从众心理对"意见领袖"造就的强势观点持认知并赞同的态度，从而形成强势观点越来越广泛扩散，其余的弱势观点越来越沉默的螺旋发展过程。第二，高校网络舆论传播时空的离散性与多元性。基于网络开放、交互和快捷的特点，大学生网络舆论传播突破了传统媒介的时空限制，网上与网下交互传播、校内与校外交互传播，大众传播、人际传播、群体传播等多元混合传播模式并存。第三，高校网络舆论传播效果的强化性与放大性。由于从众心理、集体无意识心理、群体传染和暗示心理等作用，大学生在网络热议过程中很容易形成思想共鸣和协同，这种集体心理借助网络媒体多向传播的高度交互性，能够达到效应显著放大和倍增的效果，大学生的关注、评论能够瞬时形成强大的网络舆论，甚至产生网络群体极化现象和现实中的群体事件，造成网上网下相互呼应和加强。②

（3）构建高校网络舆论引导机制的具体内容。第一，健全高校网络舆论引导的领导机制。高校要建立健全党委统一领导、各职能部门具体负责实施和齐抓共管的网络舆论引导工作体制；高校要为把握网络舆论引导和议题设置的主动权提供制度保证；高校思想政治教育者要自觉强化舆论意识，提升舆论引导水平。要建立健全校园网络管理工作考评激励机制，充分发挥广大党政干部、团学干部、一线教师、辅导员和大学生在校园网络管理中的主力军作用，发挥他们对校园网

---

① 黄静婧、梁彩花：《构建高校网络舆论引导机制》，《大学教育》2015年第1期。
② 同①。

络舆情的监控和引导作用。

第二，强化高校网络舆论的监测预警机制。高校网络舆论的的监测预警机制包括监测和预警两个环节。在监测环节，要制定高校网络舆论监测制度，明确监测内容和监测范围，坚持技术监测和人员监测相结合的原则。在预警环节，要基于技术和人员对网络舆论信息的收集、分析和研判，依据不同的舆论指标确定网络舆论的种类和等级，建立有效的、应对不同等级舆论的高校网络舆论应急预案。在预警信号发出后，要全面准确地跟踪舆论，系统地把握舆论的发展动向，与上级主管部门保持联系，做好网络舆论危机干预的准备工作。

第三，完善高校网络舆论的干预引导机制。高校网络舆论的干预引导要遵循高校网络舆论生成与传播的规律，根据舆论发展的态势确定工作的重点和方向，注意凝聚各方力量形成引导的合力。当舆论事件发生时，高校要准确把握网络舆论动态，谨防因细小变化而产生的"蝴蝶效应"。当舆论事件升级为焦点事件时，高校要通过新闻发言人制度和地校联动合作机制积极主动地回应事件，实事求是地发布权威信息、澄清事实。① 在舆论开始出现至舆论逐步整合的阶段，高校要充分发挥大学生"网络意见领袖"的作用，强化主流权威言论，为大学生解惑。在舆论事件结束后，高校还应利用校园网络、思想政治理论课等对大学生进行相关内容的思想政治教育，使大学生今后能够以正确的价值观来认识和评价问题。

第四，建立高校网络舆论引导的反馈机制。高校对网络舆论进行干预引导后，还要通过反馈机制来反馈舆论引导的效果，调整舆论引导的设计，巩固舆论引导的成效。具体有两项工作：一是构建舆论引导效果评价指标，获取效果评价的反馈数据；二是对网络舆论引导工作进行总结备案。

第五，强化高校网络舆论引导的内驱机制。大学生良好的网络道德素质是高校网络舆论健康发展的内驱动力和长久保障。因此，高校要重视大学生作为舆论接受者和传播者的主体地位，加强对大学生的网络素养教育，提高其网络道德自律能力。②

（二）实现校园教学科研场所的网络全覆盖

网络交往已经成为大学生学习和生活中必不可少的组成部分。网络交往离不开上网设备和上网环境，本次对大学生的调查显示，大学生上网的场所主要集中

---

① 黄静婧、梁彩花：《构建高校网络舆论引导机制》，《大学教育》2015年第1期。
② 同①。

在校内的宿舍、图书馆和校外的网吧，因为这些地方能够提供无线 Wi-Fi 或者有线网络。在其他地方，大学生只是偶尔而非长时间地使用手机流量上网，因为大部分学生都认为手机流量的费用太高而且不够用。也有学生反映，尽管校内的宿舍、计算机机房、图书馆能够提供网络交往的环境，但这些地方的私人空间不足，环境刻板，不能提供使人身心放松的愉悦的交流氛围。因此，有很多大学生在周末或闲暇时间结伴到学校周围的网吧上网。学校周围的网吧多以节约经营成本和追求利益最大化为目的，监管力度比较薄弱，上网人群复杂，这样的上网环境不可避免地会给大学生的身心发展带来一定的不良影响。此外，实施网络思想政治教育的一个基本条件是拥有网络。在本次对教师的调查中发现，一些思想政治理论课教师想尝试用对分易等手机网络平台进行教学，但苦于在教室里不通网络或者网络信号较弱而难以实施教学改革。而思想政治教育者运用易班、微博、微信等平台对学生开展教育也必须拥有网络。鉴于以上情况，高校应当加大财政投入，完善网络思想政治教育的硬件设施，在校内实现教学科研场所的网络全覆盖，并可以尝试创建一些校内健康休闲主题网吧，为大学生创造休闲宜人的上网环境，提供令人舒心的上网服务。

（三）强化校园网络文化建设

校园网络文化是依托校园网络的一种新型校园文化。校园网络文化比传统校园文化在时空上的覆盖面更广，对学生更具感染力、吸引力，熏陶感染的力度更大。校园网络文化建设是高校网络交往环境优化的关键环节，是高校思想政治教育的新途径，是高校文化软实力的重要体现。强化校园网络文化建设可以从校园网络文化阵地建设、校园网络文化作品建设、校园网络文化队伍建设、校园网络文化实践活动建设等方面入手。

1. 校园网络文化阵地建设

高校要运用网络交往平台即时性、开放性、交互性等特点，建设引导学生、服务学生、培养学生的校园网络文化阵地。校园网络文化阵地的载体包括校园主题网站、官方微博、微信公众号、易班互动社区、手机报等。许多高校都开设了思想政治教育红色网站、大学生心理咨询网站、网络党校等主题网站。思想政治教育红色网站是针对大学生关心的热点问题，在网上运用马克思主义的原理和方法进行深刻剖析，开展正面的宣传教育，引导大学生树立正确的世界观、人生观和价值观的网站。大学生心理咨询网站，是由专业的心理咨询工作者通过和大学生在网络上匿名交流，对大学生的心理矛盾、心理困惑以及学习和生活中遇到的问题进行共同协商，帮助大学生解决心理危机，纠正认识偏差，增强自信心的网站。网络党校，是指通过网络视频点播、名家文稿、党员在线谈等网络交往互动的方式传达党的路线、方针、政策，统一全校党员的思想的网站。微信和微博是大学生网络交往常用的手机软件，思想政治教育微信公众号和微博应该成为校园网络文化阵地的重要载体。目前，许多高校已经创建了思想政治教育微信公众号，以学校为主体，发布国家、社会和学校中的正能量信息，对大学生进行思想引导。有的高校还要求辅导员开设思想政治教育博客，以自己所带的年级和专业的大学生的特点为基础，结合自身的工作要求，在博客上开辟主题团日、党员生活、大学生创新团队训练、大学生就业创业指导等专栏，使网上和网下的思想政治教育有机结合，相互促进。易班是集教育资源、信息服务、文化娱乐、思想政治教育于一体的互动社区。"目前，易班网搭建了全国、省级、校际、校内4个层次的网络文化活动创新体系，每年开展4000多场线上线下相结合的校园网络文化活动。比如，'校园好声音'活动就有全国31个省份517所高校的学生参与，其中有几百首宣传社会主义核心价值观的大学生原创歌曲。"[①]

在访谈中，P老师指出："学校建立了全覆盖的思想政治教育新媒体传播阵地。以团学的网络组织为例，从纵向看，自下而上建立了各基层团支部微平台、各院级学生组织社团微平台、各校级学生组织社团微平台、校团委微平台；从横向看，建立了微信、微博、微视横向联动的全媒体平台。在学工方面，全校所有的辅导员和学生都已经进驻易班，二级学院易班分站有28个。此外，还有校园主题网站、手机报等网络阵地。依托这些网络文化阵地，学校对大学生开展了各种'润物细无声'的思想政治教育活动，对学生需求的各类教育和服务信息进行推送，实现了寓教于乐和服务育人。"

负责易班的Z老师介绍了该校易班的机构管理及软硬件情况：学校易班领导小组（党委书记、校长任组长）下设易班发展中心，牵头部门为学生工作部（学生工作部部长任易班发展中心主任，思想政治教育科科长任中心秘书），易班发展中心下设学校易班工作站（聘任学院辅导员组成工作站指导老师协作团队）和

---

① 徐瑞哲：《新思政之二：这个"最大班级"用互联网黏住450多万大学生》，上观新闻，https://web.shobserver.com/news/detail？id=41155，访问日期：2022年6月10日。

学院易班工作站。工作站软硬件设施完善，拥有系统的易班工作站组织架构、工作章程、固定的办公场地及易班活动的固定宣传海报位。

2.校园网络文化作品建设

高校要整合优质的网络资源和教学资源，充分发挥教师和学生的主动性，创造出师生喜闻乐见的网络文化作品。从本次调研访谈和网络观察的结果看，校园网络文化作品的种类很多，既包括服务师生和引领思想的校园手机 App、手机报、校园微信公众号、校园微博、各式各样的易班轻应用等，也包括根据当前流行文化改编的反映校园风貌和校园精神的微电影、原创校园歌曲 MV、优秀网文，还有结合中国传统文化，如古代诗词、灯谜等，配以学校中的特色美景、标志性建筑、校园形象等推出的美图和美文。此外，还包括校园微博、微信、易班的网络文化衍生品，如吉祥物、T 恤、水杯、LOGO 等，甚至还有由大学生自己手绘并印刷的校园萌版月历，大学生自己设计的过年表情包、"学雷锋"表情包等。这些丰富多彩的网络文化作品是弘扬主旋律、传播正能量的重要载体，不仅具有思想引领性，而且具有实用性和趣味性，因此深受广大师生的喜爱。

3.校园网络文化队伍建设

校园网络文化主要靠人来设计、开发和应用，因此，校园网络文化队伍建设是校园网络文化建设的关键。高校应在机构、空间、资金、人员和设备等方面加强校园网络文化建设，建立和完善校园网络文化队伍建设的激励保障措施，这样才能提升校园网络文化队伍的战斗力，推出更多有质量的校园网络文化作品，这也是突破校园网络文化平台发展瓶颈的有效途径。

从本次对负责校园思想政治教育网络交往平台的老师和易班工作站的同学的访谈结果来看，当前思想政治教育网络交往平台面对的发展困难主要有两点：一是技术匮乏，表现为平台在使用上还不够便捷，功能还不够强大。比如访谈中有老师提到的易班传输图片和视频不如 QQ 快、操作麻烦、使用易班耗费的网络流量多等，以及学校缺乏专业能力开发网络游戏、校园手机 App、完备的校园信息查询系统、大数据应用等，这些问题的实质就是技术不够强大。当然，一些综合性大学和具有电子信息、传媒、软件开发等相关专业的大学，依托自身的专业优势，在思想政治教育网络交往平台的技术开发和应用上表现更强大。二是内容深度欠缺，文章或者栏目的内容不仅需要满足大学生的感官需求，更要有深刻的思想性和启迪性，这样才能引发大学生的进一步思考，让他们各抒己见，从而增强互动性。而当前思想政治教育网络交往平台内容的主体建设者还是大学生，除一两名指导老师外，其余教师的参与度不高，这就制约了思想政治教育网络交往平台所推出的内容的深度性。因此，要破解技术匮乏和内容深度欠缺这两个困境，关键是要加强校园网络文化队伍建设，让更多的包括社会的、企业的、学校的专业技术人才和教师主动参与思想政治教育网络交往平台的建设，即要实现全员育人。同时，学校也要建立健全相应的配套激励机制，比如，教师参与思想政治教育网络交往平台建设的业绩可以和教师的职称、竞聘、工作量等挂钩，这样才能充分地激发教师的积极性和主动性。

4.校园网络实践活动建设

大学生网络实践活动是借助网络平台模拟现实生活，让大学生在仿真环境中增长知识、磨炼意志、培养能力的新型的社会实践活动。网络实践活动是传统的社会实践活动融合网络时代的先进技术而生成的实践方式，它具有经费投入少、学生参与面宽、内容针对性强、参与者之间交互效果好、安全系数高等优势和特点。在网络虚拟实践活动中，有利于创设和营造大学生集体学习、创造学习、自我教育的环境和氛围，有利于帮助大学生缔结多维互动的社会交往关系，有助于大学生强化实践演练、提升能力水平、推进社会化进程。大学生网络实践活动的形式具有多样性，例如网络模拟考察、网络模拟社会服务、网络募捐等。思想政治教育者要根据大学生成长成才的要求，不断创新和发展大学生网络实践活动，发挥网络实践育人的功用。

在访谈中，T老师介绍了该校的网络实践活动，有"文明蒲公英"行动，即学校利用微博发布招募信息，集结志愿者，完成了乡村专项清洁活动；和新浪微博共同发起"寒假返家爱心车"活动，帮助家境贫寒的大学生获取免费返乡车票，有需要的同学只需要对相关的微博消息进行3次转发便可以得到爱心车票。在关注的全国高校优秀网站和网络栏目中，有在国庆节开展的"升国旗庆国庆"线上活动、有在中国人民抗日战争胜利纪念日和南京大屠杀死难者国家公祭日开展的"国家公祭 ××学子同祭"线上活动，等等。这些网络实践活动潜移默化地培养了大学生良好的思想道德素质。

三、大学生网络交往群体环境的优化

网络交往为大学生思想政治教育环境带来的机遇之一是，"网络虚拟社群"成为大学生思想政治教育的新环境。大学生网络交往群体环境的优化，要充分挖掘网络虚拟群体对大学生思想政治素质和道德水平提升的价值。

（一）大学生网络交往群体的含义和类型

大学生网络交往群体是以大学生为主体的网络虚拟社群，是在网络交往中影响大学生思想行为和思想政治教育的微观环境。大学生网络交往群体是大学生较大范围聚集的网络场域，是大学生网络交往圈子的一种主要形式。大学生网络交往群体分为两种：第一种是指由大学生依托网络交往工具，自主发起、自主运作和自主管理的非正式组织。比如，大学生自发组织的网络兴趣交往群、网络老乡群、网络班级群等。第二种是由教育者依托网络交往工具发起，但运作和管理主要由大学生自身承担的网络交往群体，教育者只是在其中起到把关思想方向的作用。比如，学校的团学微信公众号、易班平台等。在本次访谈中，有辅导员也反映班级群一般有两个，一个是不让老师进群的，另一个是让老师在群里的，这正是大学生网络交往群体的两种表现形式。不同的网络交往群体会对大学生产生不同的环境影响。思想政治教育工作者要努力发挥大学生网络交往群体环境对大学生思想品德养成的积极影响，减少和消除不利影响。对于第一种大学生网络交往群体，由大学生自主发起和自主运营，并且绝大多数不让教育者加入，这样教育者就难以在其中进行思想引导，只能依靠大学生的自我约束和自我教育。对于第二种大学生网络交往群体，思想政治教育者应当把它看作是大学生网络思想政治教育的主要的微观环境之一，应当有针对性地创设教育情境，对大学生施加教育影响。

（二）大学生网络交往群体是创设思想政治教育情境的重要载体

思想政治教育情境是在思想政治教育过程中，教育者予以规定和把握的环境。教育者可以利用情境把教育内容有效地传递给受教育者；在情境中，受教育者之间互相影响，可以共同内化教育内容。[1]大学生网络交往群体存在的普遍性、种类的多样性及宽松自由的人际互动氛围都有利于创设思想政治教育情境。首先，大学生网络交往群体在现实中具有存在的普遍性，几乎每个大学生在网络交往中

---

① 张耀灿、郑永廷、吴潜涛、骆郁廷：《现代思想政治教育学》，人民出版社，2006，第321页。

都会根据自身的兴趣爱好和价值取向加入不同的大学生网络交往群体，这就有利于扩大思想政治教育的影响力和覆盖面。其次，在种类上，大学生网络交往群体具有多样性的特点，有情感交友类、教育培训类、游戏交流类、兴趣爱好类、老乡群体类、班级群体类、学生社团类等。这就有利于思想政治教育者创设种类不同的思想政治教育情境，比如与大学生兴趣爱好联系的情趣环境、探求知识的学习型组织、心理关怀的人文感化情境等。最后，在沟通交流上，由于大学生网络交往群体成员之间的关系是平等的，网络交往的氛围是宽松自由的，这就有利于创设思想政治教育的对话情境，即创设交往主体在平等的对话过程中生成意义的环境。

（三）利用大学生网络交往群体创设思想政治教育情境的措施

大学生网络交往群体对大学生思想政治观念的形成和发展有着重要的影响作用，大学生网络交往群体可以作为思想政治教育者观察大学生在网络交往中思想动态的一个"窗口"，也可以作为思想政治教育者向大学生施加教育影响、扩大教育覆盖面和提高教育效果的一个载体。思想政治教育要基于大学生网络交往群体，有针对性地设置教育情境、开展思想政治教育活动，具体措施如下。

1. 加强针对性引导和管理

大学生在网络交往中会根据自身的兴趣爱好和价值评判标准，加入不同的网络交往群体，构建自己特有的社会关系。马克思关于人的本质的理论启示思想政治教育者要从大学生所处的不同网络社会关系的特点和差异中去把握大学生思想的特点和差异，对不同类型的大学生网络交往群体实施不同的引导策略。例如，对于情感交友类的大学生群体，思想政治教育者要做到情理交融，通过情感关怀打开他们的心扉。

易班网的易班大学曾经推出"浓情度蜜月，小易来支招"专题，内容包括"礼物排行榜"，即让大学生自己点击选择什么礼物最受男生或者女生喜爱；"奇葩大揭秘"，即揭秘最让人闹心的奇葩礼物；"晒图领熊熊"，即让大学生参与评论或晒出这些年来收到过的情人节礼物的图片，就有机会领取一只"易班熊"；"恋爱大讲坛"，有恋爱宝典和脱单指南，给大学生提供专业心理教师录制的关于两性心理、爱情和择偶心理的视频，指导大学生情侣之间的相处之道，还给大学生提供 Photoshop 课程和"一分钟学唱歌"的课程视频，帮助大学生通过摄影和唱歌来"脱单"。

对于教育培训类的大学生群体,思想政治教育者可以通过共享学习资料、分享学习经验等方式,增强大学生群体的凝聚力。

易班网开发了"题库"的应用,全国有69所高校在用,历年试题、精题都在练习库里,大学生可以在练习中随时收藏精题,自动归档错题,也可以与其他同学PK练习战绩。

2. 注重话题的设置和引导

话题凝聚性是大学生网络交往的突出特点,大学生网络交往主体正是围绕其关注的问题进行互动讨论和资料分享,从而使网络交往群体得以形成和发展。大学生网络交往群体的目标影响着话题的设置,并且在大学生的互动讨论中不断体现。因此,思想政治教育者对大学生网络交往群体行为的引导可以从话题设置着手,主动设置符合社会主义核心价值观的"红色话题",动态引导话题发展的方向,营造一种积极向上的话题讨论氛围,进而在话题讨论中形成良好的群体目标。

在易班上,通过设置讨论话题"哪一瞬间,你意识到爸妈老了?"来引导大学生学会尊敬父母、孝敬父母、感恩父母;通过设置讨论话题"你最看不惯情侣间的哪些行为?"来引导大学生文明恋爱;通过设置讨论话题"你记忆中的元宵节是什么样子的?"来引导大学生传承和弘扬中华民族优秀的传统文化……

在发现大学生网络交往群体围绕一些社会的负面新闻进行非理性的跟风和讨论时,思想政治教育者不能盲目地训斥学生和封堵消息,而是应当主动设置与此负面新闻相联系的正面新闻作为讨论话题,转移大学生的注意力。同时,思想政治教育者还应该发挥"红色意见领袖"的作用,因为他们传递出的思想政治教育信息在大学生网络交往群体中更具有说服力和感召力。

3. 着力交流管理

交往主体的自由交流是大学生网络交往群体形成的基础。思想政治教育者对大学生网络交往群体的管理不能采取下达指令的方式,而是应该以平等的群体成员的身份与大学生沟通交流，共同营造和谐民主的交流氛围。只有在这样的氛围中，思想政治教育者才能了解大学生的真实思想状态，从而采取切实有效的教育对策。由于年龄阶段特征和社会阅历不足，大学生网络交往群体中很容易出现从众现象、群体极化现象；由于缺乏理性的分析和判断，对一些社会的负面新闻又容易产生刻板印象，等等。对于这些大学生在网络交往群体中出现的常态问题，思想政治教育者应当建立大学生网络交往群体的舆论监督机制和信息反馈机制，充分发挥"红色网络意见领袖"的作用，对网络交往群体中的舆论进行正确的引导，推动大学生网络交往群体健康发展。此外，思想政治教育者还可以通过在大学生网络交往群体中设置勋章激励、虚拟货币激励等策略，对大学生符合社会主义核心价值观的行为给予奖励，反之给予惩罚，以此来引导和管理大学生网络交往群体。例如，在易班上的许多活动都会给予参与的大学生一定的网薪奖励，这些网薪能够在线上或者线下兑换一定的实物礼品，这就能比较有效地激励大学生参与易班活动，达到寓教于乐、思想引领的目的。

参考文献

经典著作

［1］中共中央马克思恩格斯列宁斯大林著作编译局.马克思恩格斯文集(1—10卷)［M］.北京：人民出版社，2009.

［2］中共中央马克思恩格斯列宁斯大林著作编译局.列宁选集（1—4卷）［M］.北京：人民出版社，2012.

［3］毛泽东.毛泽东选集（1—4卷）［M］.北京：人民出版社，1991.

［4］邓小平.邓小平文选（1—3卷）［M］.北京：人民出版社，1993.

［5］江泽民.江泽民文选（1—3卷）［M］.北京：人民出版社，2006.

［6］胡锦涛.胡锦涛文选（1—3卷）［M］.北京：人民出版社，2016.

［7］习近平.习近平谈治国理政（第一卷）［M］.北京：外文出版社，2018.

［8］习近平.习近平谈治国理政（第二卷）［M］.北京：外文出版社，2017.

［9］习近平.习近平谈治国理政（第三卷）［M］.北京：外文出版社，2020.

［10］习近平.习近平谈治国理政（第四卷）［M］.北京：外文出版社，2022.

学术专著

［1］郑永廷.思想政治教育学原理［M］.北京：高等教育出版社，2016.

［2］刘德华.马克思主义思想政治教育著作导读［M］.北京：高等教育出版社，2001.

［3］郑永廷.思想政治教育方法论［M］.北京：高等教育出版社，2010.

［4］张耀灿，郑永廷，吴潜涛，等.现代思想政治教育学［M］.北京：人民出版社，2006.

［5］陈万柏，张耀灿.思想政治教育学原理［M］.北京：高等教育出版社，2007.

［6］张耀灿，等.思想政治教育学前沿［M］.北京：人民出版社，2006.

［7］吴潜涛，等.当代中国公民道德状况调查［M］.北京：人民出版社，2010.

［8］罗洪铁，周琪.思想政治教育学理论的形成和发展研究［M］.北京：中国文史出版社，2014.

［9］徐建军.大学生思想政治教育前沿［M］.长沙：湖南人民出版社，2009.

［10］李秀林，王于，李维春.辩证唯物主义和历史唯物主义原理［M］.北京：中国人民大学出版社，1995.

［11］联合国教科文组织国际教育发展委员会.学会生存——教育世界的今天和明天［M］.华东师范大学比较教育研究所，译.北京：教育科学出版社，1996.

［12］上海社会科学院信息研究所.信息安全辞典［M］.上海：上海辞书出版社，2013.

［13］陈秋珠.赛博空间的人际交往 大学生网络交往与心理健康关系的研究［M］.长春：吉林大学出版社，2012.

［14］童星，等.网络与社会交往［M］.贵阳：贵州人民出版社，2002.

［15］冯务中.网络环境下的虚实和谐［M］.北京：清华大学出版社，2008.

［16］于成学.交往实践观语境中的思想政治教育［M］.北京：北京大学出版社，2013.

［17］闫艳.交往视域中的思想政治教育［M］.北京：人民出版社，2011.

［18］彭未名.交往德育论［M］.太原：山西教育出版社，2010.

［19］孟威.网络互动意义诠释与规则探讨［M］.北京：经济管理出版社，2004.

［20］宋元林.网络文化与人的发展［M］.北京：人民出版社，2009.

［21］曾令辉，邓军，陆慧.网络思想政治教育概论［M］.南宁：广西民族出版社，2002.

［22］宋元林，等.网络时代大学生思想政治教育导论［M］.长沙：湖南人民出版社，2002.

［23］张锦高，丁振国.高校思想政治教育进网络的思考与实践［M］.武汉：中国地质大学出版社，2002.

［24］徐建军.新形势下构建高校网络德育系统的研究与实践［M］.长沙：中南大学出版社，2003.

［25］杨立英.网络思想政治教育论［M］.北京：人民出版社，2003.

［26］胡钰.信息网络化与高校思想政治教育创新［M］.北京：高等教育出版社，2003.

［27］胡树祥.网络思想政治教育研究［M］.成都：电子科技大学出版社，2005.

［28］李炳毅.网络思想政治教育概论［M］.兰州：兰州大学出版社，2005.

［29］韦吉锋.网络思想政治教育研究［M］.北京：新华出版社，2005.

［30］徐绍华.高校网络思想政治教育的实效性研究［M］.昆明：云南民族出版社，2006.

［31］吴满意，王让新，邓淑华.高校网络思想政治教育学研究［M］.成都：电子科技大学出版社，2006.

［32］潘敏.高校网络思想政治教育创新与实践［M］.北京：中国言实出版社，2007.

［33］檀江林，等.高校网络思想政治教育研究［M］.合肥：合肥工业大学出版社，2007.

［34］黄明伟.大学生网络思想政治教育实施要素研究［M］.北京：新华出版社，2007.

［35］朱正威.高校思想政治工作进网络的探索［M］.西安：陕西人民出版社，2008.

［36］霍福广，刘社欣，等.信息德育论：大学生信息素养与思想政治教育信息化研究［M］.北京：人民出版社，2008.

［37］张再兴，等.网络思想政治教育研究［M］.北京：经济科学出版社，2009.

［38］王荣发，等.网上德育：大学生网络思想政治教育的思考与实践［M］.上海：华东理工大学出版社，2009.

［39］姜国峰.网络思想政治教育理想模式的构建研究［M］.昆明：云南大学出版社，2009.

［40］张光慧.大学生网络思想政治教育机制创新研究［M］.北京：中国言实出版社，2009.

［41］郭明飞.网络发展与我国意识形态安全［M］.北京：中国社会科学出版社，2009.

［42］徐建军.大学生网络思想政治教育理论与方法［M］.北京：人民出版社，2010.

［43］教育部思想政治工作司组.大学生网络思想政治教育［M］.北京：高等教育出版社，2011.

［44］王中军.网络文明建设中网民自律培育［M］.长沙：湖南人民出版社，2011.

［45］宋元林.网络思想政治教育［M］.北京：人民出版社，2012.

［46］谢玉进.网络人机互动：网络实践的技术视野［M］.北京：人民出版社，
2013.

［47］张瑜.高校网络思想政治教育发展与创新研究［M］.北京：人民出版社，
2014.

［48］何威.网众传播［M］.北京：清华大学出版社，2011.

［49］周裕琼.当代中国社会的网络谣言研究［M］.北京：商务印书馆，2012.

［50］常晋芳.网络哲学引论［M］.广州：广东人民出版社，2005.

［51］黄少华，翟本瑞.网络社会学：学科定位与议题［M］.北京：中国社会科
学出版社，2006.

［52］刘建华.师生交往论：交往视野中的现代师生关系研究［M］.北京：北京
师范大学出版社，2011.

［53］龚群.道德乌托邦的重建：哈贝马斯交往伦理思想研究［M］.北京：商务
印书馆，2003.

［54］吴伯凡.孤独的狂欢：数字时代的交往［M］.北京：中国人民大学出版社，
1998.

［55］鲍宗豪.网络与当代社会文化［M］.上海：上海三联书店，2001.

［56］雅思贝尔斯.什么是教育［M］.邹进，译.北京：生活·读书·新知三
联书店，1991.

［57］吉登斯.现代性的后果［M］.田禾，译.上海：译林出版社，2000.

［58］哈贝马斯.交往行为理论（第一卷）：行为合理性与社会合理性［M］.
曹卫东，译.上海：上海人民出版社，2004.

［59］哈贝马斯.现代性的地平线：哈贝马斯访谈录［M］.李安东，段怀清，译.上
海：上海人民出版社，1997.

［60］豪格，多米尼克·阿布拉姆斯.社会认同过程［M］.高明华，译.北京：
中国人民大学出版社，2011.

［61］戈夫曼.日常生活中的自我呈现［M］.冯钢，译.北京：北京大学出版社，
2008.

［62］海姆.从界面到网络空间：虚拟实在的形而上学［M］.金吾伦，刘钢，
译.上海：上海科技教育出版社，2000.

［63］吉登斯.现代性与自我认同：现代晚期的自我与社会［M］.赵旭东，等译.北

京：生活·读书·新知三联书店，1998.

［64］卡斯特.认同的力量［M］.夏铸九，等译.北京：社会科学文献出版社，2003.

［65］桑斯坦.网络共和国：网络社会中的民主问题［M］.黄维明，译.上海：上海人民出版社，2003.

［66］尼葛洛庞帝.数字化生存［M］.胡泳，等译.海口：海南出版社，1997.

［67］托夫勒.权力的转移［M］.刘江，陈方明，张毅军，等译.北京：中共中央党校出版社，1991.

［68］查德威克.互联网政治学：国家、公民与新传播技术［M］.任孟山，译.北京：华夏出版社，2010.

［69］柯克帕特里克.Facebook 效应［M］.沈路，梁军，崔筝，等译.北京：华文出版社，2010.

［70］戴森.2.0 版：数字化时代的生活设计［M］.胡泳，等译.海口：海南出版社，1998.

［71］卡斯特.网络社会的崛起［M］.夏铸九，等译.北京：社会科学文献出版社，2001.

［72］迈尔－舍恩伯格，库克耶.大数据时代［M］.盛杨燕，周涛，译.杭州：浙江人民出版社，2013.

［73］IBM 商业价值研究院.智慧地球［M］.北京：东方出版社，2009.

［74］温伯格.新数字秩序的革命［M］.张岩，译.北京：中信出版社，2008.

［75］泰普斯科特.数字化成长 3.0 版［M］.云中凡，译.北京：中国人民大学出版社，2009.

［76］以色列.微博力［M］.任文科，译.北京：中国人民大学出版社，2010.

［77］贾维斯.Google 将带来什么？［M］.陈庆新，赵艳峰，胡延平，译.北京：中华工商联合出版社，2009.

［78］舍基.未来是湿的：无组织的组织力量［M］.胡泳，沈满琳，译.北京：中国人民大学出版社，2009.

［79］唐瑟尔.在线为王：你在网上看什么、干什么，我全知道［M］.张宁，译.深圳：海天出版社，2009.

［80］安德森.长尾理论［M］.乔江涛，译.北京：中信出版社，2006.

［81］卡斯特.网络社会：跨文化的视角［M］.周凯，译.北京：社会科学文献

出版社, 2009.

硕博论文

［1］陈共德.互联网精神交往形态分析［D］.北京：中国社会科学院研究生院，2002.

［2］孟威.网络互动：意义诠释与规则探讨［D］.北京：中国社会科学院研究生院，2002.

［3］屈勇.去角色互动：赛博空间中陌生人互动的研究［D］.南京：南京大学，2011.

［4］朱珉旭.网络交往环境下的个人态度与意见表达：沉默的螺旋理论之检视与修正［D］.武汉：武汉大学，2012.

［5］金萍华.网络交往中的身体嵌入［D］.上海：复旦大学，2009.

［6］卢斌.哲学视域下的网络社会交往［D］.北京：中共中央党校，2011.

［7］曾玉梅.公民社会与网络社会两种理论路径下网络社会交往的结构分析［D］.武汉：武汉大学，2010.

［8］刘丹鹤.赛博空间与网际互动：从网络技术到人的生活世界［D］.上海：复旦大学，2004.

［9］宋彤彤.网络交往对大学生思想政治教育的影响及对策研究［D］.济南：山东师范大学，2015.

［10］李辉.信息生态视域中的交往方式兼论对思想政治教育的影响［D］.北京：中国青年政治学院，2009.

［11］臧鹏.微博对大学生思想政治教育的影响及对策研究［D］.成都：电子科技大学，2012.

［12］王笑笑.手机媒体对大学生思想政治教育的影响及对策研究［D］.保定：河北农业大学，2012.

［13］曹银忠.大学生网民群体研究［D］.成都：电子科技大学，2012.

［14］胡恒钊.高校网络思想政治教育实施方法研究［D］.北京：中国矿业大学（北京），2012.

［15］段伟文.网络空间的伦理基础［D］.北京：中国人民大学，2001.

［16］侯志水.马克思社会交往理论的当代阐释［D］.长春：吉林大学，2006.

［17］吴满意.网络人际互动：网络思想政治教育的基本视域［D］.成都：电子

科技大学，2011.

［18］李红利.论交往性思想政治教育模式及其构建［D］.重庆：西南政法大学，2010.

［19］王希泉."交往"视野中的高校思想政治教育模式研究［D］.南京：河海大学，2006.

学术论文

［1］计宏亮，黄友生.对网络交往中个性异化的反思［J］.长春工业大学学报（高教研究版），2009（4）：93-95.

［2］甘再清，王静梅.网络交往与人类自由的实现［J］.前沿，2010（14）：51-53.

［3］赵仁青.论网络交往主体的异化与重建［J］.重庆科技学院学报（社会科学版），2010（7）：18-20.

［4］卜荣华.大学生网络交往的心理解析［J］.安徽工业大学学报，2010（4）：137-140.

［5］乐斌辉.网络思想政治教育生活化的价值及其实现途径［J］.思想教育研究，2011（2）：61-64.

［6］宋元林，唐佳海.网络思想政治教育的个体价值及其实现途径［J］.毛泽东邓小平理论研究，2009（9）：61-65，87.

［7］沈壮海，王迎迎.2015年度大学生思想政治及其教育状况调查分析［J］.中国高等教育，2016（8）：5-12.

［8］盖琪.后福特主义时代的话语表达机制［J］.探索与争鸣，2014（7）：14-15.

［9］魏臻，韩沛伦.网络交往的动力研究［J］.福建论坛（人文社会科学版），2013（5）：59-64.

［10］郭莉，黄柯.论网络条件下高校思想政治教育的主体间性［J］.江西社会科学，2012（7）：241-245.

［11］刘贵占.一种可能的交往范式：赛博空间伦理秩序［J］.东北大学学报（社会科学版），2012（3）：201-204.

［12］辛向阳.现代化进程中思想政治工作面临的问题与挑战［J］.思想政治工作研究，2012（4）：15-16.

［13］李宝敏，李佳．儿童网络交往的类型特征与意义阐释［J］．全球教育展望，2012，41（1）：62-67，92.

［14］陈宁，周翔．新媒体视域下大学生思想政治教育话语权的重塑［J］．北京教育（德育），2011（10）：10-12.

［15］禹旭才．美国网络思想政治教育的"五育"与"三性"［J］．当代世界与社会主义，2011（5）：166-171.

［16］张瑜，李朗．消除话语差异：网络时代思想政治教育工作的紧迫任务［J］．思想理论教育导刊，2006（6）：38-42.

［17］谢玉进．网络文化与主流意识形态安全［J］．电子科技大学学报（社科版），2016，18（2）：39-44.

［18］张俊杰，姚本先．网络对大学生人际交往的影响［J］．高校辅导员学刊，2009，1（2）：90-94.

［19］李小元．网络交往对大学生社会化的影响及其对策［J］．教育探索，2009（3）：103-105.

［20］宋元林．网络思想政治教育方法体系的构建［J］．思想政治工作研究，2009（2）：26-27.

［21］刘耀，王锦贵．网络信息传播的技术控制模式研究［J］．情报理论与实践，2007，30（2）：265-269.

［22］罗群英．论大学生的网络交往与现实交往的互动：网络时代大学生社会化问题的思考［J］．兰州学刊，2006（2）：169-171.

［23］张瑜，刘涛雄．在互联网上如何赢得青年［J］．思想理论教育导刊，2004（4）：67-68.

［24］栾轶玫．从受众多元需求的角度探索网络新闻编辑规律［J］．现代传播，2002（3）：40-42.

［25］韩璞庚．网络时代的哲学问题［J］．现代哲学，2000（4）：50-55.

［26］朱培栋，夏卓群，徐明，等．网络思维：网络时代计算思维的新发展［J］．计算机教育，2014（15）：9-12.

［27］朱培栋，郑倩冰，徐明．网络思维的概念体系与能力培养［J］．高等教育研究学报，2012，35（2）：106-108.

［28］庄朝兰．网络思维对辩证思维的继承与发展［J］．厦门理工学院学报，2007（4）：76-80.

［29］张淑田.网络传播对大学生思维方式及价值观念的影响分析［J］.图书馆学研究，2004（6）：99-101.

［30］于安龙.虚拟的网络与真实的道德：大学生社会主义核心价值观培育的网络道德之维［J］.中国青年研究，2016（8）：103-108.

［31］赵惜群，黄蓉.加强和改进大学生网络道德教育路径初探［J］.思想理论教育导刊，2014，36（4）：22-26.

［32］张元，丁三青，李晓宁.网络道德异化与和谐网络文化建设［J］.现代传播（中国传媒大学学报），2014，36（4）：22-26.

［33］李玉华，闫锋.大学生网络道德问题研究现状与思考［J］.思想教育研究，2012（11）：62-66.

［34］李雅梅.网络道德问题研究综述［J］.道德与文明，2011（3）：152-157.

［35］马晓辉，雷雳.青少年网络道德与其网络偏差行为的关系［J］.心理学报，2010，42（10）：988-997.

［36］张锋兴.大学生网络道德失范行为的成因探析［J］.广东社会科学，2010（2）：73-77.

［37］孙秀娟.试论大学生网络道德危机与网络道德教育［J］.江苏社会科学，2006（S1）：70-73.

［38］何保建."三观"教育是网络思想政治教育的核心内容［J］.教育探索，2007（9）：86-87.

［39］张澍军，杨志平.论网络文化视域下的世界观、人生观、价值观教育［J］.辽宁工学院学报（社会科学版），2007，9（5）：50-53.

［40］周晓宜.论网络语境下当代青年的爱国主义教育［J］.当代青年研究，2013（1）：90-96.

［41］李玉华，唐朝义.现代网络文化中大学生爱国主义教育研究［J］.沈阳农业大学学报（社会科学版），2012，14（3）：310-314.

［42］蒋宏大.网络时代增强大学生爱国主义教育实效性略探［J］.学校党建与思想教育（上半月），2008（11）.

［43］姜巧玲，胡凯.大学生网络心理健康教育研究进展与趋势［J］.现代大学教育，2011（6）：81-86，111.

［44］宋凤宁，黄勇荣，赖意森.网络心理健康教育模式的建构［J］.学术论坛，2005（3）.

［45］申小蓉，李怀杰．高校网络文化建设与大学生思想政治教育探析［J］．思想教育研究，2011（10）：61-64.

［46］任祥．当前加强和改进高校网络文化建设的思考［J］．思想理论教育导刊，2012（2）：104-106.

［47］时会永．高校网络文化与大学生核心价值观培育的思考［J］．中国成人教育，2013（10）：56-58.

［48］张爱华．加强高校网络文化建设，抵御西方错误社会思潮影响［J］．思想理论教育导刊，2014（4）：122-124.

［49］李成恩，张远航．高校网络文化建设的重要性及主要任务［J］．高校辅导员学刊，2016，8（1）：27-30.

［50］周剑，王艳，Iris XIE.世代特征，信息环境变迁与大学生信息素养教育创新［J］．中国图书馆学报，2015，41（4）：25-39.

［51］常正霞．大学生信息素养现状分析［J］．电化教育研究，2011（8）.

［52］郭太敏，曹志梅，谭黎娟，等．大学生信息素养一体化教育体系及其构建对策［J］．大学图书馆学报，2012，30（2）：102-104，119.

［53］黎宏，杨飞．加强网络法制建设和舆论引导：在十八届三中全会方针指领下探究整合与创新［J］．理论与改革，2014（6）：141-145.

［54］高鸿飞．增强网络法制教育实效的对策分析［J］．法制与社会，2013（10）：233-235.

［55］吴健，丁德智．对大数据条件下创新网络思想政治教育工作的几点思考［J］．学校党建与思想教育，2017（1）：71-73.

［56］吉菁，张二芳．网络社交平台兴起下的德育困境及应对［J］．思想理论教育导刊，2017（2）：129-131.

［57］代艳丽，奉苏妹．哈贝马斯交往行为理论对大学生"低头族"的启示［J］．学术探索，2016（1）：48-52.

外文著作、论文

［1］SANDEL M.Liberalism and the Limits of Justice［M］.Oxford City：Cambridge University Press，1982.

［2］MACLNTYRE A.After virtue（2nd edlition）［M］.South Bend：University of Notre Dame Press，1984.

［3］TAYLOR M.Community, Anarchy and liberty［M］.Oxford City: Cambridge University Press, 1982.

［4］TAYLOR P W. Respect For Nature: A Theory of Environmental Ethics［M］. Princeton: Princeton University Press, 1986.

［5］DES JARDINS J R.Environmental Ethics: An Introduction to Environmental Philosophy［M］.California: Wadsworth Publishing Company Belmont, 1993.

［6］FRESHWATER M F.Internet communication and education［J］.Journal of Plastic, Reconstructive & Aesthetic Surgery, 2009, 62（8）: 1100-1101.

［7］WANG A, ZHANG X Q.Study on Students' Network Moral Education［J］. Applied Mechanics and Materials, 2014, 3360: 599-601.

［8］LI Y.Network Moral Education Research Based on the Network Media Age for Students［J］.Applied Mechanics and Materials, 2014, 3512: 651-653.

［9］WANG H M, XIANG Y.New Situations and Approaches of College Moral Education in the Mobile Internet Era［J］.Higher Education of Social Science, 2015, 9（2）: 13-17.

［10］O'BYRNE W I, ROBERTS V, LABONTE R, et al. Teaching, Learning, and Sharing Openly Online［J］.Journal of Adolescent&Adult Literacy, 2014, 58（4）: 277-280.

［11］CASTER J, COIRO J.Understanding What Students Know［J］.Journal of Adolescent&Adult Literacy, 2015, 58（7）: 546-549.

附录

一、大学生网络交往状况的调查问卷

大学生网络交往状况的调查问卷

亲爱的同学：

你好！网络交往是指现实中的个人与他人利用互联网平台，在精神上相互交流、相互作用的实践活动，以及在实践活动中所结成的社会关系。网络交往工具包括 QQ、微信、陌陌、阿里旺旺、微博、人人网、美拍、百度贴吧、豆瓣等。网络交往已经渗入到人们生活的各个方面。为了弄清大学生网络交往的基本状况，以便有效地开展思想政治教育，课题组特设计该调查问卷。本问卷采取不记名方式，所有数据仅用于统计研究，请你按照实际情况和真实想法填写。衷心感谢你对本次调查的大力支持！

课题组

2016 年 6 月

（一）基本信息

1. 您的性别：

A. 男　　　　　B. 女

2. 您的专业类别：

A. 理工类　　B. 文史类　　C. 艺体类　　D. 农林类　　E. 医药类

3. 您的年级：

A. 大一　　　B. 大二　　　C. 大三　　　D. 大四　　　E. 研究生

4. 您的政治面貌：

A. 中共党员（含预备党员）　　　　　　B. 非党员

5. 您的家庭所在地属于：

A. 城镇　　　B. 农村

6. 您的家庭经济状况：

A. 富裕　　　B. 一般　　　C. 贫困

（二）大学生网络交往基本状况的调查

1. 您喜欢网络交往吗?

A. 非常喜欢　　 B. 喜欢　　 C. 一般　　 D. 不喜欢

2. 网络交往是否已经成为您生活与学习中的重要部分?

A. 是　　　　　 B. 否　　　　 C. 不清楚

3. 您经常用哪些工具进行网络交往?（最多选择三项）

A.QQ　 B. 微信　　 C. 飞信　　 D. 电子邮件　　 E. 微博　　 F. 人人网

G. 百度贴吧　　　　 H. 陌陌　　 I. 其他（请注明）_____

4. 您的网龄有多长时间了?

A. 少于一年　　 B. 一年以上　　 C. 两年以上　　 D. 三年以上

5. 您进行网络交往的主要目的是（　　）（　　）（　　）（最多选择三项并按重要性从高到低排序）

A. 结交新朋友　　　　　　 B. 与现实中的朋友保持联系、增进感情

C. 无聊，打发时间　　 D. 关注感兴趣的内容　　 E. 交流思想，获取信息

F. 发泄情感，缓解压力　 G. 追求时尚　 H. 寻求帮助

I. 展示自我的一种途径　 J. 娱乐　　　 K. 其他（请注明）_____

6. 在网络交往中,您一般关注哪些信息?（　　）（　　）（　　）（最多选择三项）

A. 时事新闻　　 B. 社会热点　　 C. 校园事件　　 D. 明星八卦　　 E. 学习生活

F. 心灵鸡汤　　 G. 其他（请注明）_____

7. 您主要和哪些人进行网络交往?（　　）（　　）（　　）（最多选择三项）

A. 亲戚　　 B.同学　　 C. 老师　　 D. 网络上结识的人　　 E. 现实中的朋友

F. 陌生人　　 G. 网络红人　　 H. 其他（请注明）_____

8. 您选择的网络交往对象一般是怎么样的人?（　　）（　　）（　　）（最多选择三项并按重要性从高到低排序）

A. 年龄相近　　 B. 与自己兴趣爱好相同　　 C. 知识渊博　　 D. 说话幽默

E. 性别相同　　 F. 性别不同　　 G. 网名特别　　 H. 与自己观点相近

I. 与自己兴趣爱好不同　　　　 J. 与自己观点不同

9. 您每天用于网络交往的时间有多少?

A. 小于 1 小时　　 B.1～2 小时　　 C.2～3 小时　　 D.3 小时以上

10. 超过一个星期不上网与他人交流,您会如何?

A. 非常难受　　 B. 难受　　　 C.有点不适应　　 D. 无所谓

11. 您一般会在什么时候上网与他人交流？

A. 无聊时　　B. 睡觉前　　C. 上课时　　D. 课间

12. 您是否因为网络交往，而减少了现实中与朋友的交往？

A. 没明显变化　　B. 现实交往有所减少　　C. 现实交往有所增加　　D. 不清楚

13. 通过网络交往，您是否扩大了交际圈？

A. 扩大了交际圈，我认识了新朋友　　B. 没有扩大交际圈，和原来差不多

C. 缩小了交际圈　　　　　　　　　D. 不清楚

14. 通过网络交往，您觉得自己现实的交际能力提升了吗？

A. 提升很多　　B. 有一定提升　　C. 没有提升　　D. 降低了　　E. 不清楚

15. 网络交往和现实交往，您更喜欢？

A. 网络交往　　B. 现实交往　　C. 不清楚

16. 在网络交往中，您会表露真实身份吗？

A. 都会　　B. 有时会　　C. 不会　　D. 视情况而定

17. 在网络交往中，您拥有多少个网名？

A. 只有 1 个　　B.2 个　　C.3 个　　D.3 个以上

18. 您是否觉得网络交往比现实交往更自由？

A. 是　　B. 否　　C. 不清楚

19. 您对在网络交往中结成的关系怎么看？

A. 非常信任网络交往结成的关系

B. 网络交往结成的关系有些可信，有些不可信

C. 网络交往结成的关系不可信

D. 很难判断网络交往结成的关系是否可信

20. 您在网络交往中一般是怎样的状态？

A. 积极发言者　　B. 静静聆听者　　C. 讨论发起者　　D. 说不清

21. 在网络交往中，您会把自己的真实想法说出来吗？

A. 会　　B. 不会　　C. 视情况而定

22. 您在网络交往中的言行与现实生活中的言行一致吗？

A. 完全一致　　B. 基本一致　　C. 完全不同　　D. 基本不同

23. 您认为自己需要为在网络交往中的言行负责吗？

A. 需要　　B. 不需要　　C. 不清楚

24. 您是否曾在网络交往中发表或传播未经证实的消息？

A. 是　　B. 否　　C. 不清楚

25. 在网络交往中，您看到错误或者虚假的信息，您会怎样？

A. 主动反驳　　B. 参与传播　　C. 不理会　　D. 说不清

26. 您认为在网络交往中人们需要承担法律责任吗？

A. 非常需要　　B. 需要　　C. 不需要　　D. 不清楚

27. 您在网络交往中会使用网络流行语吗？（例如，"hold住""有木有""伤不起"等）

A. 每次交往都使用　　B. 经常使用　　C. 有时使用　　D. 没有用过

28. 您认为网络流行语能够表达您的看法和感受吗？

A. 完全可以　　B. 基本可以　　C. 有时可以　　D. 不能

29. 在网络交往中，您一般相信下列哪些信息？（　）（　）（　）（最多选择三项并按相信的程度由高到低排序）

A. 网络公众人物的言论　　B. 政府官员的说法　　C. 主流媒体的说法

D. 老师的说法　　　　　E. 同学的说法　　　　F. 老乡的说法

G. 其他（请注明）_____

30. 您是否被网络交往中的信息困扰过？

A. 经常　　B. 偶尔　　C. 没有

31. 您参加过通过网络召集的活动吗？

A. 经常参加　　B. 偶尔参加　　C. 从未参加

32. 在网络交往中，您是否愿意参加例如网络送温暖、网络红色旅游等传播正能量的活动？

A. 非常愿意　　B. 愿意　　C. 一般　　D. 不愿意

33. 您愿意加老师为网络交往中的好友吗？（此题选"D"回答34题）

A. 非常愿意　　B. 愿意　　C. 无所谓　　D. 不愿意

34. 如果您不愿意加老师为网络交往中的好友，主要原因是：

A. 不想被老师看到我的状态　　B. 不愿意和老师交流

C. 不愿意被老师教育　　　　　D. 和老师没有什么话可聊

E. 其他（请注明）_____

35. 您愿意把真实想法通过网络交往告诉老师吗？

A. 非常愿意　　B. 愿意　　C. 不愿意　　D. 看情况而定

36. 老师在网络交往中（如QQ群、微信朋友圈、博客等）发布的信息，您会关注吗？

    A. 会仔细关注，并与老师互动   B. 与自己相关的信息就关注

    C. 一般不关注   D. 不清楚

    37. 您的学校有专门的思想政治教育方面的微信公众号吗？（此题选"A"才需继续作答）

    A. 有   B. 没有   C. 不知道

    38. 您对学校思想政治教育微信公众号中的内容感兴趣吗？

    A. 非常感兴趣   B. 比较感兴趣   C. 不太感兴趣   D. 完全没有兴趣

    39. 如果您对学校思想政治教育微信公众号的内容不太感兴趣或者完全没有兴趣，主要原因是：

    A. 内容和我没有关系   B. 内容老旧过时   C. 内容教育味道太浓

    D. 内容枯燥乏味   E. 其他（请注明）_____

问卷填写完毕，再次感谢您的真诚合作！祝您学习愉快！

二、大学生网络交往状况的访谈提纲

问卷访问对象：学生

1. 你经常使用网络交往工具（例如 QQ、微信、微博、电子邮件等）吗？你每天花多长时间在网络交往上呢？通常在什么时间呢？

2. 你使用网络交往工具主要做什么事情？

3. 你在网络交往中会加陌生人为好友吗？为什么？

4. 如果你在网络交往中加了陌生人为好友，你们会发展成为好朋友吗？

5. 你在网络交往中是否接收过诈骗信息或色情信息？如果有，你是怎么处理的？

6. 你在网络交往中是否看到过反党、反国家的言论？你如何对待这种情况？

7. 你认为在网络交往中存在的最大问题是什么？应该怎样解决？

8. 你愿意和老师在网络中进行交流吗？如果愿意，你们一般谈论什么话题呢？如果不愿意，为什么？

9. 和老师在网络中进行交流，主要目的是什么呢？

10. 老师在网络交往中（例如 QQ 群、微信朋友圈、博客等）发布的信息，你会关注吗？如果会，你一般关注哪些方面的信息？

11. 请谈谈对学校思想政治教育方面的微信公众号的看法？有什么值得改进的地方？

12. 请谈谈对易班的看法？

三、网络交往平台在大学生思想政治教育中的应用状况的访谈提纲

问卷访问对象：辅导员、负责管理学校思想政治教育网络交往平台的教师、思想政治教育理论课教师

1.学校的微信公众号、微博、易班，属于哪个部门领导和管理，和其他部门有形成联动机制吗？在硬件和软件的建设上如何？

2.学校的微信公众号、微博、易班在贵校的推广应用状况如何？

3.学校的微信公众号、微博、易班有什么特色吗？能否举些例子说明？

4.老师和学生使用学校的微信公众号、微博、易班的积极性高吗？学校有没有采取什么办法提高老师和学生对学校的微信公众号、微博、易班的使用率？

5.学校的微信公众号、微博、易班在建设过程中，是怎样增强对老师和学生的吸引力的？

6.老师和老师之间、学生和学生之间、老师和学生之间在学校的微信公众号、微博、易班上思想的互动交流如何？

7.老师、学生对学校的微信公众号、微博、易班平台上的哪些栏目或者话题的关注度或者互动率比较高？能否举些例子说明？

8.在学校的微信公众号、微博、易班中，有没有一些成为"网络达人"的学生或者老师，能否举些例子说明？

9.在学校的微信公众号、微博、易班中，老师（或辅导员、班主任等）有没有主动地去引导学生呢？（包括怎样识辨网络信息、怎样理性地与他人进行网络交往、怎样在网络交往中自我保护、怎样在网络交往中进行心理调节、怎样遵守网络道德和法律法规等），能否举例说明师生之间、学生之间是怎样交流互动的，具体是怎么做的？

10.学校的微信公众号、微博、易班的运用对大学生思想政治教育工作的开展有帮助吗，效果如何？能否举些例子说明？

11.在网络交往平台上有没有一些错误的思想观念流传呢？（请举例）学校是如何引导网络舆论的？有没有发生过网络突发事件？如有，学校是如何处理的？

12.目前，学校的微信公众号、微博、易班运行和发展的机遇是什么？学校

的微信公众号、微博、易班运行和发展的主要问题是什么？造成这些问题的主要原因是什么？进一步建设的想法是什么？

13. 学校的微信公众号、微博、易班和其他网络交往平台（如 QQ 等）相比，在思想政治教育方面的应用上有何优势和劣势？

14. 学校的微信公众号、微博、易班在促进大学生自我教育方面有什么特色吗？能否举些具体例子？

15. 学校的微信公众号、微博、易班能否把大学生、高校、社会、家庭这几者联系起来形成教育合力呢？如有，能否举例？

16. 学校有没有采取什么方式提高教师或者大学生的网络素质？能否举例？

17. 学校的微信公众号、微博、易班与大数据有关联吗？

18. 学校的微信公众号、微博、易班与学校网络文化建设有关联吗？

19. 有没有通过学校的微信公众号、微博、易班开展网络虚拟实践活动？如有，请举例。

20. 你有没有通过网络交往平台来开展思想政治理论课教学？

后　记

　　本书是在我的博士论文及由我主持的教育部人文社会科学研究青年基金项目"网络交往视域中大学生思想政治教育研究"成果的基础上，不断修改、完善而成。在书稿完成之际，我心潮澎湃，思绪万千。本书能够完成，离不开老师、同学、朋友和家人对我的关心和爱护。

　　首先衷心感谢我的导师王枏教授。从论文的选题到资料的收集整理，从文章框架的构思到具体内容的撰写，乃至标点符号的修改，王老师都给予了精心的指导。王老师精深的学术造诣、高尚的人格和敬业精神值得我用一生去学习和敬仰。在此，我要向恩师表示真挚的感谢！

　　感谢广西师范大学马克思主义学院这个温暖的大家庭。感谢钟瑞添、黄瑞雄、韦冬雪、谭培文、林春逸、周世中、汤志华、李恩来等多位教授的教诲，他们给予我学术的熏陶和思想的启迪！感谢陆茜老师、教学秘书谢婧老师，她们为博士研究生的日常工作付出了辛劳！感谢何广寿、陈广亮、肖杰、陈元明、张文雅等师兄师姐，感谢雷安娜等师弟师妹，感谢李颖、何丽萍、郭开虎等2013级的全体同学，感谢"王系家园"的老师和同门对我的帮助和指导！

　　感谢华中师范大学的梅萍教授，感谢谭雄燕、邹增丽、曾金平、李新生、吴登攀、欧阳熊娇等多位老师在论文写作和实证调研的过程中给予我的指导和帮助！

　　感谢广西中医药大学人文社科学院的各位领导和老师给予我的照顾，感谢你们帮我承担了大量的教学任务，才使我能够有时间顺利地完成博士论文写作！

　　感谢我的女儿，女儿在我读博期间呱呱落地，她的出生让我感受到养育一个孩子的艰辛和不易，这是比写博士论文更费精力的工程。照顾女儿，培养了我以往所没有的耐心、细心和吃苦耐劳的精神！如今，女儿已上小学，善良、孝顺、聪慧的她是我一生前进的动力。

感谢我的父母和家人，是他们给予我前进动力和后备保障，感谢他们为我照顾孩子，让我能够每天都有空余时间进行写作，没有他们对我无私的爱和全力的支持，我很难顺利完成博士学业和科研写作。

再次对所有帮助和关心我的老师、家人和朋友致以衷心的感谢！

黄静婧

2022 年 11 月 5 日于南宁